세상을 바꿀 힘이 있는 당신께 이 책을 바칩니다.

스무 살,
꼰대 정치에
이의
있습니다

스무 살, 꼰대 정치에 이의 있습니다
보수와 진보를 넘나드는 새파란 두 청년의 뼈 때리는 정치 토크

ⓒ지유성・최정현 2021

초판 1쇄 인쇄 : 2021년 8월 12일

지 은 이 : 지유성・최정현
펴 낸 이 : 유혜규

디자인 총괄진행 : 김연옥
일러스트 : K-Yeon

펴낸곳 : 지와수
주소 : 서울 서초구 잠원동 35-29 대광빌딩 302호
전화 : 02-584-8489 팩스 : 0505-115-8489
전자우편 : nasanaha@naver.com
출판등록 : 2002-383호
지와수 블로그 : http://jiandsoobook.co.kr
　　　　　　　blog.naver.com/nasanaha

ISBN : 978-89-97947-27-0 (13340)

* 책 값은 뒤표지에 있습니다.
* 잘못된 책은 바꿔드립니다.
* 이 책의 전부 또는 일부 내용을 재사용하려면 반드시 사전에
  저작권자와 지와수 양측의 서면 동의를 받아야 합니다.

보수와 진보를 넘나드는
새파란 두 청년의
뼈 때리는 정치 토크

스무 살,
꼰대 정치에
이의
있습니다

지유성 · 최정현 지음

프롤로그 _ 최정현

달랐지만 다르지 않았습니다

"시간 괜찮으세요?"

11번의 질문으로 시작된 1,252분 대화의 결과가 빛을 볼 수 있게 애써 주신 분들과 항상 저희를 아껴주시는 분들께 먼저 감사의 마음을 전해드립니다. 감사합니다.

시작은 "만년설 잃고, 에어컨 틀고 사는 킬리만자로"와 "싸늘한 여론에 '법인 취소' 역풍, 한유총 백기 들다"를 읽고 쓴 글이었습니다. 서로 다른 생각을 가진 두 사람이 매일 서로 다른 논조의 기사들을 보고 논평을 쓰며 의견을 나눴습니다.

하지만 수행평가에 치이고 학교 행사에 치이며 몰아서 쓰는 날이 많아졌고, 결국 오래가지 못했습니다. 그래도 대화는 계속됐습니다. 돌아보면 서로 생각은 달랐지만 다르지 않았습니다. 안심소득에 대한 생각은 달랐지만 기본소득은 함께 반대했습니다. 이런 경험이 쌓이고 쌓이며 보수와 진보의 관계가 달과 강물의 관계와 같음을 깨닫게 되었습니다.

달이 빛나면 시내마다 달이 있습니다. 시내가 만 개라면, 달도 만 개가 됩니다. 그렇다고 달이 만 개 있는 것은 아닙니다. 하나의 달이 수많은 물길을 비출 뿐입니다. 여기서 깨달음을 얻은 달의 주인(萬川明月主人翁)은 이렇게 말했습니다. "물이 사람이라면 비추어 나타나는 것은 사람의 형상이며, 달은 이치다." 보수와 진보도 같습니다. 국민 행복이라는 공동의 목표가 저마다의 강에 비치며 다르게 나타날 뿐입니다. 그렇지만 대화를 계속하며 깨달음이 확신이 될수록 대화의 자취는 지워지고 있었습니다. 사회가 이 정도로 쪼개진 적은 없었고, 없을 것입니다. '제2의 논평 쓰기'가 필요하다는 생각은 점점 커졌습니다.

그래서 현안 34개를 꼽아 대화를 시작했습니다. 탄핵을 부정하고 80년 광주를 외면하던 보수가 4연패(連敗)하고, 적어도 평등과 공정, 정의는 잘할 것이라는 기대를 받았던 문재인 정부가 정반대의 길을 걷는 '진정한 보수와 진정한 진보가 사라진 시대', 「"이의 있나" "예" "이의는 무슨, 통과"」라는 한 기사의 제목이 보여주는 '대화가 사라진 시대', 이념, 지역, 세대, 성별로 갈등이 세분화된 '갈등이 일상이 된 시대'에게 대화가 여전히 가치 있다는 것, 진정한 보수, 진정한 진보를 하면 합의의 여지가 많다는 것, 어려도 정책을 말할 수 있다는 것을 보여주고 싶었습니다.

'너희들이?'라는 생각을 하실 수 있습니다. 당연합니다. 저희 둘이 행동한다고 세상은 바뀌지 않습니다. 그렇지만 세상을 바꿀 힘을 가지고 계신 당신께서 이 책을 통해 가능성을 보시고 생각과 행동을 바꾸신다면, 희망을 보시고 주변을 물들이신다면, 대화를 외면하고 갈등을 이용하려던 세상은 바뀔 수 있습니다. 정치가 바뀌고 삶이 바뀔 수 있습니다. 사람이 바뀌어야 삶이 바뀝니다. 그래서 당신께도 여쭙고 싶습니다.

"시간 괜찮으세요?"

진보와 말이 통하는 보수 최 정 현

프롤로그 _ 지유성

잊고 있었던 당신의 스무 살이 떠오르길

엘비스 프레슬리의 노래 중에는 'If I Can Dream'이라는 노래가 있습니다. 1968년에 처음 공개되었으니 굉장히 오래된 노래이지만 모든 형제들이 손에 손을 잡고 걸으며, 평화와 포용이 있고 모든 두려움과 의심은 강한 약속의 바람에 날아가 버리는 더 나은 세상을 꿈꾸는데 그 꿈이 왜 이루어질 수 없는가를 묻는 노래의 가사는 오늘날을 살아가는 우리 역시 충분히 공감할 수 있는 내용이 아닌가 생각합니다. 어쩌면 그가 이 노래를 듣는 우리에게 오늘날의 세상은 노래 가사와 같은 세상으로 바뀌었는가를 묻는 것인지도 모르겠습니다.

우리가 마주한 오늘날의 세상은 어떠한가요? 그가 절절하게 외치던 가사 속의 세상과 얼마나 닮았을까요? 슬프게도 우리는 오히려 혐오와 차별이 만연한 시대에 살아가고 있다고 해도 과언이 아닙니다. 서로를 향한 배려와 이해는 실용적이지 않은 것으로, 연대 의식과 공동체 정신은 현실적이지 않은 것으로 치부됩니다.

그것이 가장 잘 드러나는 곳이 바로 '정치'입니다. 상식에 의한 것이 아닌 지지하는 진영에 의해 모든 것을 판단하고 옳고 그름을 정하며, 나와 다른 의견을 지닌 이들은 모두 적으로 인식합니다. 이 때문에 우리 사회에서 정치에 대한 건전한 토론은 점차 설자리를 잃고 있습니다.

과거에는 지역감정으로 인해 이 같은 일이 벌어졌다면 오늘날에는 서로 소통하는 방법을 모르기에 분열이 일어나는 것이라고 생각합니다. 나와 뜻이 다른 이의 생각을 경청하고, 나의 의견을 제대로 전달하는 일은 생각보다 매우 즐겁습니다. 적어도 성을 내며 인터넷에 욕설과 혐오의 표현이 가득 담긴 댓글을 다는 것보다는 말입니다.

사실, 이 책을 쓰게 된 것도 세월이 흘러 '소통과 이해의 가치'를 잃게 된 제 자신이 다시금 꺼내보며 진정한 소통만이 우리 사회를 더 나아지게 한다는 것을 되새길 수 있도록 하고자 한 것이었습니다. 이처럼 이 책을 만나는 모든 분들 역시 잊고 있었던 '스물'을 떠올릴 수 있었으면 좋겠습니다. 물론 이제 막 사회에 첫 발을 내딛은 두 청년의 대화는 많은 부분이 어설플 것이고, 정답은 더더욱 아닐 것입니다. 하지만 달을 가리키는 손가락이 아닌 달을 봐야 한다는 말처럼 대화의 내용도 중요하겠지만 이념이 다른 두 사람이 서로를 이해하고 소통해나가는 과정에 주목해주셨으면 좋겠습니다.

자, 이제 무거운 첫 장을 넘겨 연륜도 학위도 자격증이나 경력도 전무한 두 청년의 새로운 시각과 창의적인 아이디어를 통해 우리 사회에 대해 생각할 기회를 만끽하시길 바랍니다. 책의 마지막 장을 넘길 즈음에 가서야 이제부터 펼쳐질 22가지 주제에 대한 청년들의 신선한 토론, 이것이 우리 청년들이 가진 유일한 무기요, 이것이 청년 정치가 필요한 이유라는 것을 알게 될 것입니다.

보수와 말이 통하는 진보 지 유 성

추천사

두 청년의 고민이 미래의 책임을 완성할 수 있기를 응원하며

청년들의 고민은 사회 발전의 원동력입니다. 그리고 그 고민의 장을 열어주고 함께 대안을 모색하는 것이 정치의 역할입니다. 하지만 우리의 정치는 그 역할을 다하지 못했습니다. 청년들을 선거철 그래프에 나오는 표심으로만 봤기 때문입니다.

청년, 그들은 현재의 문제를 짊어지고 미래의 대한민국을 책임져야 할 주인공들입니다. 우리가 그들에게 내어줘야 할 것은 작은 '동정'이 아닌 스스로의 미래를 개척해 나갈 수 있는 '자리'입니다. 보수냐 진보냐의 이념적 편견을 극복하고, 586세대가 쌓아놓은 거대한 기득권의 장벽을 허물어 청년 스스로가 미래를 책임지게 해야 합니다.

여기, 이제 막 고등학교를 졸업한 두 청년이 그 고민을 시작했습니다. 임대주택과 기본소득, 재난지원금과 탈원전, 특목고 폐지와 공수처 등 지금 대한민국 현실의 문제를 날 것 같은 언어로 대화합니다.

이 책의 저자인 두 청년의 사회 전 분야에 대한 신랄한 문제 인식은 기성세대와 정치권이 귀 기울여야 할 주제이자, 또 함께 풀어나가야 할 과제이기도 합니다. 두 청년의 고민이 둘만의 것으로 그치지 않고, 세대의 연대를 통해, 정치의 자리를 통해, 미래의 책임을 완성할 수 있기를 응원합니다.

정병국 _ 청년정치학교 교장, 국민의힘 인재영입위원장, 전 5선 국회의원

스무 살 청년으로부터 소통하는 법을 배우다

오늘날 정치가 국민들로부터 신뢰받지 못하는 가장 큰 이유 중 하나는 소통과 철학의 부재 때문이라 생각합니다. 똑같은 사안에 대하여 같은 정당이라도 야당이었을 때와 여당이었을 때 입장이 정반대로 달라지는 경우가 많습니다. 각자 진영에 따라 애초에 양보나 타협은 할 생각이 없던 것처럼 상대방이 어떤 이야기를 해도 귀를 막고 자기 입장만 고수하기도 합니다.

진보든, 보수든 국민과 국민의 삶을 최우선으로 삼아야 합니다. 나와 생각이 비슷한 국민만 대변하는 것이 아니라, 모든 국민의 삶을 고민한다면 적어도 지금보다 더 넓고 깊게 소통할 수 있을 것입니다.

이 책은 가치와 생각이 전혀 다른 진보와 보수도 얼마든지 소통 가능하고, 이해하고 합의할 수 있다는 것을 보여줍니다. 객관적인 근거를 바탕으로 자신의 주장을 분명하게 말하면서도 상대방의 의견을 존중하고, 서로 다른 생각의 차이를 좁혀가는 과정이 매우 인상적입니다. 저자가 이제 갓 스무 살이 된 청년이라고는 믿기지 않을 정도로 내용이 깊고 진지해서 놀라울 따름입니다. 저자로부터 대화하고 소통하는 법을 배웁니다.

박성수 _ 송파구청장

추천사

이젠 청년들이 나설 때, 준비는 충분하다

2030의 분위기가 심상치 않습니다. 청년들의 분노와 실망을 감지한 정치권에서 부랴부랴 청년들의 목소리를 듣겠다며 여러 장치를 마련하고 있지만 대부분 임시방편에 불과합니다.

청년들은 표를 얻기 위해 달래야 할 대상이 아닙니다. 자신들의 이익만을 우선시해 청년 문제에만 목소리를 높이는 이기주의자도 아닙니다. 사회 주요 현안에 대해 세대를 초월해 근본적인 해법을 고민하고 방향을 제시할 수 있는, 속 깊은 청년들입니다.

이 책을 보는 내내 부끄럽고 고마웠습니다. 청년들이 감당해야 할 문제가 너무 많습니다. 다 기존 정치인들이 제대로 정치를 하지 못했기 때문입니다. 청년의 문제는 비단 청년들만의 문제가 아닙니다. 주거, 복지, 일자리, 교육, 통일 어젠다는 지금 현재의 문제이자 대한민국 미래의 문제이기도 합니다. 그렇기 때문에 두 청년의 대담은 절실하면서도 거침이 없습니다.

이 책을 보고 청년들이 직접 정치에 참여할 수 있는 플랫폼이 커져야 한다는 확신이 섰습니다. 누구라도 이 책을 읽으면 이미 충분히 준비가 되었음을 인정할 수밖에 없을 것입니다.

오신환 _ 제19·20대 국회의원, 협동조합 하우스 How's 이사장

두 청년이 보여준 도전에서 새로운 가능성을 보다

살벌하게 고성을 주고받던 여야 의원들이 카메라가 꺼지고 회의장을 나오면서 어깨동무를 합니다. 국회에서 흔히 볼 수 있는 광경입니다.

정치는 이견을 다루는 일입니다. 상대의 의견을 경청하고 내가 대변하려는 시민들의 요구를 설득하면서 타협점을 찾아가는 일입니다. 그러나 기성세대 정치인들이 다른 생각을 갖고 있는 사람과 마주 앉아 진지한 대화를 하는 건 어려운 일입니다. 대화의 시도조차 하지 않는 경우가 많습니다. 어깨동무는 생각의 차이를 줄이고 합의점을 찾는 일에서가 아니라 정치적 기득권을 지킬 때나 필요합니다.

그러나 언제나 새로운 대안과 가능성은 마주 앉아 진지한 대화를 할 때에 비로소 만들어집니다. 오늘 두 청년이 보여준 이런 시도처럼 말입니다. 우리 사회가 새로운 길로 갈 수 있을 거라는 기대와 가능성을 봅니다. 두 분의 도전이 청년들이 마주한 세계를 변화시킬 수 있기를 바랍니다.

이정미 _ 제20대 국회의원, 전 정의당 대표

목차

프롤로그 | 최정현 달랐지만 다르지 않았습니다 ... 4
프롤로그 | 지유성 잊고 있었던 당신의 스무 살이 떠오르길 ... 6
추천사 | 정병국·박성수·오신환·이정미 ... 8

01 Issue 국토, 부동산

01 왜 집값은 하늘 높은 줄 모르고 오르기만 할까? ... 16
02 부동산 안정화, 주택 공급으로 가능할까? ... 33
03 임대차보호법, 누구를 위한 법인가? ... 44
04 니가 가라, 공공 임대? ... 52

02 Issue 경제, 복지

05 정권이 바뀔 때마다 달라지는 경제 정책, 이대로 좋은가 ... 62
06 소득주도성장, 혁신성장 그리고 한국판 뉴딜 ... 76
07 점점 늘어나는 국가 부채, 재정 준칙이 안전장치가 될 수 있을까? ... 88
08 기본소득과 재난지원금, 꼭 필요한가? ... 97
09 문재인 케어가 안고 있는 한계는? ... 107

03 issue 기업, 노동

10 노동조합, 과연 올바른 방향으로 가고 있는 것일까? ... 114
11 노동 개혁의 핵심은 무엇인가? ... 121
12 이익 공유제, 왜 찬성하고 반대할까? ... 126

04 issue 교육, 사회

13 자사고와 특목고는 폐지해야 할까? ... 142
14 바람직한 대입 제도의 방향은 무엇인가? ... 150
15 탈원전과 탄소 중립은 우리 삶에 어떤 영향을 미칠까? ... 164
16 땅에 떨어진 언론 신뢰도, 이 와중에 KBS 수신료를 올린다고? ... 186

05 issue 정치, 사법

17 정치의 본질은 무엇인가? ... 198
18 국회, 정부, 청와대 개혁, 어떻게 할 것인가? ... 214
19 고위공직자비리수사처, 꼭 필요한 조직인가? ... 226
20 정치인과 경제인 봐주기 판결, 과연 옳은가? ... 245

06 issue 대한민국의 미래

21 청년정치와 청년 정책, 어디까지 왔나? ... 254
22 20대가 생각하는 한반도 평화와 통일은 무엇인가? ... 267

에필로그 스무 살 두 청년이 쏘아올린 작은 공 ... 288

Issue

1.

국토, 부동산

01 왜 집값은 하늘 높은 줄 모르고 오르기만 할까?
02 부동산 안정화, 주택 공급으로 가능할까?
03 임대차보호법, 누구를 위한 법인가?
04 니가 가라, 공공 임대?

왜 집값은
하늘 높은 줄 모르고
오르기만 할까?

01

문재인 정부 4년 동안 서울의 아파트값은 58% 상승했다. 이명박, 박근혜 정부 임기 초와 임기 말의 서울 아파트값 공시 가격의 차이는 각각 -13%, 22%였던 반면, 문재인 정부에서는 62%로 상승했다. 6억6천만 원 하던 25평 아파트가 10억4천만 원이 된 것이다. 왜 강력한 규제에도 집값이 폭등했을까? 무엇이 잘못된 것일까?

지유성 최근 매매도 그렇지만 특히나 전·월세가가 폭등하는 상황이잖아요. 물론 매매도 문제이긴 합니다만 실질적으로 우리나라 국민 중에 몇 퍼센트가 자기 집에서 살겠어요? 그러다 보니 지금 일반 국민들 입장에서는 부동산 문제가 더욱 부담스럽게 느껴지는 게 현실인데, 이 상황을 어떻게 보세요?

최정현 지금까지 발표된 24번의 부동산 정책이 모두 실패하면서 폭망의 길로 가고 있다고 생각해요.

지유성 그러면 '시장 실패, 정부 개입' 이러한 이분법적인 시각처럼 결국에는 자유 시장 체제로 돌아가야 된다 이 말씀이신 거죠?

최정현 물론 자유 시장 체제를 무조건적으로 옹호하는 건 아니에요.

지유성 그럼에도 우리나라 부동산이 너무 과열돼 있으니 지금부터라도 정부가 부동산 시장에 개입하지 말라는 말씀이신 거잖아요.

최정현 지금 부동산 시장이 혼란스럽잖아요? 이걸 일반적인 의미에서의 시장 실패나 정부 실패로 규정하기는 어려워요. 이 정부의 무능함, 무지함, 무책임에서 기인된 거죠.

지유성 너무 세게 말씀하시는 거 아니에요? (웃음)

최정현 아니요. 수요와 공급이라는 시장 원리가 있잖아요. 여기에서의 공급은 양적 공급만 말하는 게 아니에요. 질도 따져야 해요. 그런데 정부에서 발표하는 걸 보면 호텔, 빌라 전세와 같은 게 주예요. 국민이 이걸 원하는지를 생각해 보면 그렇지 않다는 거죠. 국민은 수도권을 원하고, 아파트를 원하고, 전세를 원하는데 빌라, 월세를 말하니까 수요가 맞을 수가 없죠. 이처럼 시장 원리에 대해서 무지해요.

지유성 무지해서 실패했다?

최정현 그 뿐만이 아니죠. 부동산 정책 실패에 대한 지적이 갑자기 나온 게 아니잖아요. 정책을 내놓을 때마다 비판이 있었고, 지금 대통령을 부정적으로 평가하는 가장 큰 이유도 부동산이에요. 일반적으로 이런 상황에 직면하면 정책의 방향을 바꾸려고 몸부림을 쳐요. 그런데 이 정부는 그렇게 하는 대신 지금까지의 정책 기조를 이어가겠다고 하는 사람을 장관으로 지명하고, 수도를 옮기겠다는 얄팍한 수로 덮으려 하고, 집을 가진 사람과 그렇지 못한 사람으로 편을 가르고, 국민을 투기꾼으로 몰아요. 해결하려고 노력하는 게 아니라 덮으려고 애쓰는 모습만 보인다는 점에서 이 정부는 무능하고 무책임해요.

지유성 그러니까 현재 정부의 정책이 실패한 이유를 '정책 방향 설정이 잘못됐다'로 보시는 거잖아요. 관련 부처의 장관들, 넓게는 총리와 문 대통령까지, 다시 말해 정부가 지금 현시점을 제대로 파악하고 있지 못하다고 보시는 건가요?

최정현 네. 실제로 김현미 장관이 취임할 때 "숫자로 현실을 왜곡하지 맙시다. 숫자는 현실을 파악하기 위한 수단일 뿐입니다. 현장과 괴리된 통계는 정부에 대한 불신만 키웁니다" 이렇게 말하면서 "현장에서, 국민의 체감도를 가지고 얘기합시다"라고 강조했어요. 그런데 김현미 장관이 국회에 출석해서 발언할 때마다 현실을 직시하지 못하고 있다고 비판받았잖아요. 장관의 현실 인식이 현장과 다르다는 이야기예요.

실제로 이 정부 들어서 장관이 인용하는 한국부동산원의 통계가 전에 정부의 공식 통계로 쓰였던 국민은행의 통계와 격차가 더 벌어졌다고 해요. 이명박 정부에서는 0.4%, 박근혜 정부에서는 2.1%였지만, 이 정부에서는 15.2% 차이를 보였다고 하거든요.

지유성 그러니 통계 왜곡이라는 지적이 나오는 거죠.

최정현 그렇죠. 그런데 더 큰 문제는 시장을 잘못 인지하면서 귀도 막고 있다는 거예요. 철학도 없고요. 부동산 정책에 대한 지적이 갑자기 나온 게 아니에요. 야당뿐만 아니라 전문가들도 지적을 많이 했거든요. 그런데 어느 날 갑자기 정책 방향을 급선회했잖아요.

사실 지적을 안 듣는다는 게 나름대로의 소신이 있어서 그랬다고 옹호할 수도 있는데 정책 방향을 바꾼 것을 보면 또 그렇지도 않아요. 공급이 부족하지 않다고 하다가 갑자기 부족하지는 않지만 공급은 하겠다고 그러잖아요?

지유성 그렇죠.

최정현 임대 사업자 등록 제도도 마찬가지에요. 정권 초에 하다가 2020년 7월에 갑자기 180도 뒤집어서 거의 폐지시켰거든요. 사실 원칙과 철학이 있으면, 이렇게 180도 바뀌기는 쉽지 않아요. 그럼에도 이런 일이 일어난 건 표 때문이라고 생각해요. 집을 가진 자와 집을 갖지 못한 자, 이런 식으로 편을 갈라놓으면 표를 얻기 편하거든요. 내 편은 일단 확보한 거니까. 이런 것에만 치중하다 보니 현실을 직시하지 못하는 거예요. 그러다 보니 제대로 된 정책이 나올 수도 없고, 좋아질 수도 없죠.

지유성 '정책 방향이 잘못됐다'고 하신 부분에는 굉장히 동감해요. 얼마 전에도 '나는 빠리의 택시 운전사'라는 책으로 유명한 진보 인사 홍세화 교수가 쓴 칼럼이 논란이 되었는데 다른 내용은 차치하더라도 '문재인 대통령이 잘못 가고 있다, 국정 운영의 철학과 방향성이 잘 보이지 않는다'는 취지로 지적한 것에 크게 공감했거든요. 또한 '통계를 제대로 보지 않는다' 이 부분도 역시 공감해요. 야권에서 주장하는 게 결국은 비판적인 자료도 보고, 전문가들의 말을 믿어라, 시장을 좀 믿어라 이거거든요.

최정현 그렇죠.

지유성 그런데 부동산 전문가가 아닌 정치인 출신들을 책임자 자리에 임명하다 보니까 마땅한 대책을 낼 수가 없는 게 현실이에요. 그럴수록 더 전문가들의 입장을 듣고 비판적인 자료들도 확실히 봐가면서 현실적인 대응을 해야 하는데 비판들에 대해 마냥 방어적이고 보수적으로 반응하며 어떻게든 "아니다, 괜찮다, 잘하고 있다"라고만 하니깐 문제가 더욱 커지는 게 아닌가 하는 생각도 들고 그래요.

최정현 예리하게 짚으신 것 같아요.

지유성 하지만 한 가지, '지지층의 눈치를 보기 때문에 현실적으로 집값 잡기에 실패하고 있다'는 부분은 조금 생각이 다른데요. 현재 부동산 문제는 서울과 수도권에 과도하게 집중되어 있고 서울·경기 지역이 아니라면 누구도 거들떠보지 않을 30~40년 된 아파트들이 수십억 원까지 치솟는 등 아주 비정상적인 상황이라는 말이죠. 제가 볼 때 현재 부동산 문제의 근본적인 원인은 부동산을 투기의 대상으로 바라보는 사람들에게 있고, 그런 사람들을 정부가 강력하게 제지하지 못하기 때문에 계속해서 더 큰 문제가 발생한다고 생각해요.

최정현 그렇게 따지면 돈 버는 건 다 투기 아닌가요?

지유성 물론 부동산을 투자의 대상으로 볼 수 있죠. 부동산도 하나의 사유재산이니까요. 그런데 거기서 나아가서 지금 사람들이 부동산을 투기 수단으로 바라보고 있는 게 현실이잖아요. 말씀하신 대로 정부정책이 편 가르기는 맞지만 이게 지금 정부에 우호적인 무주택자, 지지층 편을 든다기보다 다주택자와 같은 기득권 편을 드는 것이죠. 좀 더 정확하게 말하자면 기득권의 '눈치를 보는' 것이죠. 물론 지지층과 기득권 양쪽 다 눈치를 보겠지만 결국에는 기득권, 다주택자 쪽 눈치를 보느라 보유세도 못 올리고 있는 거 아니에요? 만약 무주택자나 지지층 눈치를 더 많이 봤다면 무주택자들을 위해서 적어도 지금보다는 더 강력하게 정책을 추진해야 했어요.

최정현 제가 봤을 땐 이래요. 정부가 기득권 편을 든다고 하시지만,

지유성 눈치를 보는 거죠.

최정현 제가 볼 때는 오히려 집 없는 사람들을 지나치게 의식해요. 전체 거래에서 투기가 얼마큼인지를 다루고 있는 통계가 없잖아요. 왜 없

냐. 투기꾼의 정체를 밝히는 게 어렵거든요. 집을 실거주할 목적으로 샀더라도 '집값이 오르네? 이걸로 한번 이익을 볼까?'라는 마음을 먹으면 바로 투기꾼이 되는 거예요. 그런데 1분 뒤에 '이건 좀 아니지' 해서 또 마음을 고쳐먹으면 다시 실거주자가 되는 거고요. 그래서 **투기꾼은 누구이며, 어떻게 포착할 거냐** 이게 문제인데 **지금 정부가 하는 건 그저 집을 가져보려는 사람들을 다 투기꾼으로 모는 것뿐이거든요.** 또 일반적으로 집을 전세를 끼고 사잖아요. 근데 이걸 다 갭투자로 몰고 있어요. 그리고 본인의 행위가 갭투자가 아님을 당사자가 증명해야 돼요.

결국 정부의 이런 인식에 따르면 집을 가지는 것부터가 잠재적인 투기꾼이 되는 거고, 2채 이상의 주택을 가지면 문제가 있는 사람이 돼요. 이런 점들 때문에 정부가 집을 가진 자와 못 가진 자로 편을 가르고, 집을 가지고 있지 않은 사람을 지나치게 인식하고 있는 것 같다는 말씀을 드린 거예요.

지유성 투자와 투기의 경계가 모호하다고 하시지만 제가 확고하게 투기 세력이 존재한다고 말씀드릴 수 있는 건 현실적으로 지금 부동산 상황을 바라볼 때 상식적인 가격이 아니기 때문이에요. 우리나라에서 연봉 1억 원이 되는 사람 찾기도 어려운데 서울·경기 집값이 10억 원은 가볍게 넘는 상황에서 이렇게 서울과 수도권에 전세 대란, 매물 대란이라는 말이 나오는 걸 보면 이건 분명 무주택자들의 수요가 너무 많아서 공급이 부족한 상황은 아닌 것이죠.

지금 이 매물 부족 현상은 다주택자들에 의한 것이거나 얼마 전에 보도된 '부모가 들어준 보험을 해약해 몇 억 원에서 많게는 몇 십억 원을 타서 서울에 집을 산' 그런 사례들과 같이 1주택자라고 하지만 정당한 1주택자가 아닌 경우들에 의한 것으로 봐야 한다는 거죠. 특히나 서울·경기권은 말이에요.

최정현 그 부분은 그렇죠.

지유성 그렇기 때문에 집 없는 사람들, 그러니까 무주택자들의 표를 잃을 수 없어 올바른 정책을 실행하지 못한다고 하시지만 제가 보기엔 오히려 기득권층, 그러니까 다주택자들과 같이 소위 말하는 '있는 사람들'의 눈치를 봐서 미온적으로 대처하는 것으로 밖에 보이지 않는 것이죠. 정부가 현재 무주택자뿐만 아니라 1주택 혹은 다주택자들 모두에게 비판을 받고 있는데, 제 생각에는 차라리 원칙과 기준을 가지고 확실히 개입 없이 시장에게 맡길 것인지 아니면 더욱 적극적으로 개입해서라도 주택 보급을 확실하게 할 것인지를 빨리 결정하는 것이 바람직하지 않을까 해요.

최정현 맞는 말씀이기는 한데요, 공급이 부족하다는 데에는 변함없어요. 통계청 가구 수 추계를 통해서 예측해 보면, 앞으로 5년 동안 60만 호 정도의 수요가 있다고 해요. 다른 것들도 고려하면 총 85만 호 정도고요. 그리고 요즘에 두드러지는 주거 형태가 1~2인 가구의 증가예요. 가구가 나뉘고 있다는 거죠. 실제로 2045년까지 300만 가구 정도가 더 늘어난다고 해요. 그래서 수요는 충분하다고 봐요. 반면에 공급은 어떠냐? 지금 서울에 재건축 연한을 충족한 건물이 55만 호 정도라고 해요. 신규 건설을 포함하면 60만 호 정도고요. 그래서 오히려 공급이 달리는 상황에 직면할 수도 있겠다는 생각도 했어요.

공급은 시장에 맡기는 게 바람직하죠. 그런데 정부가 공급을 주도하면 정부의 인식이 반영될 수밖에 없어요. 그러면 **수요를 다주택자에 의한 것, 무주택자에 의한 것으로 나누고 옳은지 그른지 평가하게 될 거예요. 그런데 좋은 수요가 있고 나쁜 수요가 있는 게 아니잖아요. 수요는 그냥 수요로 봐야 한다는 말씀을 드리고 싶어요.** 세금 이야기도 안 할 수 없어요. 양도세, 취득세를 모두 올렸고, 이게 21년 종부세에 반영된다고 하잖아요. 이건 어떻게 보세요?

지유성 과세는 많이 늘렸는데 실질적으로 보면 다주택자들을 저격할 수 있는 보유세는 미온적으로 늘리고 주택을 취득할 수 있게끔 하는 양도세하고 취득세는 굉장히 많이 올렸단 말이에요. 그러다 보니까 지금 무주택자들은 집을 얻기가 더 힘들어졌고 심지어 1가구 1주택자의 거주 이전의 자유조차 위협하는 상황을 초래한 것이죠.

이런 부분들은 최소한 정부가 정책을 구상하는 단계에서 고려해야 하는데 그러지 못했다는 점에서 비판받아 마땅해요. 하지만 이것과는 별개로, 수요는 그냥 수요로 봐야 한다고 하시는데 그런 관점은 정당한 수요가 아닌 사례가 계속해서 확인되는 이 시점에서 오히려 시장 경제를 무너뜨리는 일이고, 그것이 정부에 의해 일어난 일이라면 정부의 정당성을 흔드는 일이죠.

최정현 일부는 동의해요. 그렇지만 보유세가 미온적으로 올랐다고는 생각하지 않아요. 이번에 뉴스 보셨는지 모르겠지만 세금 폭탄이라고 하잖아요. 세율을 두 배 가까이 올렸는데 조금 올렸다고 보기는 어렵죠. 거기다가 공시지가 현실화도 급격하게 추진하고 있잖아요. 보유세를 이렇게 막대하게 올리면 이런 문제도 발생해요. 평생 일해서 집을 사고, 은퇴한 뒤 그 집에서 모아놓은 돈을 쓰며 사는 분들이 계세요. 이분들은 별다른 수입이 없고, 이 주택을 가지고 투자한다는 건 생각도 안 하세요. 보유세의 급격한 인상은 이분들께 큰 부담이 될 수밖에 없어요. 저는 돈을 착실하게 모아서 은퇴 후에 생활 기반을 마련하는 건 국가가 오히려 권해야 한다고 생각하거든요. 보유세에 대해서는 전면적인 재검토가 필요해요.

지유성 글쎄요, 제가 말씀드리고자 하는 것은 누구든지 정상적인 방법으로 살고 싶은 곳에 보금자리를 마련할 수 있는 나라를 만들려면 보유세가 적어도 지금보다는 훨씬 많이 올라가야 된다는 거죠. 과장을 조금 보태면 실거주 목적의 주택을 제외하고는 거의 살인적으로 올라가야 투기 세력들이 '더 이상 이걸로는 돈이 안 되는구나' 하며 포기하고 부동산이 건전한 투자 대상으로 돌아간다는 거죠.

최정현 보유세를 급격하게 올리는 건 아까 말씀드렸던 것처럼 오히려 보금자리를 뺏을 수 있기 때문에 동의하지 않아요.

지유성 물론 보유세를 급격하게 올리면 많은 부작용이 수반되죠. 하지만 주택의 본질이 뭔지를 생각해 보자고요. "대한민국에서 부동산에 손대면 망하진 않는다" 이 소리를 듣는 게 주택의 본질은 아니란 말이죠. 투자는 이윤을 극대화하는 과정 속에 있는 것이지, 삶의 의미를 퇴색시키면서까지 이윤을 창출한다는 건 투기의 영역이란 말이에요.

근데 지금 우리나라의 국민 대다수가 지금 전세난, 월세난에 허덕이며 내 집 마련은 꿈도 꾸지 못하는 상황에서 부동산으로 막대한 돈을 버는 것을 재산권의 자유라고 말하는 것이 과연 말이 되는 얘기인가, 투기를 투자로 정당화하려는 것은 아닌가 하는 생각을 하게 되는 것이죠. 이런 맥락에서 사실상 지금 이렇게 부동산이 과열되는 것을 시장의 일부분으로 인정하며 중세를 두고 과도한 정부 개입이라고 우려하는 것은 무리가 아닌가 생각해요.

최정현 시장에서 발생하는 과열 자체를 인정 안 할 수가 있나요? 과열 현상은 옳으냐 그르냐의 관점보다는 식혀야 할 대상 정도로 인식하는 게 바람직하다고 생각해요. 투기로 시장이 교란된다면 당연히 잡아야죠. 근데 이 정부는 거의 모든 거래를 투기 행위로 간주하잖아요. 실거주를 위한 정상적인 거래도 투기로 보는 건 시장을 인정 안 하겠다는 것이나 다름없어요.

더 큰 문제는 이걸 바로잡겠다면서 내놓는 게 기본주택, 거의 반강제적인 1가구 1주택이라는 거예요. 물론 모든 국민이 집을 하나씩 가지면 좋죠. 좋은데, 1가구 1주택을 하면 주택 보급률이 딱 100%가 돼요. 이게 문제가 뭐냐면 살면서 다른 지역으로 이동할 일이 생기잖아요. 집을 비워야 하는 경우도 있을 수 있고요. 만약 민주당의 이재명 지사와 같은 분들이 말하는 기본 주택 같은 것을 하면, 집 한 채를 가지고 평생 대를 이어서 그 집에서만 살아야 돼요. 사실상 거주이전의 자유가 박탈되는 거죠. 사유 재산권 문제도 있고요. 그래서 인식도, 대책도 우려스럽기만 해요.

지유성 '자유민주주의 대한민국'에서 정부가 1가구 1주택을 강제하는 것은 분명 말도 안 되는 일이죠. 그런 부분에서 정부 개입을 우려하는 목소리는 인정해요. 지금 정부·여당은 정부 개입을 통해 자연스럽게 1가구 1주택이 될 수 있도록 만들어줘야 해요. 그러니까 엉뚱한 곳으로 흐르는 시냇물을 사람의 힘으로 살짝 방향만 틀어서 강과 바다로 향하게 해줘야지, 시냇물 샘솟는 곳에 호스 연결해서 바다로 끌어내면 안 되는 거거든요.

하지만 이건 어디까지나 정책의 방향성에 관한 것이고, 문 정부의 부동산 정책 자체가 1가구 1주택을 강제하는 정책이라는 주장은 받아들일 수 없죠. 정부 정책이 완벽하다는 말은 결코 아니지만 말씀하신 내용은 부동산 정책의 부작용으로 여러 문제들이 파생된 것이기에 정부에서 이러한 문제들을 사전에 인지하고도 모든 부동산 거래를 투기로 몰며 정책을 밀어붙였다는 주장은 정말 말도 안 되는 억지예요. 정책에 수반되는 부작용들에 대해 비판할 수는 있겠지만 부동산 문제를 마치 문재인 정부가 만들어 낸 것처럼 이야기하며 비판하는 것은 다소 합리적이지 않다는 것이죠.

최정현 실제로 집값이 폭등했잖아요. 정권 초기와 후기를 비교해 보면 서울의 25평 아파트 값은 정권 초기에 비해 김영삼 정부에서 26%, 김대중 정부에서 73%, 노무현 정부에서 94%, 이명박 정부에서 -13%, 박근혜 정부에서 27%, 문재인 정부에서 53% 올랐어요. 상승액을 봐도 문재인 정부 4억5천만 원, 노무현 정부 3억7천만 원, 박근혜 정부 1억8천만 원순이었고요. 민주당 정권이 집권할 때 상승률, 상승액이 모두 가장 높았던 거죠. 실제로 1993년부터 2020년까지 늘어난 11억1천만 원 중 10억 원 정도가 민주당 정권에서 늘었어요.

지유성 말씀하신 1993년도에 버스요금이 250원이었는데 요즘 일반 버스요금이 1500원이니 무려 500%나 올랐다는 사실은 왜 빼먹으셨어요? 그것도 민주당 정권 때문이 아니겠어요? (웃음) 계속 그렇게 수치를 가지고 장난하시면 안 되죠. 이명박 정권에서 종부세를 무력화시키는 등 보유세를 개판으로 만들어서 집값이 천정부지로 뛸 뻔했는데 금세기 대공황이라 불리는 2008년 글로벌 경제 위기와 연달아 일어난 2011년 유럽발 재정 위기 때문에 집값이 유일하게 하락한 것이고 박근혜 정권에서부터 서서히 오르기 시작해서 오늘날에 이른 것이잖아요. 심지어 박근혜 정부에서는 다시 집값 올리려고 경제부총리가 '빚내서 집사라' 하셨죠. 이명박, 박근혜 정권 탓을 하는 것이 아니라 실체적 진실은 쏙 빼고 수치만 들이미시니 하는 말이에요.

최정현 오른 게 사실이니까요. (웃음) 노무현 정부에서 시작한 종부세는 세대별 합산이 법률혼한 사람을 차별하며, 실거주 목적의 1주택자임에도 단순히 주택을 보유했다는 이유만으로 투기로 간주해 무차별적으로 가하는 과세라며 위헌 결정이 났어요. 이걸 개정하는 건 당연한 거고, 결과도 뭐가 옳았는지 보여주잖아요. 그리고 특정 시기만이 아니라 이명박 대통령 임기 전반에 걸쳐 집값이 안정되기는 했지만, 그게 경제 위기 때문이었다면 제2의 IMF 사태라는 코로나

위기를 겪고 있는 지금은 왜 집값이 안 떨어지나요?

이 정부에서는 부동산 가격 상승의 책임을 저금리에 돌리는데 사실 저금리가 된 건 꽤 됐잖아요. 한 10년? 그런데 부동산 가격의 추이를 보면 정부에서 내놓은 부동산 정책 시행 이후에 집값이든 전세든 다 뛰어요. 사실 그 외에 별다른 요인이 보이지도 않고 여권에서도 별다른 이야기를 안 해요. 그럼 정부 정책밖에 없는 건데, 설령 저금리가 원인이라고 해도 이미 장기간 지속된 추세인데 24번 하는 동안에 못 잡았다? 이건 능력이 없는 거죠. 이런 걸 보면 과연 이 정부에 문제가 없다고 할 수 있는지 모르겠어요.

지유성 물론 현 정부 책임도 아예 없을 수는 없죠. 그런데 정부가 손을 놓은 것도 아니고 무려 24번의 대책을 내놓았는데도 이렇게까지 집값 문제가 해결되지 않는 것은 분명 또 다른 이유가 있다고 보는 것이 타당해요. 일단 우리나라의 경제적 환경에서 이유를 찾자면, 말씀하신 대로 단순히 '저금리' 수준이 아니라 현재 우리나라는 지나칠 정도로 너무 초저금리에요. 우리나라가 일본처럼 시장에 돌고 있는 현금이 밑바닥은 아니거든요. 그런데도 이렇게까지 '초저금리를 유지할 이유가 있을까'라는 생각이 들어요.

초저금리를 고수한지 10년이 넘어가고 있단 말이죠. 그러다 보니까 사람들이 더 이상 은행에 돈을 맡기지 않고 계속해서 투자처를 찾는 것인데 그 투자 과열의 분위기가 부동산에 몰린 것이죠. 코로나 시국에 주식 투자가 굉장히 많이 늘게 된 것과도 같은 맥락으로 말이에요. 현재 사람들이 현금을 가지고 있을 순 없고 그렇다고 투자처가 마땅히 있는 것도 아니다 보니까 투자가 한곳에 쏠리는 이런 풍선효과가 많이 일어나고 있다고 봐요.

최정현 그래도 정부 정책이 실패했다는 데에는 변함이 없어요.

지유성 정부 정책이 실패했을지언정 정부의 정책 그 자체를 문제 삼을 수는 없어요. 부동산 시장이 굉장히 요동치는 가운데 대책들이 나왔잖아요? 그 대책들이 요동치는 집값을 잡지는 못했으니 정책이 실패한 것은 맞죠.

그러나 '부동산 문제가 발생한 근본적 원인이 정부 정책이다' 이거는 인과 관계가 맞지 않는다는 것이죠. 정책의 방향을 바꿔야 하는 건 확실하지만, 그렇다고 해서 지금 이 상태가 되기까지의 모든 걸 정부의 탓으로 돌리면서 정부 정책을 배격하고 다시 완전 자유 시장 형태로 돌려야 한다고 주장하는 것은 오히려 진짜 부동산 공화국으로 가는 지름길이 아닐까 해요.

최정현 정부가 부동산 정책을 발표할 때마다 시장이 출렁이는 건 사실이죠. 다만, 저도 완전히 시장 중심으로 가자는 건 아니에요. 시장이 어떻게 작동하는지를 이해해야 된다는 거죠. '여기를 누르면 저기가 튀어나오는구나' 이런 원리를 알고 정책을 만들어야 근본 원인을 잡을 수 있는 건데 그걸 못하고 있잖아요. 그러니 문제가 해결되기는커녕 커지는 거죠.

지유성 물론 그렇죠. 그런데 지금의 부동산 시장은 정상적인 메커니즘으로 돌아간다고 보기 어려워서 정부도 근본적인 원인을 파악하고 대응하기에 어려움이 있지 않나 생각해야 한다는 것이죠. 더 자세히 설명을 드리자면, 지금 사람들의 심리는 부동산 시장이 과열되면 될수록 주택의 가격이 얼마인지는 상관하지 않고 그저 자신이 산 가격보다는 무조건 오를 것이고, 올려서라도 팔 것이라는 생각이 지배적이에요.

쉽게 말해 지금 말도 안 되는 저 가격에 들어가도 내가 이익 보고 빠진다는 마인드란 말이에요. 지금 부동산 시장에는 투자 대비 이익이 높을 거라는 기대가 너무 비대해서 '영끌'이라는 말까지 나올 정도로 무리해서 투자하고 있는 것이잖아요. 더구나 투자가 아닌 주거를 위한 분들까지 관련되어서 굉장히 많은 사람들이 주택 시장에 원하던 원하지 않던 들어와 있는데 과연 이 많은 사람들이 안정화라는 명목으로 단순히 주택 가격이 떨어지는 것을 바라겠느냐? 그것도 절대 아니라고 봐요.

최정현 그 부분은 그렇죠.

지유성 결국엔 눈치 빠르게 빠져서 최후에 이익을 먹고 손 터는 사람이 이기는 치킨게임이 됐는데, 그 정점이 어딘지를 모르니까 폭주 기관차처럼 다 같이 뛰어가는 꼴이란 말이에요. 이게 과연 정상적인 시장 구조냐는 거죠. 그 끝이 분명 있을 거고 일본처럼 부동산 버블이 한번 쫙 빠질 때가 올 게 분명하잖아요. 이렇듯 시장의 원리가 통하지 않는 현시점에서 사람들의 개인적인 기대와 이성을 잃은 판단들이 난무하는데다가 언론에서도 부동산 불안정 분위기에 한몫을 하니 정부로서는 손을 놓고 있을 수는 없고 어떻게든 정책을 만들어 낸 것인데 이를 맹목적으로 비난하기만 한다면 '도대체 이 과열을 정부 말고 누가 식히겠는가' 이게 제 의문이에요.

결국 브레이크를 잡아줄 수 있는 건 정부밖에 없지 않느냐는 것이고 그렇기에 제가 자꾸 정부 정책을 옹호할 수밖에 없게 되는 거예요. 사람들이 너무 비이성적으로 접근해서 투자를 투기로 전환시켜버리니까 법적 제도화를 통해 이를 막을 수 있는 건 결국엔 정부밖에 없다는 것이죠. 상황이 이러하니까 실질적으로 야당에서도 이렇다 할 안이 안 나왔잖아요.

최정현 하여튼요. (웃음)

지유성 여러 제안이 나오긴 나왔는데 막상 이렇다 할 정도로 명쾌한 답은 없었다 이 말이에요. 상황이 상황인 만큼 야당도 별 수가 없을 거예요. 근데 야당이니까 열심히 비판한 것이죠. 그래서 과연 더불어민주당이 야당이고 국민의힘이 여당이었다면 국민의힘이 저렇게 말했을까? 더불어민주당이 저렇게 정책을 냈을까? 싶거든요. 더군다나 사람들도 시장이 비이성적이라는 것은 신경도 쓰지 않은 채 그저 언론이 하는 말에 따라 맹목적으로 정부를 비난하는 데만 열을 올리고 있잖아요. 분명 이런 사태를 보며 웃고 있는 분들이 있을 거예요.

최정현 당연히 부동산이 필요 이상으로 과열되는 걸 정부가 막아야죠. 그런데 이 정부가 그런 역할을 하고 있는지는 잘 모르겠고, 사실 방향을 어떻게 설정하고 있는지도 모르겠어요. 시장을 없애려는 건지, 시장을 살리려고 그러는 건지, 살리려고 하는데 어쩌다 보니 죽어버린 건지.

02

부동산 안정화, 주택 공급으로 가능할까?

현재 야권은 물론 정부·여당에서도 부동산을 안정화시키기 위한 방법으로 '안정적인 주택 공급'을 꼽는다. 정말 주택을 충분히 공급하면 더 이상 집값 오를 걱정 없이 내 집을 마련할 수 있을까? 주택 공급이 또 다른 부작용을 낳지는 않을까?

지유성 야권에서 주장하고 있는 바람직한 정책 방향은 뭔가요?

최정현 공급을 안정적으로 확대하는 거죠.

지유성 공급을 안정적으로.

최정현 예측 가능하게.

지유성 이 정부뿐만 아니라 야당에서도 공급에 대해 주장하잖아요? 공급이 최대가 돼야 한다고 말이죠. 그런 맥락에서 재개발 및 그린벨트 해제 그리고 공실난 아파트들을 적극적으로 풀어야 된다는 얘기를 하는 거고요. 맞죠?

최정현 그렇죠.

지유성 저 같은 경우는 기본적으로 '부동산 안정화를 위한 공급'에 대해 대체적으로 반대하는데요. 물론 공급이 필요한 지역과 시기가 있겠지만 이미 가장 가까운 나라인 일본의 사례만 보더라도 머지않은 미래에 부동산 과열 분위기는 빠른 속도로 사그라들 거예요. 게다가 출산율도 계속해서 낮아져 우리나라는 인구가 순감소하고 있는데 이러한 시점에서 서울과 수도권에 주택을 더 공급한다는 게, 이게 지금 당장으로서는 상식에 부합하지만 과연 우리 세대 그리고 우리 다음 세대가 보기에 정말 상식에 맞는 대책이라고 판단할 수 있을지가 저는 좀 두렵고요.

두 번째로 이해찬 전 대표의 '서울은 천박한 도시다'라는 말에 저는 어느 정도 공감했거든요. 물론 정치인으로서 조금 과격한 표현을 썼습니다만 객관적으로는 전혀 틀린 표현은 아니라고 봐요. 문화라든가 이런 게 천박하다는 게 결코 아니라 너무나 난개발된 것을 몇 십 년간 그대로 가져가고 있기 때문에 정말 실용적인 부분에서 봤을 때는 수도로서 굉장히 뒤처진다고 생각해요. 아마 한 번이라도 서울에서 출퇴근길에 갇혀보신 경험이 있다면 이건 누구라도 공감할 수 있을 거예요.

최정현 동의하기는 어렵지만, 더욱 실용적으로 바뀌어야 한다는 데에는 이견이 없어요.

지유성 그래서 정말 할 수만 있다면 서울은 대대적인 개·보수가 필요하다고 생각하는데요. 현실적으로 불가능하잖아요? 결국에는 할 수 있는 정책이라고는 재건축밖에 없는 거죠. 새 부지도 없고, 그린벨트도 막 풀 수는 없으니까요. 여의도 국회의사당을 세종으로 보내버리고 주택 짓고, 청와대 다 밀어버리고 주택 짓고, 경복궁을 헐고 주택 짓고 이럴 수는 없는 거잖아요. 게다가 이명박, 박근혜 정부에서 추진했던 혁신도시 사업들을 보면 미분양과 공실에 골머리를 앓고 있어요.

그렇기 때문에 만약 공급 정책을 펼쳐서 새로 짓고 할 것이라면 적어도 기존에 낙후된 지역은 어떻게 관리하고, 새로 지은 곳에는 앞으로 뭘 해 나갈 것인지에 대한 계획은 있어야 하는 거죠. 몇 십 년 뒤에 가서는 과잉 공급 문제가 날 텐데 어느 누가 손해를 책임지고 이걸 해결하겠어요? 결국엔 세금이죠. 그러면 미래 세대에 다시 짐을 지우는 건데 모순이라는 거죠. '주택 문제로 미래 세대 등골 휜다, 청년 울고 있다' 이러는데 결국에는 무책임한 공급 정책으로 다시 청년들은 등골이 휘는 거죠. 그래서 저는 급하다고 해서 지금 나오고 있는 공급안이 해결책은 또 아닐 수도 있다고 봐요.

최정현 아까 말씀드렸지만 국민이 원하는 건 수도권의 아파트에요. 이걸 어떻게 충족시킬 것이냐. 저는 공급 말고는 해법이 없다고 봐요. 공급에 대한 우려도 공급 자체에 대한 것이 아니라 공급 수요, 공급 이후의 문제, 후대에의 부담에 대한 거잖아요. 제가 말씀드리는 공급은 그냥 "몇 호 공급합니다" 이렇게 말하고 넘어가는 수준이 아니라 수요를 정확하게 예측하는 질 좋은 '똑똑한 공급'이에요.

지유성 말은 뻔지르르 하지만 결국 공급인 거잖아요?

최정현 공급이 단순히 재개발, 재건축, 신규 공급만 있는 것도 아니에요. 제가 찾아보니까 리모델링이라는 게 있더라고요. 재건축 연한을 채우지 못하는 건물의 면적을 확대하도록 해주는 건데, 늘어난 면적을 부분 임대하는 게 가능하다고 하거든요? 그래서 큰 집이 부담스러운 1~2인 가구가 증가하는 변화된 주거 형태에 맞출 수 있는 대안이 될 거라고 생각해요. 부지에 대해서도, 서울 도심도 있지만 이제 1기 신도시의 재건축 제한이 풀렸어요. 1기 신도시 재개발도 검토해 볼 필요가 있다고 생각해요. 이런 식으로 수요를 충족시킬 수 있는 방법은 다양해요. 이런 것들을 충분히 활용할 필요가 있어요.

지유성 공급은 차지하더라도 공급 후에 어떻게 할 것인지가 더 중요하죠.

최정현 말씀처럼 공급 후에 어떻게 할 것인지가 중요하기는 해요. 예컨대 검단 신도시 같은 경우에는 조성되고 10년 가까이 지났는데 작년까지도 미분양 돼서 말이 많았거든요. 사람들이 왜 신도시를 선호하지 않느냐? 대부분 열악한 교통 때문이라고 말해요.

실제로 검단 신도시는 지하철 연장이 발표되니까 미분양 사태가 해결됐다고 하거든요. 지금 3기 신도시를 정부가 발표했는데, 여기에 대해서도 신도시 완공 시점보다 교통편이 들어가는 시점이 늦는 게 아니냐는 식으로 교통 문제에 대한 지적이 많아요. 정부가 시점을 조절해서 교통편을 먼저 확보하고 도시를 완성하는 식으로 치밀하게 계획을 세울 필요가 있어요.

지유성 그런데 '실상은 조금 더 냉담하다'는 말이죠. 우선, 2기 신도시만 보더라도 교통이 불편해서 공실 문제로 골머리를 앓는다는데 그러면 사회기반시설(SOC)에 투자하면 될 일을 공급이라는 명분 하에 굳이 서울 강남, 송파 이런 데다가 재개발 사업을 추진해서 삐까뻔쩍한 펜트하우스를 짓고 구석에 조그마하게 임대 주택 끼워 만드는, 그런 부의 격차를 더 벌리기만 하는 형식상의 재개발을 하고 있으니 제가 공급 정책에 동의할 수가 없는 것이죠. 정말로 낙후된 아파트를 사람이 살 수 있게끔 하고, 교통을 편리하게 해서 기존의 신도시를 충분히 활용해야지 계속해서 서울·수도권에 공급하는 정책만을 고집해서는 안 된다는 말이에요.

최정현 고민해 볼 필요는 있다고 생각해요.

지유성 두 번째로, 재개발을 하면 기존에 살고 있던 사람들은 어떻게 되느

나를 생각해 보자고요. 둘 중에 하나예요. 일정 금액을 받고 입주할 만큼 부유한 이들 혹은 투기 세력에게 입주권을 넘기고 정작 재개발 지역에 살던 분들은 서울 외곽 혹은 수도권으로 쫓겨나든가, 수십억 원을 들여 재개발된 곳에 다시 입주하던가 둘 중에 하나죠. 이런 식으로 정말로 **아파트를 주거라는 본연의 목적으로 필요로 하는 사람들은 정작 변두리로 계속 쫓겨나고 있고, 돈 있는 사람들은 계속해서 더 좋은 것을 차지하는 승자독식 구조가 만들어진단 말이에요.**

최정현 그런 건 경계해야죠.

지유성 마지막으로는 정말 재개발이 필요한데 현장을 반영하지 못한 법 때문에 재개발이 막히는 경우도 문제죠. 20년 된 아파트는 현행법상 재개발이 안 되는데도 불구하고 살기가 굉장히 불편한 경우도 있단 말이에요. 심하게는 엘리베이터가 없는데도 있더라고요. 이런 곳이야말로 리모델링을 적극 이용하면 좋겠지만 역시나 이를 악용하는 사례가 너무 많아요. 실제로 장혜영 의원이 청문회에서 대치 은마아파트 34평형을 9~10칸으로 쪼개서 월 100만 원에 임대하는 것을 지적하기도 했고요. 참…… 리모델링이 이런 데 쓰일 게 아닌데 말이죠.

최정현 투기 우려와 같은 부작용이 있다는 사실은 저도 인정해요. 근데 수요가 없는 게 아니기 때문에 공급을 아예 안 할 수는 없어요. 오히려 1~2인 가구의 증가로 공급이 턱없이 부족해지는 상황이 올 수도 있고요. 그리고 주거 환경에 대해서 아까 말씀하셨지만 사람이 편히 살 수 있는 환경은 아니에요. 주차난 문제도 심각하고요. 그런데 "당신은 집 있으니까 됐소" 이렇게 끝낼 문제는 아니잖아요. 그럼 재건축을 하긴 해야 하는 건데, 부작용 때문에 못하겠다고 하면 구더기 무서워서 장 못 담그는 거죠. 물론 저도 막 하자는 게 아니고 장기적인 추세를 봐가면서, 계획적으로, 예측 가능하게 하자는 거예요. 그다음에 현금 부자가 아닌 사람들도 들어갈 수 있는 영역을 마련해 주는 게 필요하죠. 그래서 일정 부분을 우선 분양하는 것 같은 방식들을 검토해야 한다고 봐요.

지유성 저는 이렇게 부동산 문제에 모두가 주목하는 지금이야말로 지방이 발전할 수 있는 마지막 절호의 기회라고 생각하거든요. 왜냐하면 요즘 사람들이 너무 수도권 뉴스에 매몰돼 잘 모르고 있지만 지방은 지금 계속해서 소멸되고 있어요. 지방은 병원조차도 유지가 안 돼서 적자 감수하다가 결국 떠나버려요. 그러면 노인분들도 더 이상 그 마을에서 살고 싶어도 살 수가 없어서 어쩔 수 없이 도시로 떠나는 현상이 계속 반복되고 있단 말이에요. 과연 이게 옳으냐는 거죠. 한 20년 뒤에는 우리 전 국민이 서울·경기에만 모여 살 것도 아니고 말이죠. 때문에 지금 당장 눈에 보이는 공급보다도 지역 균형 발전이 결국에는 부동산 문제의 최고의 해결책일 수밖에 없어요. 그 시작이 지금보다 더 늦으면 영영 불가능하다는 것이죠. 우리나라에서 신도시 정책은 반은 성공하고 반은 폭망했잖아요.

최정현 그렇죠.

지유성 실상이 그렇거든요. 세종도 그렇지만 신도시 자체가 정부가 유인

책을 발표하면 잠깐 들썩이는 그런 지역으로 전락해 버렸단 말이에요. 게다가 1, 2기 신도시 가보시면 이게 신도시가 맞나 싶을 정도로 굉장히 난잡한 도시가 되었다고 해요. 그러니까 결국에 모든 것들이 기본으로 돌아가야죠. '도시'라는 개념 자체가 공장이나 산업단지가 옮겨가면 사람들이 옮겨갈 수밖에 없고, 그러면 그곳에는 시장이 활성화될 수밖에 없고 또다시 사람들이 몰려들 수밖에 없는 이런 구조로 가야 된단 말이에요. 대학들도 그렇고 대형 병원이라든지 기업체도 다 서울에 몰려 있잖아요.

최정현 근데 우리가 그걸 해봤더니 사무실은 지방에 있는데 중요한 업무는 다 서울에서 보잖아요. 이런 비효율이 있고, 지역 균형 발전이라는 당위성이 크다고 해서 병원과 같은 민간 기업을 정부가 막 옮길 수도 없죠. 그래서 지역 균형 발전이 필요하지만 어렵다고 하는 것 아니겠어요?

지유성 바로 그 부분이 잘못되었다는 것이죠. 여태 해 온 것들은 죄다 생뚱맞게 "대기업 너 경상도로 내려가, 대학교 너 전라도로 내려가, 정부청사 너 세종으로 내려가" 이거잖아요. 이게 말이 안 된다는 거죠. 여태까지 실패한 이유가 지역 특색을 전혀 고려하지 않고 뚱딴지같이 대충 옮겨서라고 저는 생각해요. 세종시 같은 경우에도 생뚱맞잖아요. 구체적인 계획 없이 기업이고 정부 부처고 강제로 지방으로 보내버리니까 출장길에서 시간을 보내는 '길 과장'이라는 신조어도 생기는 거란 말이에요.

최정현 그럼 지방이 발전하기 위해서는 어떻게 해야 한다고 생각하세요?

지유성 미국 지도 딱 펼쳐보면 보이는 게 각 주를 대표하는 기업들이에요. 북부 지역은 방송, 통신, 금융을, 중부 지역을 포함한 동·남부 지역은 농업, 공업을, 남부 지역은 관광, 문화, IT를 대표하는 지역이란 말이죠. 그만큼 지역 환경과 문화를 최대한 활용하며 도시 개발을 해 왔다는 증거인 것이죠. 그런데 우리나라는 프로 야구 보면 각 구단이 지역별로 홈구장을 두고 활동하는데, 정작 구단을 소유하고 있는 기업들은 죄다 서울에 있는 것처럼 정말 지역에 대한 아무런 고려도 없이 무작정 보내고 본다 식으로 해 왔기에 여태까지 실패를 거듭한 것이죠. 지역의 특성을 고려한 치밀한 도시 설계를 통해 지역 균형 개발을 해야 해요. 이런 식으로 부동산 실마리를 찾기 위해 공급에 앞서 지방 분산화가 더욱 절실하지 않나 생각해요.

최정현 그것도 필요하지만 민간이 이전하도록 압박할 수는 없고, 사실상 지금까지 우리가 한 방식은 실패했기 때문에 다시 검토해야 한다고 봐요. 대출 규제도 한번 여쭤보고 싶어요. 정부에서 대출을 강하게 규제하잖아요. 그런데 사람들이 일반적으로 집을 살 때 대출을 끼고 산다는 말이죠. 그래서 대출이 지나치게 규제되는 경우에 서민에게 내 집 마련의 꿈은 더 멀어질 수밖에 없어요. 오히려 현금 부자들만 집을 살 수 있게 되는 거고요. 그래서 저는 사람들이 집을 살 수 있게 대출 규제를 좀 풀어줘야 할 필요가 있다고 보거든요. 이건 어떻게 보세요?

지유성 지당한 말씀이죠. 물론 무분별한 대출 규제 완화는 금리 인상에 따라 버블경제의 단초를 마련할 수 있지만 적어도 지금 부동산 관련

대출과 같은 경우는 국민과 시장을 좀 믿고 대출 규제를 조금 완화하는 것이 필요하다고 보여요. 그런데 저는 대출 규제 완화가 막연하게 필요하다고만 생각했지, 그게 어떤 방식으로 이루어져야 하는지는 생각해 본 적이 없어서……. 혹시 생각해 두신 방향이 있으세요?

최정현 사실 저도 열심히 찾아봤는데, 국민의힘에서는 집값의 90%까지 대출을 받을 수 있도록 해줘야 된다고 했대요. 근데 솔직히 90%는 좀 너무 많은 게 아닌가 싶어요.

지유성 그 정도면 사실상 대출만으로도 집값을 지불할 수 있을 정도네요.

최정현 그런데 그 정도면 갚기가 어렵잖아요. 어느 수준까지 풀어주어야 하느냐는 좀 고민해봐야 될 것 같아요.

지유성 지금 실질적으로 대출이 절실하고 필요한 사람들은 결국엔 대출을 못 받고 있고, 대출 받아도 그만, 안 받아도 그만인 빵빵하게 빌릴 수 있는 사람들은 계속해서 빌리고 있다는 게 문제잖아요.

최정현 그렇죠. 그리고 한 가지를 더하면 '영끌'이라는 말이 있잖아요. 영혼까지 끌어모아서 대출을 받는다는 뜻인데, 제가 보니까 이런 일이 있었더라고요. 신혼부부가 혼인 신고를 하지 않은 상태로 함께 입주하는 거예요. 법적으로 부부가 되면 임대인과 임차인의 관계가 성립이 안 되는데, 이렇게 하면 전세대출은 보증금의 80%까지, 연 2%대로 빌릴 수 있다고 하더라고요. 대출이 막혔는데 대출이 아니면 집을 살 수 없으니까 어떻게든 방법을 만들어내는 거죠.

지유성 부부 얘기가 나와서 말씀드리는 건데 얼마 전에 한 신혼부부가 인터넷에 올린 글을 보고 참 마음이 아팠거든요. 어찌 보면 이제 조금 있으면 우리가 겪게 될 상황이라서 더 그런 건지 모르겠지만 출산을 앞두고 있는 상황에서 내 집 마련을 위해 계획을 잡았는데, 부동산 문제가 이렇게까지 과열되다 보니 좌절하고 애를 낳지 말 걸 후회하면서 살아가고 있다는 내용이었어요. 이걸 보고 지금 저출산 고령화 정책 자체도 문제가 많지만 부동산 정책의 방향은 잘못된 게 확실하다는 생각이 계속 들더라고요. 모쪼록 우리나라 부동산 문제는 참 갈 길이 머네요…….

임대차보호법, 누구를 위한 법인가?

03

임대차보호법이 2020년 7월 31일부터 시행되었다. 일명 임대차 3법은 집주인과 세입자가 30일 안에 임대차 계약 정보를 신고하도록 하는 전월세 신고제, 임대료의 상승폭을 직전 계약 임대료의 5% 이내로 하되, 지자체가 조례로 상한을 정하도록 하는 전월세 상한제와 세입자에게 1회의 계약 갱신 요구권을 보장해 현행 2년에 2년을 더해 4년으로 계약을 연장할 수 있도록 하는 계약 갱신청구권제를 핵심으로 한다. 이 제도는 현실에 잘 안착했을까?

지유성 임대차 3법에 대해 하실 말씀이 많을 거 같은데요.

최정현 딱히 할 건 없어요. 그냥 간단하게 말해서 '내용도 부적절하고 통과된 방법도 부적절했다' 이거거든요. 세세하게 근거로 말할 게 많은 거지.

지유성 저는 임대차보호법이 완전히 악법이라고는 생각하지 않아요. 하지만 '취지는 좋았지만 방법과 방향이 대단히 잘못 가고 있다'는 주장에 공감해요. 법으로 무언가를 규제할 때 두 가지 방식이 있잖아요. 일단 모든 행위를 할 수 있도록 하다가 문제가 생기는 것에 한해서 금지시키는 방법과 일단 원칙적으로 모든 행위에 제약을 두고 필요성이 발생하는 부분에 한해서만 일부 예외를 두는 방법이 있는데 대부분의 민주주의 법치국가는 전자를 채택해서 법적 안정성을 유지하죠.

그런데 지금 나온 임대차보호법은 후자에 가깝다는 것이 문제인 거잖아요. 게다가 법을 통과시키는 과정도 국민의 뜻이라는 명분으로 무리하게 밀어붙이기도 했고요. 법을 하나하나 뜯어보자면, 일단 첫 번째로 2+2 제도가 있잖아요. 이것 때문에 홍남기 경제부총리도 전셋집에서 쫓겨나서 웃음거리가 됐던 걸로 기억하는데 저 역시 개인적으로 이거는 좀 실효성이 없다 이렇게 보거든요. 어떻게 생각하세요?

최정현 무지했던 거죠. 원래 임대차 계약이 1년이었대요. 89년 말에 계약 기간을 2년으로 늘리는 법이 통과가 됐는데, 임대료가 89년 말에 30%, 90년에 25% 올랐다고 그래요. 그랬는데 두 배로 또 늘린 거잖아요. 그래서 당연히 임대료 상승을 우려하지 않을 수가 없죠. 그럼 이걸 민주당이 몰랐냐? 사실 모를 수가 없어요. 야당도 지적했고, 민주연구원에서도 문제 있다고 했다는 거예요. 그리고 전세가 줄면 임차인만 손해를 보느냐? 그것도 아니거든요 사실. 집을 가진 사람은 집주인인데 계약 갱신을 청구하면 무조건 해줘야 되는 거잖아요. 사실 이 권리가 왜 집주인이 아닌 사람에게 있는지 잘 모르겠어요. 이렇게라도 재산 소유에 대한 의욕을 떨어뜨려서 집을 팔게 하려는 건지 참…… 이런 측면에서 사유 재산권에 부합하지 않는다는 게 제 생각이에요.

지유성 그런 맥락에서 인상폭 제한도 반대하시는 거죠?

최정현 예. 우리가 경험해 봤잖아요. 분양가 상한제처럼 인상 폭을 제한해 놓으면 그 직전까지 올리거든요. 예컨대 "10%까지만 해" 그러면 정말 10%만 올려요.

지유성 김영란법 시행되고 선물을 5만 원 이하로 제한하니까 바로 4만 9,990원 상품을 만들어 판매하기도 했죠. (웃음)

최정현 맞아요. 그것처럼 계약이 끝나면 무조건 그만큼 올라간다는 얘기니까, 이것도 완전히 시장을 모르는 거죠.

지유성 저는 사실 임대 계약에 있어서 소위 말하는 임대인의 '갑질'을 막기 위해 인상폭 제한이 있어야 한다고는 생각했는데 임대차 계약은 각 케이스마다 사정이 너무 달라서 일괄적으로 제한을 두는 것은 큰 부작용이 따를 게 분명해서 섣불리 동의하지는 않았거든요. 그런데 이번 법 개정으로 인상폭을 일괄적으로 제한했으니 분명 여러 문제가 수반될 게 뻔해요.

그리고 계약 갱신청구권을 얘기하자면요. 저는 이것 때문에 임대차보호법이 너무 혼란스럽게 느껴지더라고요. 임대인이 계약 연장을 거절할 수 있는 조건이 9개 항 정도 있어요. 그것 때문에 지금 엄청나게 싸우고 있다는 거예요. 약속 없이 반려견을 들여왔는데 이걸로 계약 취소가 되냐 안 되냐 막 싸우고, 건물 일부를 파손했는데 이게 중대한 게 맞다, 아니다 이런 식으로 말이죠. 그리고 가장 심각한 건 임차인의 계약 갱신 청구권을 거부하고 싶을 경우에 그에 상당하는 위로금을 주면 가능하다는 내용이 있어요.

최정현 그게 원래 없었던 거거든요.

지유성 네 맞아요. 중간에 추가가 되었죠. 하여튼 그 '상당한 액수'가 도대체 어디까지가 포함이 되느냐 그게 없단 말이죠. 그래서 앞으로 임차인들 입장에서는 무조건 계약 갱신 청구를 하고 임대인이 받아들이면 그냥 살고, 거부하면 일정 금액을 받고 다른 곳으로 옮겨가면 그만이라고 생각하게 될 수밖에 없어요. 앞으로 임대인은 보증금과 함께 갱신 청구권을 거부할 비용을 마련하던가 아니면 울며 겨자 먹기식으로 계약을 갱신할 수밖에 없는 것이죠. 그렇지 않을 경우에는 임대인 본인의 실거주 명목으로 임차인의 청구를 거부할 수 있는데 사실 임대인의 실거주를 확인할 수 있는 제도가 전혀 없거든요. 이러한 문제들로 인해 급하게 부동산분쟁조정위원회를 설치했는데 실효성이 있냐는 거죠.

최정현 일반적으로 손해가 발생하면 그거에 대해서 배상을 청구할 수 있잖아요. 그런데 집주인이 실거주하겠다고 거절했는데, 실거주를 안 한 상황에서 임차인이 손해를 입지 않았어도 배상 청구를 할 수 있다고 해요. 이렇게 다각적으로 살펴보면 임대인들이 많이 불리할 수밖에 없어요. 그러니까 임대차보호법이 아니고 임차보호법이라는 이야기가 나오는 거죠.

지유성 그렇죠. 그런데 정말 웃긴 것은 그러면 임차인들이 이 법을 쌍수 들고 환영하느냐? 그 분위기도 아니라는 거죠. 그렇지만 저는 임대차 3법 때문에 전세 매물 씨가 말랐다는 주장에는 결코 동의할 수 없어요. 이건 좀 인과 관계가 잘못된 것이라고 생각하는데 어떻게 생각하세요?

최정현 저는 생각이 좀 다른데요. 국민은행 주택 가격 동향을 보면 2017년 7월 가격을 100이라고 할 때, 이후 3년 동안 전세 가격이 5만큼 올랐어요. 임대차 3법이 나오고 난 뒤에 전세 가격이 2020년 8월부터 10월까지 3개월 동안 5만큼 올랐고요. 3달 동안 3년 오른 것만큼 가격이 오른 거죠.

전세 시장 동향을 살펴보면, 전세 수급 지수는 7월부터 상승해서 12월에는 183.3이고, 전세 거래 지수는 쭉 하락해서 20.1이에요. 전세 전망 지수는 128.6이고요. 매매를 보면 매수 우위 지수는

103.4, 매매 거래 지수는 29.3 매매 전망 지수는 124.5예요. 이 지수는 0부터 200까지 있고 100을 넘으면 수급 지수는 전세 공급이 부족함을, 매수 우위 지수는 매수자가 많음을, 거래 지수는 거래의 활발함 정도, 전망 지수는 가격 상승 예상을 나타내거든요.

결국 매매와 전세 모두 거래가 활발하지 않고, 물량이 부족하며 가격도 더 오를 것으로 예상된다는 거예요. 2020년 7월 이후에 이런 양상이 급격하게 나타났고요. 근데 그 전후에 다른 요인이 없잖아요. 그래서 사실상 임대차 3법 때문에 매매든 전세든 매물이 씨가 말랐고, 급격한 상승이 일어나고 있다고 분석할 수 있죠.

지유성 당연히 임대차보호법 같은 제도가 나오면 매물이 감소하는 게 상식이죠. 그런데 요즘 '제비뽑기해서 전세 매물 보러 간다', '전세 매물 씨가 말랐다' 그러잖아요? 제 의견은 정말 언론에서 띄우는 것만큼 매물이 줄어들었느냐는 것이죠. 제가 보기에 그건 절대 아니에요. 자료를 보면 실상은 현재 근 10년간 전세 매물이 가장 많아요. 그러다 보니 거래량도 가장 활발하죠. 말씀드린 대로 임대차보호법이 시행되고 몇 천 건이 줄기는 했지만 전체 매물에서 이 정도는 유의미한 수치도 아니에요. 2015년과 비교하면 그 당시에 거래 건수가 거의 2만 건이 줄어요. 그럼 그때는 우리가 진짜 제비뽑기해서 집을 사고 가위바위보 해서 집 보러 다니고 그랬느냐고요. 근데 분위기상으로는 지금이 그때보다 훨씬 심각한 것처럼 자꾸 불안감을 조성하니까 이게 바람직한 문제 제기로 보이지가 않는 거죠.

최정현 시장 동향은 아까 말씀을 드렸고요. 사실 이 법을 시행했을 때 집주인 같은 경우에는 유리할 게 없잖아요. 그럼 집주인이 굳이 위험을 감수해가면서까지 시장에 나올 이유가 없거든요. 그래서 전세가 없어지고 그 물량이 월세로 많이 전환될 거라고 이야기를 하는 거죠.

지유성 동의하긴 어렵지만 여당에서 '월세 살면 어떠냐' 뭐 이런 말이나 하고 있으니 속이 터집니다…….

최정현 예. 상황이 이렇다 보니 말씀하신 것처럼 제비뽑기해서 집을 보고, 집주인이 면접 보듯이 임차인 고르게 될 거라는 우려가 나오는 거죠. 실제 그런 사례가 있었고.

지유성 여당에서 주장하기로는 '임대인까지도 보호할 수 있는 상호 간의 보호법이다' 이렇게 얘기하는데 임대인, 임차인 누구에게도 사랑받지 못하는 비운의 악법이 되어가는 것 같아 조금 답답하네요. 그럼 임대차 3법을 재정비해야 한다고 보세요? 아니면 그냥 삭제하는 게 낫다고 보세요?

최정현 사실 취지가 뭔지는 알겠어요. 그런데 법안 심사 과정에서 기본권 침해, 불균형 등 여러 가지 문제들이 제기되었고, 야당이 법안심사소위를 구성해서 면밀하게 살펴보자고 했는데 수용되지 않았고, 결국에는 이런 부적절한 내용들이 걸러지지 않고 들어갔죠. 그래서 이 부분들에 대해서 전문적인 시각에서 완전한 재검토가 필요하다고 봐요. 삭제라기보다는요.

지유성 임대차보호법을 개정한다면 어떤 방향으로 가야 할까요?

최정현 일단 집주인이 두려움을 갖지 않게 하는 게 중요해요. 지금처럼 '이걸 하면 내가 손해밖에 볼 게 없구나' 이런 생각을 갖도록 하면 안 되고 시장에 나오도록 유도해서 진정한 임대차보호법을 만들어야 해요.

지유성 제 생각에는 임대차 3법이 만약에 개정된다고 한다면 그나마 살릴 가능성이 있는 거는 상한가 제한 제도라고 봐요. 임대인의 횡포로 임차인이 일방적으로 쫓겨나는 것을 막기 위해 필요하다고 봐요. 정부에서 원래 하려던 것은 신규든 기존이든 세입자 상대로 5% 이상 인상을 금지시키는 것이었는데, 그렇게 할 경우에 정부가 재산권을 박탈하냐는 비판을 받을까 두려워 기존 세입자한테만 적용한 거잖아요. 그런데 범위가 좁혀졌을 뿐 임대인이 자율적으로 가격을 정하지 못하는 건 문제가 있죠. 따라서 인상은 마음대로 할 수 있게 하지만 기준을 정해 초과분에 대해서는 높은 세율을 적용한다면 구태여 임대인들이 그 이상으로 올리지 않을 거란 말이죠.

최정현 저는 검토해볼 수도 있다고 생각해요. 상한선을 정하는 게 아까 살펴본 것처럼 문제는 있지만, 무작정 풀어놓을 수는 없거든요. 만약에 법이 개정되는 과정에서 시장 원리가 고려되고, 적정한 균형 지점을 찾은 합리적인 안이 도출되면 반대할 이유가 없죠.

지유성 헌혈률이 낮다고 하면 사람들이 자발적으로 헌혈하는 분위기를 조성하기 위해 노력해야지 아무리 좋은 취지더라도 법으로 헌혈을 강제해서는 안 되는 거잖아요? 이런 방향성을 고심해서 법을 제정했다면 임대차보호법이 임차인도 임대인도 만족시킬 수 있는 법이 되었을 텐데 굉장히 아쉬움이 많이 남아요.

니가 가라,
공공 임대?

-------------------------------------- 04

문재인 대통령은 2020년 12월 11일,
경기, 화성, 동탄 행복주택단지를
방문했다. 살만한, 살기 좋은 임대 주택을
공급하겠다는 정부의 의지를 설명하는
자리였지만, 오히려 열악한 공공 임대
주택의 주거 실태가 알려지게 되었다.
그러자 야권을 중심으로 '니가 가라 공공
임대'라며 비판이 이어졌다. 여권은 그곳도
'사람이 사는 곳'이라며 옹호했다.
무엇이 사실인가?
방향은 제대로 가고 있는가?

지유성 본격적으로 들어가기에 앞서서 공공 임대 자체를 별로 안 좋아하시지 않나요?

최정현 공공 임대를 싫어할 이유는 없죠.

지유성 그런가요? 그러면 공공 임대 주택 들어갈 조건이 된다면 들어가실 거예요?

최정현 조건이 되면 들어가겠죠.

지유성 의외네요? (웃음) 저 역시 조건만 된다면 임대 주택을 이용하고 싶기 때문에 공공 임대와 관련된 문제들에 더 예민해질 수밖에 없긴 한데, 개인적으로 사람들이 왜 공공 임대 주택에 대해서 반대하는지 잘 모르겠어요. 이렇게 저렴하게 집다운 집에 살 수 있는 건 대단한 일이죠. 우리 같은 평범한 서민층의 청년들은 현실적으로 뭐 펜트하우스 같은 걸 살 수 있는 게 아니잖아요. 사회 초년생뿐 아니라 다양한 입장에 처해있는 서민의 입장에서 가장 합리적인 선택은 임대 주택밖에 없다고 생각하거든요. 어떻게 생각하세요?

최정현 공공 임대에 대한 비판을 최근에 많이들 하잖아요. 그런데 사실 이런 비판은 공공 임대 자체에 대한 것이라기보다는 정책이 공공 임대의 본질에 어긋난 측면에 대한 거예요. 원래 공공 임대 정책의 타깃이 어디예요? 저소득층이나 신혼부부, 사회 초년생이잖

<u>아요.</u> 여기에 돌아가야 하는 건데 지금 이 정부는 타깃을 중산층까지 확대한다고 하니 그걸 비판하는 거지, 공공 임대 자체가 문제가 있는 건 아니죠. 그리고 우리가 공공 임대를 싫어할 게 아니라 오히려 그런 시선을 없애기 위해 노력하는 게 맞죠.

지유성 얼마 전에 공공 임대 주택에 대통령이 장관하고 방문해서 '2인 가구도 가능하다는 것이냐'고 묻는 장면을 두고 여러 말이 많았죠? 물론 대통령의 말을 악의적으로 왜곡해서 비난하는 분들도 있어서 조금 유감스럽기는 했는데, 문재인 대통령도 "두 명도 충분히 가능하단 말씀이시죠" 이러고 그냥 넘어가더라고요.

저는 제 상식이 잘못된 줄 알았어요. '18평 아파트 그만한 방에 애 둘을 데리고 키운다고?' 이 생각을 계속했단 말이에요. 사실 우리나라에서 애 키우려면 웬만한 크기의 아파트는 많이 비좁죠. 그런데 지금 18평 아파트에서 애 둘을 키울 수 있다고 답한 것에 대통령이 호통을 치셔야지 그냥 넘어가시는 것은 다소 실망스러운 부분이거든요. 공공 임대 주택 하자 문제와 더불어 이런 부분들만 놓고 보면 <u>LH 토지주택공사 보고 '그딴 식으로 지을 거면 차라리 짓지나 말든가'라는 말이 나오는 거라고 이해하기는 해요.</u>

최정현 저도 똑같이 생각해요. 물론 대통령의 발언이 공공 임대 문제의 핵심이 아니기는 해요. 그런데 대통령이 그 자리에서 질문에 대해서 확인하는 질문을 해야 할 게 아니고 "여기서 산다고요? 말이 됩니까?" 이런 반응이 나왔어야 한다고 생각해요. 그래야 국민들이 '대통령이 잘 파악하고 계시는구나' 할 건데 확인하는 반응이 나왔으니까 대통령의 인식이 현실과 동떨어진 것 같다고 느끼는 거죠.

그리고 대통령이 임대 주택 단지를 방문하면서 나왔던 문제가 하자 보수가 안 되고 있다는 것이거든요. 벽 갈라짐, 누수, 이런 문제는 물론이고 '1층 스위치는 없을 수도 있으니 그냥 2층 스위치로 사용하라고 한다', '배수구가 없다. 스프링클러가 터지면 헤엄이라도 치라는 거냐' 이런 민원들이 나오고 있다고 해요. 이렇게 관리가 안 되고 오히려 방치가 되면 들어가려고 했던 사람이라도 들어갈 마음이 들겠느냐는 거예요.

지유성 제가 가장 분노했던 부분이 바로 그 부분이에요. LH는 공기업이잖아요. 물론 민간기업에 비해 예산이 빠듯하겠죠. 그런데 공기업이 자기네들은 줘도 안 살 거 같은 집을 지어놓고 성과급 잔치하고 그러면 되냐는 말이에요. 비가 새고 방음이 안 되고 이래도 모든 걸 예산 문제로 일축시켜버리니 어느 국민이 LH를 신뢰하며, LH가 지은 임대 주택에 살겠어요? 기업들이 이미지 광고를 하는 데는 다 이유가 있는 것인데, 국민들의 임대 주택에 대한 불신은 LH 스스로가 초래한 결과로서 직무 유기나 다름없어요.

최정현 공감해요.

지유성 얼마 전에도 굉장히 황당했던 게 최첨단 보안 장치를 공동 현관에 설치해놓고 그 옆에 담 넘으면 그냥 들어가지는 아파트를 지었던데 LH에서 모르고 했다고 하더라고요. 이게 말이 되느냐고요. 모르고 있으면 이건 더 큰 문제죠. 담당자 구속해야 하는 문제에요 이건. 앞으로 주사위 굴려가지고 LH 임원들 새로 지은 LH 아파트에 2년간 무조건 살게 하는 조건으로 해야만 똑바로 지으려나요? 그래서 저는 개인적으로 문재인 대통령이 현장 찾아갔을 때도 새로 잘 만들어진 데를 가시지 말고 하자가 심한 곳을 직접 현장 방문해 확인하고 질타하셨어야 한다고 봐요. 그래야 국민들이 앞으로 정말 제대로 된 공공 임대 주택 사업을 정부가 운영하겠구나 믿고 따라가는 거지 그것도 아니고 계속 청사진만 펼쳐가지고 "야 좋다, 좋다" 한다고 LH의 무너진 신뢰가, 임대 주택과 정부에 대한 비난 여론이 나아지는 게 아니란 말이죠.

최정현 원래 노후 시설 개선 보조금이 임의적으로 나가는 건데 지난 대선 때 유승민 후보가 이걸 상시 보조금으로 바꾸겠다고 공약했어요. 그래서 현 정부에도 비슷한 정책이 있나 찾아봤더니 2018년에 국토부에서 공공 임대 주택을 어떻게 유지하고 보수할지 5년마다 계획을 세우고 예산도 미리 확보해놓는다고 발표했다는 거예요. '그럼 그나마 다행이다' 안도했는데 알고 보니까 하자 보수도 안 되어 있고 사실상 방치되고 있었던 거죠. 지금 지키겠다고 해놓고 또 안 지킨 거거든요.

지유성 정말 엉망이에요. 임대차보호법을 딴 데 쓸 게 아니라 이거야말로 특별법을 제정해 가지고 국민들을 보호해야지 이런 데는 도대체 왜 정부·여당이 이렇게 미진한 것인지 모르겠네요. 또 국회에서 발의가 제대로 안 되는 건 아닐 건데 뭐 때문에 이렇게 공공 임대 주택의 임차인들에 대한 보호가 미진한지 저는 정말 이해가 안 되거든요. 개인적으로 저는 이 부분에 있어서는 굉장히 분노했어요. 그림의 떡이란 말이 진짜 딱 맞는 상황인 거예요. 이상과 그렇지 못한 현실이라는 게 정말 가장 절망스러운 법이잖아요.

최정현 이런 것도 있어요. 아까 말씀드렸던 것처럼 임대 주택의 타깃층이 있잖아요. 그런데 거기에 중산층을 포함시키는 방향으로 타깃을 조정한다는 것이거든요. 사실 이게 본질에도 안 맞잖아요.

지유성 그렇죠. 임대 주택이 원래 그런 분들을 위한 게 아닌걸요.

최정현 의도 자체가 '집이 없다' 이런 말이 나오니까 그러면 '공공 임대라도 살아라' 이거거든요. 대통령 발언을 보면 "굳이 자기 집을 소유하지 않더라도 임대 주택으로도 충분한 주거사다리를 만들어야 한다"라는 거예요. 사실상 13평 임대에서 24평 임대로 가라는 거거든요. 중산층은 매물만 있으면 전세를 살고, 집을 살 수 있는 여건이 되는 분들인데 말이에요. 그래서 어떻게 보면 중산층 공공 임대라는 건 매물이 증발해버린 데 대한 궁여지책에 불과할 뿐이라는 거죠. 아까도 말씀드렸지만 지금 있는 공공 임대 주택도 잘 관리되지 않잖아요. 정책 방향을 바꾸면 해결할 수 있는 부분에 세금을 쓰고, 정작 세금을 써야 할 부분에는 세금을 안 쓰고 있는 거예요. 중산층까지 공공 임대에 살도록 하는 건 어떻게 보세요?

지유성 이재명 지사도 비슷한 얘기를 했잖아요. 결국에는 경기도도 중산층까지 커버할 수 있는 공공 임대 주택 단지를 만들겠다고 하는데 저는 개인적으로 낙인 효과로 가는 지름길이라고 생각해요. 예전에 그런 말이 있었잖아요. '휴거'라고 해서 유치원생 엄마들이 하도 "쟤는 휴먼시아 사는 거지다. 놀면 안 된다" 그런 말 하니까 아기들도

"야 너 휴거라며?" 하면서 동급생끼리 왕따시키고 그런 일이 있었는데요.

최정현 참 가슴 아픈 일이죠.

지유성 이제 서울과 수도권에 중산층을 위한 공공 임대 주택이 쫙 들어서겠죠. 그런데 글쎄요, 정부·여당에서 말하는 중산층은 결국에 저소득층은 아닌, 법적으로 저소득층에 해당되지 않는 일반 서민을 얘기하는 것일 텐데 지금도 이미 문제가 되고 있잖아요. 법적 조건에 해당하지 않아서 저소득층 지원을 받지 못하고 법적으로만 중산층인 그런 사례들 말이에요.

그러니까 결국, 대한민국에서 진정한 의미의 '중산층'은 수많은 브랜드 아파트들을 두고 굳이 공공 임대 주택에 입주하지 않죠. 현재로서는요. 그러면 사실상 저소득층 조건에 맞지 않아서 '법적으로 중산층'에 해당하는 분들이 결국 비싼 유명 브랜드 아파트의 차선책으로 임대 주택을 이용하게 될 텐데 그런 단지를 만든다고 하면 자연스레 그 지역은 타지역과 경제적·문화적·사회적 격차가 생길 수밖에 없는 거잖아요. 이게 대규모 슬럼화·지역 양극화가 아니면 뭐겠어요.

최정현 그렇다고 해서 공공 임대 주택 자체를 아예 없앨 수는 없어요. 그런데 말씀하신 그런 부작용에 의해, 또 안 좋은 여건에 의해 정작 이를 필요로 하는 사람들이 불편을 겪어요. 그러니까 지금 상태로 방치되면 있으나 마나 한 정책인 거예요. 그래서 질 좋은 주택을 공급해서 사람들이 내가 사회에게서 도움을 받고 있다는 생각을 하고, 사회에 기여해야겠다는 마음을 먹을 수 있는 집이 되어야 해요. 그 방향은 우리가 계속 고민해야 할 것 같아요.

지유성 그렇죠. 이런 이야기를 할 때마다 상대적 박탈감이 느껴지는 게 지금 서초구의 한 신축 아파트는 지하에 입주민들만을 위한 영화관도 만드는 실정에 LH 임대 주택을 두고서는 18평에 둘이 사네, 셋이 사네 이러고 있는 꼴을 보니까 너무 비참한 거예요. 이거 임대 주택이 아니라 설국열차 일등칸, 꼴등칸 나누는 꼴이잖아요? 지금 대단히 잘못 돌아가고 있다고 생각해요.

> 토론을 한 4개월 후(2021년 3월), 3기 신도시 건설을 주도하는 LH의 직원들이 공개되지 않은 내부 정보를 활용해 3기 신도시 예정지를 사들여 투기를 시도했다는 사실이 시민 단체에 의해 폭로되었다. 정부·여당은 국가수사본부와 자체 확인을 통해 정황을 파악했고, 일부 직원들이 구속되기도 했다. 야권을 중심으로 '고양이에게 방울을 맡긴 격'이라며 공공 주도의 공급에 대한 의구심이 확산되는 가운데 당시 대통령과 민주당의 지지율이 추락했다.

경제, 복지

05 정권이 바뀔 때마다 달라지는 경제 정책, 이대로 좋은가
06 소득주도성장, 혁신성장 그리고 한국판 뉴딜
07 점점 늘어나는 국가 부채, 재정 준칙이 안전장치가 될 수 있을까?
08 기본소득과 재난지원금, 꼭 필요한가?
09 문재인 케어가 안고 있는 한계는?

정권이 바뀔 때마다 달라지는 경제 정책, 이대로 좋은가

05

우리나라 경제 정책은 정권이 바뀔 때마다 달라진다. 이명박 정부의 녹색성장, 박근혜 정부의 창조경제는 흔적도 없이 사라졌다. 문재인 대통령도 정권 초기에는 혁신성장과 소득주도성장을 말했다. 그러나 어느 순간부터 소득주도성장이라는 말은 사라졌고, 그 빈자리를 한국판 뉴딜이 채우고 있다. 정권이 바뀌어도 좋은 정책을 계속 이어가는 것은 불가능한 것일까?

지유성 일단은 기본적으로 이명박, 박근혜 두 정부 정책 모두 찬성하시겠죠?

최정현 두 정책 모두 평가가 좋지는 않지만 나름대로 시대정신, 우리 경제가 나가야 할 방향을 담고 있다고 생각해요. 녹색성장의 경우에는 지금 시대적인 화두인 환경을 고려한 성장을 담고 있고, 창조경제도 별로인 내용은 없어요. 오히려 채택되어야 할 필요가 있다고 생각되는 것들도 있어서 무조건 반대만 하기는 어렵죠.

지유성 그러면 '방향성도 괜찮았고 그 당시 시대적 배경에도 어느 정도 부합했다' 이렇게 보시는 거네요. 녹색성장 같은 경우에는 이명박 정부인데 그 당시 미국 대통령이 오바마 아니었나요?

최정현 초반에는 부시였고 거의 대부분은 오바마였을 거예요.

지유성 오바마 행정부도 친환경 정책에 적극적이었잖아요.

최정현 그렇죠. 오바마 행정부 시기에 파리기후협약도 출범했잖아요.

지유성 그래서 말씀을 드리자면, 이명박 정부에서 무리수를 던져서 욕을 많이 먹긴 했지만 747 경제 전략을 했었잖아요. 경제 성장률을 7%대로, 국민소득 4만 불에 세계 경제 순위 7위권 진입을 하겠다고 했었는데 이건 지금 봐도 조금 무리수였다는 생각이 들긴 해요. 어쨌든 그렇게까지 경제 관련 공약을 우선시하는 이명박 대통령은 취임 때부터 정당성이 '경제 대통령'이잖아요. 또 직업 정치인 출신이 아닌 기업 사장 출신에 강력한 보수 계열의 대통령이죠. 어떻게 보면 한국판 트럼프 아니겠어요?

최정현 국회의원도 했었죠.

지유성 물론 국회의원도 하고 서울시장도 역임했지만 정통 정치인 출신은 아니라는 거죠. 경제인이나 기업인 출신인데 그런 부류가 지금은 많지만 그 당시에는 많지 않았으니까요.

최정현 그렇죠. 정주영 회장 정도가 거의 유일한 경우고요.

지유성 맞아요. 이전까지 경제인 출신이 정치계에서 이렇게까지 성공한 케이스가 없는데도 불구하고 녹색성장을 염두에 두고 2007년도 즈음해서 추진한 것은 굉장히 깨인 생각이고 바람직했다고 생각해요. 물론 앞서 말한 것처럼 진보 진영의 오바마 행정부의 압력이 없었다고 보기에는 조금 애매한 부분이 있지만 그렇다고 해도 이런 경제 정책에 있어서 굉장히 완강한 태도의 보수 대통령이 녹색성장을 표방했다는 것은 저는 굉장히 그 당시로서도, 지금으로서도 의미가 있다고 생각이 들어요.

최정현 그런데 오바마 행정부가 그렇게 하라고 했다면 말이 안 되는 게 녹색성장을 발표한 게 2008년이고 오바마 대통령이 취임한 게 2009년인가 그렇잖아요.

지유성 물론 그렇죠. 그런데 그때쯤이면 이미 국내에서는 새 행정부에 대한 파악이 다 되잖아요. 아실만한 분이 왜 이러실까 정말? (웃음) 제가 말씀드리는 것은 이 녹색성장을 처음에 어떤 식으로 발표했는지까지는 차치하더라도 우리가 주목해야 할 것은 임기 초반이 아니라 임기 내내 이 녹색성장을 어떻게 끌어갔느냐는 것이죠. 사실 그게 중요한 거잖아요.

최정현 그렇죠.

지유성 특히나 정책의 방향성에 있어서 경제 성장 정책과 친환경 정책을 병행하다 보면 친환경 정책은 자칫 위축될 수도 있었는데, 이게 지속적으로 탄력을 받고 이명박 정부에서 열심히 푸시해 끝까지 가져갔다는 것은 결국 미국하고 정치적 셈법이 잘 맞아떨어졌기 때문이라고 보는 거죠 저는. 어느 때라고 아니었겠냐마는 10년 전 저 당시에 우리나라도 경제 성장이 굉장히 절실했을 건데 대통령이 앞장서서 친환경 정책을 표방한 건 매우 훌륭해요.

그러나 그것이 과연 얼마나 유지되었고 10년이 지난 현재 평가했을 때 지금까지 그 정책들이 이어져 올 수 있도록 당시에 치밀하게 정책을 수립했느냐는 것이죠. 심지어 정당이 바뀐 것도 아니고 박근혜 후보가 당선되면서 정부·여당은 계속 유지가 됐는데도 이어지지 못한 것은 장기적인 계획을 제대로 수립하지 못해서가 아닌가 하는 생각에 저는 좀 아쉬움이 있어요.

최정현 그 당시에 녹색기후기금을 우리나라가 주도해서 만들었고 사무실을 송도에 유치했거든요. 그게 아직도 있고요. 2050년까지 적용되는 녹색성장 국가 전략도 발표했죠. 그래서 말씀하신 것처럼 중장기 계획을 수립하지 않았다기보다는 우리의 정치 문화가 작용한 건 아닌가 싶어요. 전임자의 흔적을 없애는 것 있잖아요? 그리고 내용 일부가 이 정부의 한국판 뉴딜에도 반영되었다고 그래요. 그렇기 때문에 정책의 성패를 떠나서 잘 설정된 의제였다고 봐요. 녹색성장이라는 기조 아래 추진된 4대강 같은 정책들은 비판적인 평가를 받고 있기는 하지만, 환경을 고려하는 경제 성장을 추구한다는 방향 자체는 지금 봐도 괜찮고, 필요한 정책이라고 생각해요.

지유성 그렇죠. 그 당시 의제로서는 굉장히 선구자적인 방향성이 있었다고 보긴 해요. 그러나 말씀하신대로 우리나라가 고질적으로 겪고 있는 문제 중에 하나가 정권이 바뀌면 이전 정부의 정책들이 완전히 백지화되어 버리는 것이죠. 사실 장관만 바뀌어도 기존 정책이 다 무너져버리긴 하는데요. 그런데 이명박 대통령이 이 사실을 몰랐을 리 없잖아요. 이런 인습도 무력화할 수 있을 정도로 정말 정책이 치밀하고 견고했다면, 그리고 대통령으로서 강력한 확신이 있었다면, 이렇게 코로나 시대에 다시 환경 문제가 대두되면서 이제야 부랴부랴 또 문 정부에서 그린 뉴딜 사업이라고 꺼내게 되지는 않았을 것이라고 생각해요. 지금 와서 평가했을 때 이렇게 당시 정책의 흔적조차 찾기 힘들게 된 것은 굉장히 안타까운 일이라는 것이죠. 그 정당성이, 그리고 정책의 방향성이 좋았던 만큼 더 아쉬움이 크다고 보는 거죠.

최정현 제가 볼 때 이 사업의 가장 큰 문제는 구체성이 떨어진다는 거예요. 구체적인 정책의 임팩트가 없다고 할까요? 예컨대 창조경제라고 하면 창조경제혁신센터를 만든 게 떠오르잖아요. 그다음에 소득주도성장이라고 하면 최저임금, 이런 식으로 떠오르는 게 하나씩 있는데 녹색성장은 뭐가 없다는 거죠. 이름은 각인되어 있지만 내용은 그렇지 못했던 거예요. 이걸 문제 삼는 건 아무리 방향성이 좋고 세계에 나가서 자랑스럽게 얘기할 수 있어도 국민이 구체적인 내용을 모르면 사실상 없는 정책이나 마찬가지여서 그래요. 그러니까 카피 메이킹, 큰 정책 방향을 알리는 것도 중요하지만, 못지않게 세부적인 내용을 세밀하게 알리는 것도 중요하고, 필요하다는 거죠.

지유성 제가 생각하기에 녹색성장이 주목받지 못했던 이유는 구체성의 부족일 수도 있지만 정부의 성격과 맞지 않았기 때문이 아닌가 생각해요. 가령 그린 뉴딜 사업은 애초에 그린＋뉴딜이기 때문에 이름만 봐도 문재인 정부에서 적극적인 정부의 개입으로 환경 정책과 일자리 창출을 동시에 하겠다는 내용이 짐작이 가거든요. 그런데 녹색성장 같은 경우에는 그냥 이름만 들으면 "이명박 정부에서 했다고?" 얘기가 나올 정도로 경제를 가장 우선시하는 이명박 정부와 잘 매치가 되지 않죠.

최정현 그런 면이 있기는 하죠.

지유성 게다가 강력한 환경 정책을 위해서는 어느 정도 기업 활동에 제약을 가하는 제도들이 수반되어야 하는데 이 녹색성장의 근본에는 경제 대통령을 표방한 이명박 정부가 있는 것이고, 그 이명박 정부의 기초 토대는 결국 친환경보다는 경제 성장인 것이잖아요. 그러다 보니까 녹색성장 정책 관련 자료들을 봤을 때는 그냥 이런저런 신기술들을 도입한다든가 하는 것밖에는 없어서 기업과의 별다른 갈등도 없었기에 이슈화될 만한 게 많이 없었죠. 제 입장에서 볼 때는 지나치게 온건적으로 가다 보니 마찰의 요지도 적었고 그러다 보니 자연스럽게 이슈화도 적었고 사람들도 기억하지 못한 게 아니었나 이런 생각이 들거든요.

최정현 녹색기후기금과 저탄소 녹색성장 기본법 외에도 탄소 배출거래권을 담고 있는 온실가스 배출권의 할당 및 거래에 관한 법률이 통과됐어요. 그런데도 말씀처럼 국내보다는 해외에 치중된 느낌이 들어요. 실제로 국력을 높이기 위해 의제 설정 능력을 갖춰야 한다는 생각을 갖고, 선진국과 개도국 사이의 갈등 요소인 기후 문제를 중재해서 역할을 하겠다는 판단이 그 기저에 깔려있었다고 해요. 이명박 대통령 회고록도 해외에서의 성과를 주로 담고 있고요. 말씀처럼 온건하게 느껴지기도 해요. 그러다 보니 다른 쟁점에 비해 노출 빈도가 적었던 것 같아요. 실질적으로 우리가 체감할 만한 접점이 많이 없었던 거죠.

지유성 그리고 첨언하자면, 그 당시 이명박 정부 때 서울에서 G20 정상회담을 했었잖아요? 그 당시에 지구 온난화라든가 이런 환경 문제와 관련된 안건들이 주요하게 논의가 되었는데 그럼에도 불구하고 오늘날 우리들의 인식에 강하게 남지 못했다는 것이 참으로 안타까워요.

최정현 좋은 방향성을 살려서 국내에서 조금 더 구체화, 현실화가 되었으면 기후 문제라든지, 우리의 장기적인 성장 전망이 좀 바뀔 수 있지 않았을까 싶어요.

지유성 그래도 조금 옹호 아닌 옹호? 반성 아닌 반성을 하자면 이 녹색성장이 지속되지 못한 부분에 어느 정도 우리도 일조하지 않았나 이런 생각도 좀 들어요. 그 당시뿐 아니라 오늘날까지도 정부의 미온적인 정책 시행과 기업의 지나친 방어적 태도 그리고 아직까지는 다소 부족한 시민들의 환경 문제에 대한 인식이 삼박자를 이루면서 환경 정책의 실패로 이어지는 것 같아요.

일례로 아직까지도 국내에 음료 라벨을 쉽게 뜯을 수 있게 하는 절취선을 넣어 판매하는 기업이 얼마나 있느냐는 것이죠. 설사 절취선을 넣었다고 해도 외국 기업 제품들에 비하면 뜯기가 너무 어렵다든지 하는 문제가 있어요. 또 시민들이 그러한 제품을 적극 구매하고 장려해서 기업들의 인식이 바뀌도록 해야 하는데 그 부분에서도 부족한 점이 있고요. 뭐 그래도 요즘 들어 이러한 문제들을 바꾸기 위해 많은 사람들이 노력하는 것 같긴 하지만요.

최정현 우리가 흔히 하는 생각이 홍보가 가장 중요하다는 거잖아요. 물론 홍보도 중요하지만 제품이 안 좋으면 소용이 없는 거거든요. 그래서 제품의 품질을 올리기 위해 내부 투자를 하는 거고요. 그런데 내부 투자라는 게 외부 투자에 비해 가시적으로, 즉각적으로 효과가 안 나타나고 단기적으로는 지출만 있는 것 같으니까 문제가 터지기 직전까지 미루잖아요. 사실 환경 문제도 아까 말씀하셨던 것처럼 지금보다는 여건이 더 괜찮았던 10년 전부터 고민해서 실천했으면 기후가 이런 상태까지 왔을까 싶어요. 그래서 우리가 인식을 바꿀 필요는 있는 것 같아요. 단기적으로는 효과가 안 나더라도 중장기적인 시각에서 볼 필요가 있는 거죠.

지유성 마지막으로 녹색성장 얘기가 나와서 말인데 서울·경기 지역은 쓰레기를 다 인천에 매립하잖아요? 인천 쓰레기 매립지에다 다 매립하는데 인천시에서 해당 지역, 그러니까 앞으로 인천 쓰레기만 매립하고 서울·경기 지역은 일방적으로 받지 않겠다고 했잖아요. 저는 굉장히 위기의식을 많이 느꼈는데 생각보다 이게 이슈화가 많이 안 될뿐더러 사람들이 관심이 있는 건지 없는 건지 시민 사회에서 해결을 촉구하는 목소리가 표출이 잘 안되더라고요. 더불어 정부와 각 정당들도 지금 현재 현안, 정쟁에 너무 치중해서 어쩌면 가장 중대한 문제가 좀 가려진 느낌이 들거든요. 이걸 보면서 우리나라가 이런 환경적인 부분에 있어서는 굉장히 미진하구나 이런 걸 많이 느끼게 되더라고요.

최정현 또 그래놓고 닥쳐가지고 하겠죠.

지유성 오래전 영국에도 파업 때문에 길거리에 막 쓰레기가 넘쳐나고 그랬었던 걸로 기억하는데 그 정도 수준이 돼야 손을 쓰겠다는 것인지 참 안타깝고요. 얼마나 안일한 태도로 환경 문제를 다루는지 절실히 느껴요. 경제 정책은 갑자기 막 추락하더라도 부양 정책을 하면 또 상승할 여지가 조금은 남아있단 말이에요. 근데 이 환경은 정말 인간이 좌지우지할 수 없는 부분이기 때문에 정말 손쓸 수 없는, 정말 급락하는 지점에 가서는 더 이상 어떻게 할 도리가 없어요. 그러니 이렇게 미진하게 나가서는 안 된다는 문제의식도 가질 필요가 있다고 생각해요.

최정현 박근혜 정부의 창조경제는 어떻게 생각하세요?

지유성 이야기에 앞서 한 가지 말씀을 드리고 싶은 게, 조금 놀라실 수도 있어요. 제가 창조경제를 많이 조롱했습니다만 사실 저는 '내가 만약 대통령이라면 무조건 창조경제 정책을 펼 것이다' 그렇게 말씀드리고 싶어요. 왜냐하면 노무현 정부 때 나로호가 조롱의 대상이 됐잖아요. 근데 저는 그것만큼 탁월한 행보가 없었다고 생각해요. 정말 **대통령이 리더십을 재평가 받을 수도 있는 중대 기로에서 과학 발전을 위해 국가 재정을 적극적으로 이끌어서 투자하고 그걸 또 과감하게 추진하는 것은 굉장히 대단한 일이거든요.** 이런 맥락에서 창조경제는 정말 괜찮은 정책이었다고 생각하는데, 아시다시피 창조경제가 굉장히 많은 조롱을 당했고 지금에 와서 창조경제와 관련된 모든 것들이 폐지된 데에는 분명 이유가 있을 거라고 생각하는데 어떻게 생각하세요?

최정현 사실 우리 경제에 있어서 제가 가장 안타까운 건 중요한 게 도외시된다는 거예요. 아까 말씀하신 것처럼 우주 산업은 진척이 없고, 과학도 실험 과학 중심이거든요. 그런데 실험 과학만 해서는 인정받기 어려워요. 창업도 중요한데 창업했다가 실패하면, 다시 일어설 수 없는 환경에 빠지게 된다고 생각하잖아요. 그래서 창업을 꺼리는 경향이 있고요.

지유성 그런 측면이 있죠.

최정현 그런데 창조경제라는 것을 세세하게 살펴보면 그런 내용을 담고 있어요. 실험 과학 중심에서 기초 과학 중심으로의 개편, 창업 장려, 우주 산업 지원, 이런 식으로요. 그리고 아까 창조경제와 관련한 것들이 다 없어졌다고 하시지만 창조경제혁신센터는 아직 남아있거든요. 물론 비판은 많지만 고쳐서 쓸 여지는 많다고 생각해요. 왜냐하면 창조경제혁신센터가 전국 17개 시도에 있어서 접근성이 좋고, 또 각 시도의 특성에 맞춰 특화되어 있어요. 광주는 광(光) 산업, 대구는 첨단 산업, 제주는 청정 산업 이런 식으로요. 그래서 한 분야에 전문적으로 몰입할 수 있는 여건이 될 수 있다고 봐요. 법무 서비스와 같은 여러 서비스를 한 공간에서 받을 수 있고, 대기업과 연결돼서 경험과 노하우를 전수받을 수도 있어요.

지유성 무작정 없애는 것보다 가지고 있는 것을 어떻게 잘 활용하는지가 중요하니까요.

최정현 네. 창업의 전초 기지로서의 창조경제혁신센터라는 플랫폼 자체는 굉장히 좋다고 생각해요. 이런 식으로 저는 창조경제가 정권이 바뀌더라도 우리의 경제가 장기적으로는 나아가야 할 방향을 제시하고 있다고 봐요. 그런데 제가 이 정책을 안타깝게 생각하는 건 곧바로 이해되지 않는다는 거예요. 공부를 해야만 이해할 수 있는 정책은 좋은 정책이라고 할 수 없어요.

지유성 잘 짚으셨어요. 창조경제라는 말이 직관적으로 다가오지 않는다는 점이 정책 실패에 어느 정도 일조했다고 봐요. 제가 찾아보니까 박근혜 정부와 결은 조금 다르지만 이 창조경제라는 말을 만들어낸 사람이 영국의 경영 전문가 호킨스라는 분이더라고요. 창조경제라는 용어가 굉장히 참신하고 좋다고 생각해서 차용해 오더라도 국민들이 받아들이는 건 또 다를 수 있거든요. 과학에서 가설을 채택할 때도 가장 쉽게 설명되는 가설이 가장 좋은 가설이라고 하듯이 정책도 사실 직관적이고 빠르게 느낌이 오는 정책이 가장 실효성이 있는 것이지 이름이 번지르르하다고 좋은 정책이 아니란 말이에요. 그런 면에서 봤을 때는 국민들의 눈높이에 맞게 정책을 만들었느냐는 아쉬움이 있어요. 정치에서 이름이 굉장히 중요한 거니까요.

최정현 저도 참 아쉽게 생각하는 부분이에요.

지유성 게다가 정책의 방향성은 좋았는데 박근혜 정부에서 이 방향성을 그대로 가지고 갔느냐는 부분에서 의문이 있어요. 실제로 박근혜 정부도 창조경제가 워낙 복잡하다 보니까 미래창조과학부에 모든 것을 일임했는데, 이런 부분이 제가 볼 때는 좋은 방향성과 달리 실상은 확고하고 치밀하게 짜인 틀에서 운용하지 못한 결과라고 생각해요. 창조경제를 국정 철학으로 여기며 여기저기에 너무 남발한 것이죠.

최정현 네. 저도 그 말씀에 동의해요. 철학이라기보다는 경제 정책의 기조에 가까워요. 물론 그 당시에는 철학이라고 하기는 했는데 철학이 있었다면 이권이 개입될 여지가 없었겠죠. 이게 과학 기술 정책이냐, 경제 정책이냐, 정체성이 모호하다는 주장에 대해서는 경제와 과학을 떼어놓고 볼 수 없기 때문에 불가피하다고 생각해요. 아까 우주 기술에 대해 말씀을 드렸던 것처럼 말이죠. 그래서 그 둘을 굳이 구분하려고 노력할 필요는 없다고 생각해요.

지유성 마지막으로 말씀드리고 싶은 건, 앞으로 적어도 10년간 여성 대통령은 보기 힘들 거라는 항간의 말처럼 창조경제도 박근혜 정부가 저지른 많은 잘못 때문에 더욱 왜곡되고 조롱당한 것이 아닌가 해요. 박근혜 정부가 지은 죄로 인해 창조경제가 완전히 왜곡되어 앞으로 이와 비슷한 정책을 쉽사리 내지 못하도록 한 것은 그 자체로도 문제지만 사실 더 큰 문제는 따로 있어요.

사실 창조경제의 핵심은 특히 과학 기술 분야에서 순수 학문과 기초 학문의 기반을 다져서 경제성을 창출해 내는 것이에요. 그래서 신기술 분야의 중소기업도 지원하려 했던 것이죠. 사람들이 항상 왜 아직까지 우리나라에 노벨상 수상자가 없느냐고 의문을 갖는데 이게 실용적인 학문만 투자한 결과거든요. 앞으로는 이러한 순수, 기초 학문의 중요성이 더욱 커질 텐데 박근혜 정부 그리고 창조경제가 실패로 돌아가면서 결국 우리나라는 순수, 기초 학문을 발전시킬 수 있는 마지막 기회를 놓친 것일 수도 있는 것이죠. 저는 이 점이 가장 우려스럽네요.

최정현 100% 동감해요. 수익성은 없지만 꼭 필요한 기술들이 있어요. 이 경우에는 정부의 투자가 연구를 지속시킬 거의 유일한 수단이거든요. 그런데 정부만의 문제라기보다는 우리나라의 문제인데요, 조급해요. 시간을 충분히 줘야 하는데 그렇지 못하니 단기적인 성과를 낼 수밖에 없어요. 이런 연구 결과는 인정받기 어렵죠. 장기적으로, 10년 이상 긴 호흡을 가지고 성과가 나든 안 나든 계속 투자하는 게 중요하다고 생각해요. 기초 과학 분야도 그렇지만 특히 우주 산업도요. 저는 우주 산업에 대해서 우리나라가 왜 이렇게 조용한가 싶거든요. 우주 산업은 굉장히 무궁무진하잖아요.

지유성 앞으로 세계를 이끌어갈 건 우주 산업 이런 것일 텐데 아직까지 우리나라는 로켓에 대한 독자적 기술조차 없는 실정이니까요.

최정현 네. 물론 지금도 우주 산업에 투자하고 있지만, 발사 기한이 계속 늦어지잖아요. 지금 하는 정도의 투자로는 턱도 없다고 봐요. 투자를 대폭 확대해야 한다고 생각해요. 그래야 성장의 계기가 생긴다고 보고, 아까 말씀드렸던 창조경제혁신센터와 같은 스타트업 플랫폼을 만드는 것도 중요하지만, 자금 문제를 해결해 주는 게 더 중요하다고 생각해요. 저는 아이디어만 있다면 부담 없이 창업할 수 있도록 하는 수준까지 가야 한다고 생각하거든요.

지유성 그 아이디어가 정말 괜찮다고 한다면 말이죠.

최정현 그렇죠. 좋은 아이디어만 있으면 돈이 없어도 창업할 수 있게 해 주고, 실패하더라도 나라가 다시 해보라고 기회를 주는구나라는 생각을 갖도록 하고, 신용불량자가 될 위기에서 구제해 주는 게 필요하다고 생각해요. 사실 고용의 88%는 중소·벤처기업에서 나오거든요. 그런데 국가가 창업과 도전에 대한 확신을 주지 못하니 창업을 꺼리게 되는 거죠. 그러다 보니 경제가 1%에 불과한 대기업 중심으로 흘러가고 있는 거예요.

지유성 그런 면에서 창조경제의 정책 의제 설정 자체는 굉장히 참신했고 이전까지 대한민국에서 보지 못한 흥미로운 정책이었기 때문에 '시작은 미약할지라도 그 끝은 창대하리라' 이게 됐으면 좋았을 텐데 시작은 창대했지만 끝이 미약해져 참으로 아쉬워요.

소득주도성장, 혁신성장 그리고 한국판 뉴딜

06

문재인 정부의 경제 정책은
임금을 높여 소비를 활성화시키는
소득주도성장, 중소기업이 성장할
수 있는 환경을 구축하는 혁신성장,
고용안전망과 사회안전망을
강화하는 한국판 뉴딜로 설명된다.
이에 대해 야권은 '세금주도성장'이라며
혹평하지만 여권은 올바른 방향으로
가고 있다며 옹호한다.
올바른 방향으로 가고 있다는 이 말,
믿어도 될까?

지유성 이제 드디어 제가 굉장히 뼈아픈 부분인데요. 문재인 정부의 혁신성장, 소득주도성장, 한국판 뉴딜 등은 보시기에 어떠세요?

최정현 그나마 요즘 다행인 게 소득주도성장 이야기는 안 해요. 그런데 소득주도성장의 빈자리를 채울 정책 기조가 보이지 않아요. 사실 정부가 출범할 때 했던 이야기가 소득주도성장이랑 혁신성장이었는데, 혁신성장은 말도 안 했거든요. 그리고 지금 정부에서 밀고 있는 건 한국판 뉴딜인데, 사실 돈을 푼다는 이야기밖에 안 되잖아요. 경제 정책이라고 말하기도 부끄러운 거거든요.

결론적으로 소득주도성장은 들어갔고, 혁신성장은 꺼내보지도 않았고, 한국판 뉴딜은 경제 정책이 아니에요. 경제 정책이 전무한 거죠. 우리의 삶은 하루하루가 처음 가 보는 길이고, 경제도 마찬가지잖아요. 특히 코로나를 맞아서 더욱 알 수 없는 상황에 놓인 건데, 지도도 없는 상태나 다름이 없는 거죠. 그런데 이 정부 사람들을 보면 별을 보고 걷는 능력이 있는 것도 아니고, 방향 감각이 좋은 사람들도 아니라는 생각이 들거든요. 그런데도 "올바른 방향으로 가고 있다"라고 하니, 그 자신감의 근거가 뭔지 의문스럽고 걱정되죠.

지유성 기본적으로 소득주도성장 같은 경우에는 어떻게 보면 소비 장려 정책으로 '소득을 늘리면 자연스레 소비가 늘게 되니 소비를 기반으로 해서 내수 경제를 활성화시키고 국가 경쟁력을 키우고 국가 발전을 꾀하겠다' 이거거든요. 그리고 혁신성장 같은 경우는 그러한 소비를 할 수 있는 수단을 공급하겠다는 것이고요. 여기서 소비를 장려한다는 게 단순히 사람들 지갑에서 돈 나오게끔 해서 시장 경제를 활성화시킨다는 터무니없는 얘기를 한다기보다 정말 수요가 필요한 시장들이 있잖아요.

가령 국내 중소기업, 스타트업 기업 등이 그러한데 정말 괜찮은 기업인데도 대기업에 밀려서 수요가 잘 이루어지지 않으면 이런 기업들이 클 수가 없잖아요. 국가 경쟁력을 제고할 수 있는 중소기업들을 대상으로 사람들에게 홍보할 기회를 주고 다양한 소비의 기회를 주어서 재화를 조금 더 편중되지 않게, 대기업 중심의 소비가 아니라 다양하고 다각화된 소비가 가능하도록 장려하는 사업이란 말이에요.

최정현 그래서 중소벤처기업부에서 브랜드 K라고 해서 산업 박람회도 연 것 아니에요?

지유성 정확해요. 이러한 것들로 미루어 볼 때 소득주도성장은 국내 소비 구조 개편과 동시에 중소·벤처기업들의 성장을 도모해서 최종적으로 국가 경쟁력을 활성화시키는 그런 메커니즘을 갖고 있는 사업이에요. 내수 시장의 활성화에 가깝지 이명박 정부의 747 공약처럼 눈에 보이게 경제 지표를 올려가지고 우리나라 연간 성장률이 오르게 하겠다는 그런 단순한 정책이 결코 아니란 말이죠. 이 정책이 정쟁에 휩싸이다 보니 정부에서는 수치로써 무언가를 보여줘야만 되는 그런 상황이 된 것인데, 여기서 문재인 정부의 패착은 소득주도성장 자체가 연간 성장률과 같은 지표에 묶일 문제가 아니라고 단호하게 밀고 나갔어야 하는데도 불구하고 "정부에서 헛발질한 것은 아니다", "코로나 시국에 전 세계와 비교해서 우리나라 연간 성장률 괜찮다" 이런 헛소리를 해서 소득주도성장이 힘을 잃게 한 것이죠.

최정현 자승자박이죠.

지유성 두 번째로, 혁신성장은 일자리 공급이잖아요. 이 정책은 실패한 것이 맞는 것 같아요. 결국은 소득주도성장이 욕을 먹더라도 끝까지 밀고 나갈 수 있게 해 주는 유일한 동력 장치가 국민에게 일자리를 제공하는 혁신성장인데, 일자리 정책은 '질 좋은 일자리'를 국민들에게 줘야 이게 혁신성장인 거지 '질 낮은' 단기 일자리, 저임금 일자리를 시도 때도 없이 노인과 청년들한테 강요하는 건 문 정부가 이야기하던 혁신성장과는 매우 다른 결과물이에요. 사실상 소득주도성장이 혁신성장과 함께 돌아가야 하는 톱니바퀴인데 혁신성장이 정말로 볼품없이 실패했기 때문에 아무리 정부에서 소득주도성장이 잘 됐다고 이야기해봐야 떳떳하기는 어려울 것이라고 생각해요.

최정현 다 하셨어요?

지유성 무섭네요.

최정현 아니에요. (웃음) 사실 소득주도성장이 경제 정책의 기조라고 하는데, 저는 왜 이게 경제 정책인지 잘 모르겠어요. 소득주도성장을 한다고 내놓은 구체적인 정책이 최저임금 인상 정도거든요? 아마 100명을 붙잡고 물어봐도 최저임금 인상을 경제 정책으로 보는 사람은 없을 거예요. 복지 정책, 노동 정책이죠. 사실 이론은 완벽해요. 최저임금을 인상해서 소득 불평등을 줄이면 소비력이 늘어난다는 거잖아요.

그런데 이 이론의 가장 큰 문제는 영세 자영업자가 많은 우리 경제의 구조를 전혀 반영하지 못했다는 거예요. 이분들은 최저임금의 급격한 인상을 감내할 여건이 안 되시거든요. 그러다 보니 고용을 줄이게 되고요. 실제로 2019년 11월 기준으로 보면 자영업자의 수 자체가 줄어드는 가운데 고용원이 없는 자영업자는 증가했지만, 고용원이 있는 자영업자는 감소했어요. 사실상 힘든 사람 호주머니 털어서 다른 힘든 사람 호주머니를 채워주는 거예요.

지유성 그런 비판이 나올 수 있죠.

최정현 우리가 생각해야 할 건, 그 돈이 어디서 오느냐는 거예요. 아까 언급했던 것처럼 **최저임금을 인상하는 건 복지 정책이고, 노동 정책이에요. 피자의 크기를 키우는 정책이라기보다는 피자를 나누는 정책인 거죠. 피자의 크기는 그대로 두고 나눠줄 생각만 하고 있는데, 이건 원래 어려웠던 분들께 아무런 도움도 되지 않죠.** 실제로 소득불평등도 전혀 개선되지 않았어요. 소득 분배 지표를 보면 꾸준히 악화되었거든요. 박근혜 정부 4년 2개월 동안 빈곤층(기초생활수급자와 차상위 계층)이 18만 명 늘어난 반면 문재인 정부 3년 6

개월 동안 56만 명이 증가했다는 복지부 통계도 있죠. 그러니까 경제 정책으로든, 복지 정책으로든 완전히 실패한 거예요. 그래서 저는 소득주도성장이 도그마라고 생각해요.

지유성 에이, 뭘 도그마까지야.

최정현 그리고 혁신성장이 실패했다고 하셨지만, 사실 실패할 수 없어요. 안 했거든요. 정부 출범 후의 이야기를 들어보면 혁신성장은 찾아볼 수 없어요. 소득주도성장을 경제 정책으로 보지 않는 제 시각에서 보면 사실상 이 정권 출범할 때부터 경제 정책의 기조는 없었던 것이나 마찬가지인 거예요. 이런 식으로 4년 가까이 왔는데도 무너지지 않은 우리 경제가 참 기특하면서도 안타까워요.

지유성 하지만 저는 이 문제가 오로지 문 정부의 실패라고만 보지는 않아요. 왜냐하면 약 10년 전 이명박, 박근혜 정부 때부터 시행된 일자리 공급 정책을 보면 사실 지금과 큰 차이가 없어요. 특히 65세 이상 퇴직자들이 대형 마트에 가서 수십 개에서 많게는 수백 개의 카트를 끄는 단순노동을 했단 말이에요. 청년이 하기도 힘든 그 무거운 카트를 말이죠. 임금 피크제라는 좋은 제도는 사실상 굉장히 소수만이 누릴 수 있는 혜택이 되었고요.

그런데 십 년이 지나서 혁신성장의 결과물도 노인들에게 3D 직종이라든가 초단기, 최저임금 일자리를 공급하는 것을 보고 저는 굉장히 실망하면서도 일자리 문제는 정말 근본적으로 뒤바뀌지 않는 이상 정권이 바뀐다고 해결되지는 않는다는 생각을 했어요. 적어도 진보 정권에서 나와서는 안 될 결과물이었어요.

최정현 그렇죠.

지유성 그러나 차상위 계층과 기초 수급자의 증가를 경제 정책 실패의 근거로 제시하셨는데 이것은 결코 타당하지 않죠. 차상위 계층과 기초생활수급 대상은 각 정부의 기준과 지급 방침 그리고 범위에 따라 천차만별이에요. 게다가 같은 정부 내에서도 종류에 따라 다 다르고요. 항상 원색적인 비난을 하는 쪽은 수치를 무기로 여기는 듯하나 소득주도성장을 이야기할 때 말씀드렸다시피 결코 그런 식의 비판이 아닌 비난은 받아들일 수 없죠.

최정현 제가 더 문제를 삼고 싶은 건 현실을 직시하지 못한다는 거예요. 말씀하신 것처럼 **소득주도성장은 소득을 증가시켜서 소비를 늘리겠다는 거잖아요. 그런데 사실 우리 경제가 어려운 건 소비를 안 해서가 아니거든요. 오히려 질 낮은 고용, 경제 구조가 지적이 되지.** 그런데 아까도 살펴봤지만, 소득주도성장은 소득 분배 효과가 거의 없어요. 뿐만 아니라 질 낮은 고용도 양산해요. 임금이 상승하는 효과보다 고용 감소 효과가 더 크다고 하더라고요.

지유성 얼마나요?

최정현 실제로 2019년 9월 자료를 보면, 2018년 9월보다 취업자가 35만 명 증가했어요. 그런데 증가분의 대부분이 60세 이상의 노인 일자리(+38만 명), 17시간 이하 초단기 일자리(+37만 명)였다는 거예요. 36시간 이상 근로자는 44만 명 감소했고요. 임금 인상이 질 좋은 고용 감소, 질 낮은 고용 확대로 이어진 거죠. 의도와는 정반대의 정책이 되어버린 거예요. 그런데도 정부는 낙제점을 받은 정책을 붙들고서 있으면서 "우리 경제가 올바른 길로 가고 있다"라고 말하고 있어요.

물론 경제 사령탑이 경제가 어렵다고만 말하면 국민들이 긴장하고 시장이 위축될 수 있어요. 그래서 긍정적인 시그널이 나오는 게 좋기는 해요. 그런데 긍정적인 시그널도 현실을 토대에 놓고 나와야 하는데 그렇지 못하니까 현실을 제대로 인식하고 있는 게 맞냐는 비판이 나오는 거죠. 그래서 더 우려돼요.

지유성 말씀에 크게 공감하는 게 이 정부의 정당성은 결국 박근혜 대통령의 탄핵이고 그 탄핵 정국에서 대통령이 됐으면 야권이나 정부에 우호적이지 않은 국민들의 비판도 겸허히 수용하고 지금 현상이 어떻게 돌아가고 있는지를 직시해야 하는데 경제 정책면에서 그걸 못하고 있어요. 그런 부분에 있어서는 정말 비난을 피할 여지가 없다고 생각해요.

하지만 문 정부의 일자리 공급이 지나치게 노인층에 편중되어 있다고 지적하신 부분에 대해서는 65세 이상 노인분들이 자신들이 살아온 일생을 충분히 활용할 수 있는 그런 직종에서 일자리를 공급받았다면, 즉 질 좋은 일자리를 얻었다면 전혀 문제가 되지 않는다고 봐요. 물론 청년층의 일자리 문제가 심각하다는 것은 알지만 65세 이상 분들이 청년에 비해 소비를 적게 하느냐? 그것도 아니란 말이에요. 굉장히 많은 곳에 다양하게 소비하시기 때문에 노인분들이 일자리 공급의 대부분을 차지하고 있다는 그 자체로 문제가 되지는 않는다고 봐요. 게다가 노인분들께서 가벼운 노동을 자신이 살아있다고 느끼게 해 주는 중요한 요소로 여기시기도 하고요.

최정현 이상적으로는 그렇죠.

지유성 그런데 65세 이상 노인 분들이 과연 제대로 된 일자리를 공급받았느냐 하면 그건 아니라는 거죠. 그런 부분에서는 굉장히 뼈아프게 느껴야 한다고 생각하죠. 한국판 뉴딜 같은 경우는 아직 명확하게 무언가가 나온 건 없습니다만 제가 볼 때 이름 선정 하나는 기가 막힌 것 같아요. 미국에서 굉장히 대성공을 한 정책이고 어떻게 보면 정부 개입의 정당성을 만들어주는 정책이라고 볼 수 있기 때문에 정부의 적극적인 개입의 정당성을 세워주면서도 망한 경제 정책에 뭔가 희망의 한줄기 빛을 비춰줄 수 있는 이름 선정이 아닌가 하는 생각이 들고요. 또 개인적으로 긍정적으로 평가하는 건 이게 지금 아직 설립 단계잖아요 사실.

최정현 이미 다 구체화가 됐죠. 예산도 편성이 다 됐는데요.

지유성 제가 보기엔 한국판 뉴딜은 이제 시작이라고 봐요. 그렇기 때문에 아직 이렇다 저렇다 평가할만한 것은 없는 것 같고 다음 정권이 진보 정권일지 보수 정권일지 잘 모르겠습니다마는 '뿌리 깊은 나무는 바람이 아니 흔들린다'는 말처럼 정말 흔들리지 않게 K-뉴딜을 10년 장기 정책으로 수립하고 관련 정책을 완비해서 다음 정권과도 잘 조율해 이어나간다면 경제 정책과 무관하게 국가 성장을 충분히 꾀할 수 있다고 봐요. 만약에 정부가 어줍지 않게 K-어쩌고만 남발하는 등 국정 전반에 어떻게든 욱여넣어 이걸로만 경기 부양을 하겠다는 오만한 생각을 한다면 큰 무리가 있을 것이고 분명 망할 거라고 개인적으로 예언해 봅니다.

최정현 저는 이렇게 봐요. 한국판 뉴딜은 아무리 잘 해도 10년 이상 못 갈 거예요. 경제에 대한 철학이나 현재 상태에 대한 성찰, 앞으로의 방향에 대한 고민이 담기지 않았거든요. 이 정부 사람들이 야당 시절에 가장 많이 했던 비판이 토목 경제를 한다는 거였어요. 그런데 한국판 뉴딜로 그 길을 걸어가면서도 아무런 죄책감을 못 느끼고 오히려 옹호하고 있거든요. 그리고 한국판 뉴딜이라고 내놓은 내용을 보면 말도 안 되는 것들이 포함되어 있어요.

지유성 구체적으로 어떤 것들을 말씀하시는 거예요?

최정현 예컨대 지능형 교통 체계를 20년 동안 3,413Km를 설치했는데 2021년 1년 동안 2,478Km를 설치하겠다든지, 디지털 격차를 해소한다면서 디지털 뉴딜을 교육하고 홍보하는 교육장을 1,000개 설치한다는 거예요. 그래서 사실상 포장이 잘 된 상품 정도로만 보여요. 당연히 코로나 때문에 3개월 만에 만든 계획이니 시간을 좀 더 두고 철학과 고민을 담아서 제시하면 그나마 낫겠죠.

그런데 그렇게 해도 장기적인 대안, 방향이 될 수는 없다고 생각해요. 뉴딜이라는 게 루스벨트 대통령 시절에 했지만 지금도 하고 있는 건 아니잖아요. 중장기적인 계획이라기보다는 단기적인, 단발성 정책에 가깝죠. 한국판 뉴딜이 소득주도성장과 혁신성장의 빈자리를 채우는 정책 방향이라고 한다면, 우리 경제가 하루치 식량만 가지고 열흘 걸리는 길을 나선 것과 다를 바 없다고 봐요.

지유성 그렇게 보실 수도 있습니다만, 이제 막 태어난 신생아 보고 '훌륭하다, 아니다' 하기는 어려운 법이죠. 게다가 과거에 비슷한 사업을 비판했다는 이유만으로 지금에 와서 새로 선보인 사업이 망할 것이라 예단한다? 저는 동의할 수 없어요. 지능형 교통 체계는 쉽게 말하자면 기업과의 협업을 통해 도로를 이용하는 모든 사람들에게 다양한 정보를 시시각각 전달하는 기계를 설치하는 것이기 때문에 도로를 새로 까는 것도 아니고, 그간의 기술 발전과 협업 기업의 수준을 차치하더라도 사업 범위를 가지고 현실성을 판단할만한 사안이 전혀 아니에요.

디지털 뉴딜 교육장 역시 디지털 뉴딜의 종류가 한두 가지가 아닌데다가 홍보도 가능하다는 것이지 홍보의 목적으로 돈을 들여 교육장을 짓는 게 아니거든요. 때문에 너무 무리해서 비판하는 것이 아닌가 하는 생각이 들어요. 현재로서는 정부도 한국판 뉴딜을 통해 미래 구상과 국정 철학을 실현하고자 노력하는 모습을 보이고 있으니 한번 지켜보자고요.

최정현 저는 이제 막 태어난 아이가 우는 걸 보면서 "말하고 있어! 천재야!"라고 치켜세우는 것과 다를 바 없다고 생각해요. 정책을 살펴보면 새로 하는 거라기보다는 했던 것들, 하고 있는 것들, 말도 안 되는 것들을 모아놓은 수준이잖아요.

지유성 마냥 칭찬하자는 것이 아니에요. 일단 비난하고 볼 일은 아니라는 거죠. 물론 정치적 측면에서 볼 때는 충분히 비판받을 여지가 있지만, 좋은 게 있다면 저는 어느 정부고 상관없이 좋은 걸 끌어다 쓰는 것은 조금 더 나은 방향으로 발전시켜서 쓰기 위한 노력으로 봐야지 이거를 '재탕이다, 삼탕이다' 이렇게 표현하면서 미래가 밝지 않다고 평가하기에는 조금 아직 이른 단계라고 봐요. 게다가 지금 나오는 비판도 대안이나 개선점을 이야기하는 것이 아니라 그저 비난만 하는 것이잖아요? 다만, 야권이던 당시에는 비난하다가 이제 와서 말을 바꾸는 거, 이것은 정치적으로 비판할 여지가 있고 이런 성숙하지 못한 자세를 차차 우리나라가 정치 문화적으로 개선해 나갈 필요가 충분하다고 봐요.

최정현 원칙이 없다는 얘기죠. 야당 시절에 토목 경제라고 비판한 거는 이런 식으로 해서는 경제가 살아나지 못한다는 생각이 있었을 거 아니에요.

지유성 저는 개인적으로 그 당시에 그런 생각까지 하지는 않았을 거라고 봐요. 그저 비판을 위한 비판인 것이죠.

최정현 그런데 어떻게 되어도 문제인 게요, 그런 생각 없이 비판한 거라면 비판을 위한 비판을 한 거고요. 그 당시에 사회기반시설 건설과 같은 토목 경제로는 경제를 살릴 수 없다는 확고한 생각이 있었다면 상황이 급박하다는 이유만으로 그걸 뒤집은 거잖아요. 원칙이 없는 거죠.

지유성 정부 후반기에 원칙 없이 정책을 수립했다는 부분에서는 말씀드렸다시피 비판의 여지가 있죠. 그러나 그렇다고 현재 나오는 비판들이 미래지향적이지도 않아요. 그러니 많은 잡음 가운데에도 한국판 뉴딜은 관심을 가지고 지켜봐야 할 존재라고 생각해요.

점점 늘어나는 국가 부채, 재정 준칙이 안전장치가 될 수 있을까?

07

2020년에 정부와 더불어민주당이 4번의 추경을 편성하면서 GDP 대비 국가 채무비율은 43.5%를 넘었다. 심리적 마지노선이라고 불렸던 40% 선이 깨진 것이다. 이에 대한 우려가 계속되자 정부는 재정 준칙을 도입하기로 결정했다. 지금의 재정 상황을 어떻게 바라보아야 하는가? 재정 준칙은 우려를 불식시키기에 충분한가?

지유성 현재 국가 부채가 증가하는 것에 대해서 어떻게 생각하세요?

최정현 일단 정부에서는 이 부분에 대한 이해가 없어 보여요.

지유성 국가 부채에 대한 개념이요?

최정현 네. 그리고 국가 재정은 장기적으로는 꾸준히 관리해나가야죠.

지유성 그러면 국가 부채가 증가하는 것에 대해서 조금 비관적으로 보시는 거죠?

최정현 지금이 코로나라는 특수한 상황이라는 건 인정해요.

지유성 그런 걸 다 떠나서 그냥 근본적으로 국가 부채가 증가하는 현상은 좋지 않다는 거 아닌가요?

최정현 당연히 좋지 않죠.

지유성 그래요? 조금 충격적이실 수도 있는데 저는 국가 부채가 늘어나는 거는 당연하다고 봐요.

최정현 뭐 당연하긴 하죠.

지유성 만일 우리나라가 역성장을 하고 있는데 국가 부채가 비정상적으로 증가한다고 하면 굉장히 문제가 있는 것이죠. 그런데 우리나라는 코로나19를 차치하고 그냥 일반적인 상황만 보자면 성장률이 줄고 있는 것이지 역성장을 하고 있진 않아요. 아직 성장의 길이 많이 열려 있는 상황이에요. 우리나라가 미국처럼 완전한 강대국이 된 것은 아직 아니잖아요. 이러한 과정 속에서 국가 부채가 느는 것은 당연한 메커니즘이고 전혀 문제 될 게 없다고 봐요.

최정현 그럼 뭘 우려하시는 거예요?

지유성 국고는 무조건 재정 준칙 선 안에서 움직여야 하는데 재정 준칙 자체가 없다는 게 우려스러운 것이죠. 여태까지 우리나라는 재정 준칙이 따로 없었잖아요. 국가 성장 시기의 대통령들이 국가가 빠르게 성장하는데 국가 부채가 안 늘 순 없다는 사실을 인지하고 재정 준칙을 고의적으로 만들지 않았는데 현재는 우리나라가 OECD의 강국 반열에 올랐음에도 아직까지 재정 준칙이 없다는 것은 참 큰일이에요. OECD 국가들 중 터키와 우리나라를 제외하고 다른 나라들은 전부 재정 준칙에 따라 국가 재정을 움직이고 특히나 선진국들은 철저히 재정 준칙에 따라 움직이는데요. 우리나라처럼 재정 준칙이 없는 상황에서 국가 부채가 느는 현상을 당연하다고 치부하는 것은 위험하긴 해요. 그래서 정부에서도 곧 재정 준칙을 설정한다고 하잖아요.

근데 저는 코로나19의 대응을 보면서 신뢰가 깨졌어요. 물론 어쩔 수 없는 상황에서는 당연히 바뀌어야 되겠습니다마는 재정 준칙이 분명 정부에 경제 정책이나 입맛에 따라서 언제든지 이 핑계 저 핑계 대면서 바뀔 가능성이 많다고 봐요. 재정 준칙이 만약에 제대로 설정되고 원칙적으로 이루어지는 불변의 선이 생긴다면 그 안에서 국가 부채가 느는 것은 솔직히 말해서 긍정적인 현상도 부정적인 현상도 될 수 없다고 생각해요.

최정현 일단 부채가 늘어날 수 있다는 건 동의해요. 지금과 같은 특수 상황에서는 확장 재정을 할 필요가 있고요. 그런데 재정에 브레이크를 걸 필요가 있다는 거예요. 재정에 브레이크를 걸지 않으면 신인도에 악영향을 미쳐요. 경제적 조절 능력, 재정, 채무 규모 등이 신인도 평가에 반영되거든요. 재정에 경각심을 갖지 않으면 신인도가 하락할 수 있다는 거죠. 우리 경제는 수출 중심이잖아요. 그런 나라에서 신인도를 포기한다? 이건 경제를 포기하겠다는 이야기랑 다를 바 없어요. 더군다나 우리가 달러를 특출나게 많이 보유하고 있는 것도 아니고, 원화가 기축 통화도 아니잖아요. 그래서 부채의 급격하고 무절제한 증가는 어떤 시각에서 보더라도 국가 경제에 악영향을 끼칠 수밖에 없어요.

지유성 그래서 재정 준칙이 필요하다고 말씀드린 거예요.

최정현 동의해요. 다만 재정 준칙이 발표되는 걸 보고 안도와 우려를 모두 느꼈어요. 이제라도 마련돼서 다행이기는 했는데 4가지 문제가 있거든요. 첫 번째는 시행령에 규정되어 있다는 거예요. 시행령에 규정되면 정부 스스로 언제든 바꿀 수 있어요. 지나친 자율성이 부여되는 거죠. 그래서 독일, 스위스와 같이 헌법에 명시하는 수준은 아니어도 법률 정도에는 명시되어야 한다고 생각해요.

두 번째는 재정 준칙의 기준에 대한 이야기예요. 정부가 설정한 재정 한도의 기준이 GDP 대비 국가 채무 비율 60%거든요. 그런데 정부의 중기 재정 전망에 따르면 재정 준칙이 도입되기 직전인 2024년의 국가 채무 비율은 58.6%로 예측돼요. 상식적으로 보면 재정을 관리하기 위한 준칙을 만든다고 하면 재정 건전성에 부담되지 않도록 예측치보다 낮게 잡는 게 맞잖아요? 그런데 그냥 예측치를 반영해놓은 거에 불과해서 지키려는 의지가 안 보여요.

지유성 그렇죠.

최정현 세 번째는 한도 조정 기준 문제예요. 안일환 기획재정부 2차관 발언을 보면 "구체적 기준은 전문가 협의 등을 통해 추후 밝히겠다"라는 거예요. 한도 조정 기준이 명확하지 않아요. 마지막은 이 정부만 예외가 된다는 거예요. 준칙을 2025년부터 적용하거든요. 이 정부는 2022년에 끝나고요. 그런데 국가 부채가 이명박 정부에서는 180.8조 원(5.8%), 박근혜 정부에서는 170.4조 원(3.4%) 증가한 반면 문재인 정부에서는 421.1조 원(15.4%) 증가할 것으로 예측된다고 해요. 이명박·박근혜 정부 9년보다 더 급격하게 증가한 거죠. 그러니까 가장 필요한 정부에는 적용되지 않는다는 거예요. 이런 점들 때문에 우려가 있어요.

지유성 글쎄요, 그런 지적은 오히려 재정 준칙에 대한 왜곡된 시각을 증폭시킬 수 있어서 잠시 짚고 넘어가자면, 2025년에 재정 준칙을 시행하게 된다면 당장 올해부터 2024년까지의 재정 적자가 모두 반영돼요. 이 말인즉슨 정부에서 2025년에 재정 준칙을 시행하겠다고 한 것은 현 시점부터 적자의 폭을 줄이고 긴축 재정을 하겠다는 의미인 것이지, 이 정부만 빠져나간다는 뜻으로 해석되어서는 절대 안되는 거거든요. 게다가 말씀하신대로 신중에 신중을 기해야 하는 재정 준칙을 부랴부랴 만들어서 곧바로 적용하는 것이 더 말도 안 되는 일이기도 하고요.

그리고 재정 준칙 이야기 잘 하시다가 갑자기 문재인 정부 국가 부채를 문제 삼으시는데 (웃음) 이 점은 확실히 하고 넘어가야 할 것 같아서 말씀드리자면, 어차피 코로나로 인해 확장 재정했다고 해봐야 안 받아들이실 것 알아요. 제가 봐도 확장 재정을 한 다른 나라에 비해 유독 우리나라의 국가 채무 증가율이 너무 높더라고요. 그래서 기재부에 문의했더니 다른 나라와 달리 우리나라의 국가 채무만 긴축하기 전 펑퍼짐한 예산을 적용한 것이라고 하더라고요. 물론, 국가 채무와 재정 건전성에 대해 저도 우려가 깊지만 이런 제반 상황은 오해가 없도록 확실히 해야 해서 말씀드린 거예요.

최정현 일단, 재정 준칙 도입은 작년 10월에 발표됐어요. 그런데 법을 만드는 것도 아니고, 지출을 삭감해야 하는 것도 아니고, 한도도 정부가 자율적으로 조정할 수 있잖아요. 평소처럼 해도 되는 건데, 5년씩 걸리는 이유가 뭐냐는 거죠.

그리고 코로나 이전에는 재정 건전성을 말했나요? 야당 대표 시절 "2016년 예산안에서 [중략] 재정 건전성을 지키는 마지노선으로 여겨왔던 40%가 깨졌다"라며 질타하셨던 대통령께서는 2019년 5월 "국가 채무 비율 40%가 마지노선이라는 근거가 뭐냐"라고 따지면서 재정 확대를 주문하셨다고 해요. 실제로 그해 국가 채무 비율이 2010년 이후 가장 높은 증가율을 보여요.

예비 타당성 조사 면제도 따져볼까요? 이명박 정부 61조1,378억 원, 박근혜 정부 23조9,092억 원이고 문재인 정부는 가덕도 신공항 28조 원을 빼고도 96조8,697억 원이에요. 이명박, 박근혜 정부를 합친 것보다 많죠. 재정 건전성에 대한 고민은 대통령의 2015년 발언에서만 찾아볼 수 있어요.

지유성 그러한 비판은 인정해요. 물론, 대통령으로서 직면한 상황은 그 당시와 다를 것이고, 또 시간이 지남에 따라 상황이 다를 수 있지만 원칙적인 측면에서 일관성이 없었던 것은 분명 바람직하지 않죠.

최정현 그런데 지금은 재정 건전성을 말하나요? '코로나 상황이라서 확장 재정을 해야 된다'는 건 인정해요. 경제가 어려우면 할 수 있죠. 그런데 지출을 확대하라던 IMF가 이제는 부채가 폭발할 수 있다고 우려하는데도 양호하다는 말씀만 하세요. 추경 논의가 나오는 걸 보면 확장 재정 기조는 그대로인데 과거에, 그리고 다른 나라들도 이렇게 무절제하게 확장 재정을 했거나 하고 있는지 보면, 아니거든요. 2008년에 글로벌 금융 위기가 왔을 때도 확장 재정을 했어요. 당시로서는 사상 최대의 추경이 편성되면서 2008년부터 2010년까지 국가 채무도 90조 원(29.1%) 증가했다고 해요. 그런데 이런 상태를 그냥 방치한 게 아니라 균형 재정 달성을 선언했거든요. 재정 지출 증가율을 낮추기 위해 긴축 예산을 편성하기도 했고요.

그 결과 공공재정 순위가 2010년 19위에서 2012년 5위로 상승했고 OECD 국가들의 부채 비율이 34.5% 증가할 때 4.1% 증가하는 수준에 그치면서 대부분 국가들의 신용 등급이 떨어질 때 상향 조정되었다고 해요. 재정 건전성을 훼손하지 않으면서도 경제 위기를 헤쳐 나갈 수 있다는 거죠. 독일도 비슷해요. 메르켈 총리는 코로나 위기를 극복하기 위해 엄청난 예산을 투입했다고 고백하면서 "2023년부터는 급격히 증가한 신규 국가 채무를 갚아나가기 시작해야 하고, 향후 수년간 예산 정책과 관련해 엄청난 도전을 하게 될 것"이라고 강조했다고 해요.

지유성 또 독일이 재정 준칙이 엄격한 나라로 유명하잖아요?

최정현 네. 준칙을 헌법에 명시할 정도로 엄격한 나라인데다가 재정 건전성을 지키지 못했음을 고백하고 건전성을 회복하기 위해 노력하겠다고 밝히잖아요. 그런데 우리는 건전성 회복에 대한 의지도 보여주지 않고 있고, 국가 채무가 증가하는 추세를 유지하겠다고 하니까 재정에 대한 이해가 떨어진다는 생각이 드는 거죠.

지유성 민주당도 과거 야당 시절에는 제대로 된 법안을 내놓은 적이 있지 않나요?

최정현 그랬죠. 박근혜 정부가 재정건전화법을 내던 당시에 민주당도 법안을 발의했거든요. 정부안과 내용이 거의 비슷하기는 한데 국가 채무 총액 증가 비율을 조금 더 세게 규제하고 있어요. 정부안은 GDP 대비 40% 수준으로 제한하고 5년마다 재검토하는 반면에 민주당 안은 전년도 GDP의 0.35%로 제한하거든요. 어떻게 보면 조금 더 촘촘한 거예요.

  그래서 저는 재정 준칙을 보완한다면 법률에 명시하고, 부채 비율 제한 정도는 2016년에 민주당이 냈던 안으로 가야 한다고 생각해요. 한도 조절 사유를 명확하게 명시하고 한도 조절을 할 때 국회나 별도의 독립적 기구의 의결을 거치는 것도 필요하고요. 이런 식으로 엄격하게 하지 않으면 재정이 오히려 경제를 위협하게 될 수도 있다고 봐요.

지유성 우리나라의 고질적인 문제들 때문에 정치권의 말이 여러 번 바뀌는 것이 일상이 되어서 우리나라의 재정 준칙 설정에 대해 불신을 갖는 것은 굉장히 안타깝게 생각해요. 하지만 제대로 된 재정 준칙을 제시한다면 분명히 우리나라의 재정 건전성에 도움이 될 제도이기 때문에 "할 거면 제대로 해라!"라는 말을 하고 싶네요.

08

기본소득과 재난지원금, 꼭 필요한가?

코로나19가 장기화되면서 기본소득과 재난지원금에 대한 관심이 높아지고 있다. 기본소득은 1797년 토마스 페인에 의해 사용되었고, 우리나라에서도 2014년 지방선거에서 공약으로 제시되어 일부 지역에서 청년 기본소득이라는 이름으로 부분적으로 시행되고 있다. 또한 엄청난 규모의 재난지원금이 4차에 걸쳐 지급되었는데, 효과는 기대에 미치지 못했다. 기본소득과 재난지원금은 꼭 필요한가?

지유성 기본소득 자체가 어떻게 보면 공공 부조 제도인데, 기본소득 제도는 선별적 지급이 아니라 보편적 지급으로 하겠다는 거잖아요. 그럼 여기서 의문이 세 가지 정도 들어요. 첫 번째, 재정 마련이 어떻게 된다는 건가? 두 번째, 지역 화폐가 과연 현물 시장과 맞는가? 마지막으로 재난지원금은 실효성이 있겠는가? 이거예요.

최정현 하나씩 살펴볼까요?

지유성 첫 번째로 재정 마련 문제를 보면 정부도, 심지어는 이재명 경기도지사마저도 재정 마련 방법이 시원찮아요. 결국 복지는 중앙 정부나 도 단위의 광역 행정 기구에서 이뤄질 수밖에 없는 건데 계속해서 지자체들한테 책임을 떠넘기잖아요. 서울특별시에서 한다고 하면 자꾸 구에다가 재정 부담을 전가하고, 나라에서 한다고 하면 자꾸 지자체에 재정 부담 비율을 늘리고 한단 말이에요.

보편적 복지라는 구상은 좋아요. 그런데 결국 재원을 마련할 수 있는 방법이 국채 발행과 증세밖에 없잖아요. 사회 이념적인 걸 다 배제하더라도 실효성이 없을뿐더러 재정이 마련되고 지원하는 것이지 지원하고 재정 마련을 하겠다고 하는 건 말이 안 되는 거고 상식에도 부합하지 않는 거죠.

최정현 공감해요.

지유성 두 번째로 기본소득으로 지급되는 지역 화폐가 현물 시장에 어떠한 영향을 미치겠느냐 하는 부분에서 지역 소비를 진작시키기 위해 지역 화폐를 제공한다는 발상은 참 좋아요. 근데 실상은 지역 화폐가 달란트 개념인 거죠. 달란트 축제하면 거기서만 쓸 수 있는 달란트, 딱 그거예요. 그럼 이건 기본적으로 화폐 개념에 부합하지 않을뿐더러 현물 시장에서 화폐 대용으로 쓰기도 어려워요. 그래서 지자체에서는 계속 지역 화폐를 쓰게 하려고 기한 내에 안 쓰면 사라지도록 하는 등 무리수를 계속 둔단 말이죠. 그니까 더 이상 이건 화폐라고 부르기 어려워요. 이거는 그냥 '지역 달란트' 이렇게 불러야 맞는 거죠.

최정현 적절한 비유네요. (웃음)

지유성 마지막으로, 재난지원금으로서의 효용이 있느냐를 보자는 거예요. 포항 대지진 기억하시죠? 3년이 지난 이 시점에도 포항 주민들은 제대로 된 보상도 못 받고, 집이 철거가 된 분들은 아직까지 대피소에서 생활하고, 또 일부는 오히려 철거해야 하는데도 안전 등급이 기준만큼 낮지 않다는 이유만으로 위험한 환경에서 살아가고 있는 등 문제가 심각해지고 있다고 하더라고요. 결국 이런 재난 피해 국민에게 정말 필요한 것은 실질적으로 주거를 제공하고 의료 서비스를 제공하고 이런 것이지 재난지원금을 주는 것이 아니에요.

최정현 재난지원금 자체가 제 역할을 못했다는 거죠?

지유성 네. 코로나 사태도 재난지원금을 전 국민한테 무리하게 줬는데 그렇게 해서 뭐가 나아졌느냐는 거죠. 국민들이 진짜 원하는 건 코로나 백신 개발 속도 앞당기고 마스크 지원, 돌봄 교육 확대 이런 것들인데 갑자기 전 국민한테 몇 십만 원 지원하는 것이 그게 무슨 의미가 있냐는 거예요. 더구나 정부 내에서는 홍남기 경제부총리가 반대했잖습니까? 정부의 부총리로 임명된 사람은 최소한 대통령의 국정 철학에 동의하는 사람일 수밖에 없어요.

그런데도 모든 정치적 리스크를 감수하고 반대한다는 것은 그만큼 중대한 결격 사유가, 하자가 있는 거예요. 그런데 그거를 무시하고 대통령과 정부·여당이 선거를 앞두고 강하게 밀어붙인 건 굉장히 잘못됐다고 봐요. 경제부총리가 반대하는데도 밀어붙이는 모습이 모양새도 안 좋았고, 저는 이것도 제도 자체가 좋지 않은 것을 방증하는 사례라고 봤어요.

최정현 저도 기본소득 도입을 반대해요. 다만 4차 산업혁명 시대가 도래하면서 사람이 기계로 대체되고 경제 구조가 바뀐다고 하잖아요. 사람이 살아가야 하는데 소득원이 없어지는 거죠. 이런 상황을 대비해서 지금 당장은 도입하는 게 옳지는 않지만 논의 자체는 계속 이어나가야 할 필요는 있다고 생각해요.

지유성 그러면 어떤 점을 우려하시는 건가요?

최정현 기본소득의 요건으로 정기성, 현금 지급성, 개별성, 무조건성, 보편성이 있다고 해요. 그런데 보편성 측면에서 능력과 성과와는 관계없이 모든 사람에게 지급하니까 경제적 무임승차를 정당화한다는 비판이 나오죠. 실제로 한국경제연구원에서도 기본소득을 도입하면 비경제 활동인구가 150만 명 가까이 증가할 거라고 예측한 바

있고요.

모두에게 지급하니까 복지의 사각지대를 해소한다는 주장도 성립하지 않아요. 소득 격차의 추이는 유지되잖아요. 돈이 계속 풀리면 종국에는 물가 상승으로 이어지게 되고요. 소득 격차가 줄어들 수도 없고, 생활 여건이 개선될 거라고 보기도 어려운 거예요. 이런 식으로 기본소득 자체에 대한 문제도 있지만 무엇보다 가장 중요한 문제는 재정이에요.

지유성 그렇죠. 재정이 화수분은 아니니까요.

최정현 제가 계산을 해봤거든요. 보편성의 원리에 따라 만 18세 이상에게 기본소득을 지급한다고 가정하면 2020년 11월 기준으로 44,108,521명이 지급 대상이 돼요. 요건에는 명시되어 있지는 않지만 인간다운 생활에 필요한 일정한 액수를 지급해야 하거든요. 그러면 1인 가구 기준의 중위소득인 약 180만 원을 지급한다고 생각해 볼게요. 중위소득은 월 단위니까 12번 지급한다고 하면 967조 원 정도가 소요된다는 계산이 나와요. 그런데 2021년 복지 예산을 다 합해도 89조 원에 불과하고 전체 예산인 588조 원으로도 충당할 수가 없어요.

지유성 이재명 지사가 말했던 안은 어떻게 생각하세요?

최정현 살펴볼 필요가 있다고 생각해요. 보편성, 충분성을 충족하지 못해서 기본소득이라고 부를 수 없기는 하지만요. 이재명 지사가 2017년에 제시했던 안을 보니까 65세 이상, 30~64세의 농어업인, 장애인 등 2,800만 명에게 연간 100만 원을 준다는 계획이에요. 그리고 지출 구조 조정과 증세를 통해 재정을 마련하겠다는 거거든요.

그런데 최근에 대통령 후보로 나온 분들 중에 지출 구조 조정 안 하겠다는 분은 없었잖아요. 대통령으로 당선된 분들도 시도는 하셨지만 '증세 없는 복지는 허구'라는 것만 확인시켜줬고요. 기본소득을 위한 증세는 조세 정의에 부합하지 않는다고 생각해요. 이미 상위 0.1%가 세금의 18.7%를, 1%가 41.6%를, 10%가 78.3%를 부담하고 있거든요. 이 사람들을 대상으로 증세하면 여차여차해서 재원은 마련할 수 있겠지만 바람직하지 않다고 생각해요.

지유성 조세법률주의에도 저촉될 수 있죠.

최정현 예. 그리고 많이 나오는 이야기 중 하나가 검증이 안 됐다는 거잖아요. 실제로 캐나다의 노동 시간 감소 비율은 1%에 불과했고, 핀란드의 실험 결과에 따르면 기본소득 수급자의 27%가 취업해 25%가 취업한 비수급자와 비슷했다고 해요. 고용 일수 차이도 0.3일에 불과했고요. 미국의 경우에도 평균 노동 시간이 3~8% 감소했다고 해요. 이런 상황에서 기본소득을 도입하는 건 실패한 실험을 반복하는 것과 다를 바 없죠. 그래서 재난지원금 같은 경우에도 지급 자체를 할 필요가 없었다는 말이 나오는 거예요.

지유성 그렇죠. 재난지원금의 실질적인 실효성이 전혀 없었으니깐.

최정현 네. 일단 재난지원금의 지급 과정을 돌아보면, 어느 날 갑자기 지급해야 한다는 이야기가 나오니까 처음에 기획재정부에서 국민의 50%를 대상으로 하자고 했었어요. 민주당과 협의하면서 70%로 늘었고요. 그러던 어느 날 이인영 당시 원내대표가 "고민정 후보를 당선시켜주면 저와 민주당은 100% 국민 모두에게 긴급재난지원금을 드리기 위해 전력을 다하겠다"라고 말한 거예요. 여기에 황교안 당시 대표가 동조하면서 '전 국민에 50만 원 지급'을 주장했고요. 효과나 의미, 재정에 대한 고민이 전혀 담겨 있지 않은 포퓰리즘의 극치인 거예요.

추경 통과 과정도 얼마나 어처구니없었어요? 2차 재난지원금을 지급하는 4차 추경은 상임위를 2시간 만에 통과했고 본회의와 국무회의를 거치는 데 이틀 걸렸다고 해요.

지유성 무리하게 밀어붙였던 것이죠.

최정현 공정의 문제도 있어요. 국민 중에는 재난지원금을 필요로 하지 않는 사람들이 있잖아요. 재정 지원이 아니라 다른 지원을 필요로 하는 분들도 계시고요. 그런데 이런 분들에게까지 지원금이 지급되면서 정작 도움을 필요로 하시는 분들께 돌아갔어야 할 사회의 관심과 지원이 분산되어버린 거죠.

실제로 사회 수혜금도 고소득층에 많이 배분됐대요. 이런 비판이 나오니까 당시에 정부에서 실수로 기부하도록 유도한 거잖아요. 형식적인 공정에만 치우친 거죠. 이런 식으로 내용부터 과정까지 모두 문제였지만 지급할 필요는 있다고 봐요. 거리두기를 하면서 피해를 본 업종들이 분명히 있잖아요.

지유성 그렇죠, 실업률도 많이 올랐기 때문에 그런 분들에게 선별적으로 지급하는 것은 큰 도움이 될 수 있죠.

최정현 특수고용직, 프리랜서라든지 이런 분들도 있고요. 재난지원금을 줬을 때 어떤 효과가 있었는지도 따져봐야 해요. 마침 어제 KDI(한국

개발연구원)에서 분석 결과를 냈더라고요. 신용카드, 체크카드 포인트로 11.1조에서 15.3조 원가량이 지급됐는데 카드 매출액은 4조 원가량 증가했다고 해요. 효과가 나타난 업종도 피해 업종보다는 마트와 편의점 같은 곳에서 주로 증가했다고 하고요.

지유성 그래요, 현실적으로 배달 음식을 먹거나 집 앞 마트에서 소소하게 장을 보는 것 밖에 사용할 수가 없어요. 그게 지역 경제 활성화에 얼마나 도움이 되겠느냐고요.

최정현 예. 그런데 그것도 4조밖에 안 된다는 거예요. 나머지 70% 정도는 빚 갚고 저축했다는 거죠. 시기별 효과를 따져 봐도 초기에 그 효과가 집중되었다는 거예요. 그 이후에는 점차 줄어들었고, 매출 자체가 감소한 경우도 있었고요. 2차 재난지원금 같은 경우에는 5천만 원가량이 미지급됐거든요. 지금 지급 대상자분들은 하루하루 죽음의 문턱 앞에 서 있는 느낌인데 그분들께 효과가 충분히 돌아가지 못한 거예요. 그러니 참 안타까워요.

지유성 결국에 복지라는 개념에 보편적 복지라는 건 있을 수 없는 것이잖아요. 복지는 국민의 필요를 충족시켜 주는 것인데 사람마다 니즈가 다 다른 법이니까요. 그래서 기본소득을 주장하는 분들의 말에 저는 신뢰가 가질 않아요.

최정현 실제로 대표적 찬성론자인 이재명 지사가 100번을 줘도 재정에 부담이 안 된다고 하셨다는데 사실 말이 안 되잖아요.

지유성 재정 마련 방법부터 얘기하고 그런 얘기를 해야죠.

최정현 예. 그런데 올해(2020년) 세수 결손도 11조 원가량이 났다고 해요.

그래서 법무부에서 합리적 근거 없이 증액했다는 비판을 받으면서 벌금, 과태료 등 징수액을 50% 가까이 증액시킨 거예요. 또 여름에 태풍도 많이 오고 비도 많이 와서 걱정이 많았잖아요. 경남 지역의 한 공무원은 이런 축원문까지 썼다고 그래요. "하늘이시여, 비나이다. 올해는 제발 태풍, 지진이 나선 안 됩니다. 가뭄이 와서도, 돼지 열병, 가축병도 걸려서는 안 됩니다. 제발 올해만은 건너뛰게 해주소서"

재난지원금을 지급할 때 지자체가 홍수, 장마, 지진 등이 발생했을 때 피해자에게 돌아가도록 만든 재난관리기금의 예치액까지 사용할 수 있게 규정을 바꿔서 그래요. 결국 울산시는 의무 예치액에도 못 미치는 돈을 남겼고, 부산시와 인천시의 적립액도 절반가량으로 감소했다고 하더라고요. 재정에 대한 고민 없이 남발한 결과인 거예요.

지유성 그렇게 어렵다면서 이 시기에 '전 국민에게 재난 소득을 주기 위해' 국채를 발행하는 게 저는 정말 상식적이지 않다고 봐요. 경기도의 경우도 자체적으로 2차 재난지원금을 지급하면서 지방채 발행은 하지 않았다고 으스대지만 결국 지역개발기금과 통합재정안정화기금 등 미래에 경기도가 사용해야 할 돈 2조 원을 끌어다 쓴 것이고 이는 경기도민이 14년간 갚아야 할 규모라고 하더라고요.

최정현 또 처음에 보편 지급한 이유가 선별 지급은 시간이 오래 걸리기 때문이라는 거예요. 그래놓고 2차 지원금부터는 선별 지급하잖아요. 선거 전에는 선별이 어려운데, 선거 끝났더니 갑자기 행정 시스템이 좋아져서 선별이 쉬워지나요? 국민연금도 모든 사람에게 똑같이, 보편적으로 지급하나요? 세금도 보편적으로 책정하지는 않잖아요. 말이 안 되는 거죠. 그래서 재난지원금 지급 자체는 필요했지만, 보편적으로 지급된 1차 재난지원금은 포퓰리즘 덩어리에 불과했다고 봐요.

지유성 어떠한 행위를 평가할 때 행동의 의도가 무엇인지를 가장 중요하게 봐야 한다고 생각해요. 만약에 선한 행위를 한다고 해도 그 이면에 저의가 있었다면 그건 악한 행위라는 것이죠. 그런 맥락에서 이 재난지원금도 그렇게 봐야죠.

결국에 말씀하신 것처럼 정말 국민이 힘들어 재난 상황에 진정 국민을 지원해야겠다고 밀어붙인 돈이냐? 정말 순수하게 그렇지만은 않다고 봐요. 이면에 저의가 있었던 거죠. 적어도 제가 볼 때는 그래요. 과연 시간이 지난 후에 발생할 많은 부작용들을 오로지 코로나 핑계로 돌릴 것인가? 저는 그것만큼은 안 했으면 좋겠다는 생각이 들어요.

09

문재인 케어가 안고 있는 한계는?

문재인 대통령은 2017년 8월 9일 국민 모두가 의료비 걱정에서 자유로운 나라, 어떤 질병도 안심하고 치료받을 수 있는 나라를 만들겠다며 건강 보험 보장성 강화 정책(문재인 케어)을 발표했다. 문재인 케어는 비급여의 급여화, 본인 부담 상한액 하향, 의료비 지원 확대 등을 내용으로 하고 있다. 과연 문재인 케어는 잘 작동하고 있는가?

지유성 제가 얼마 전에 우리나라 '빅 5'라고 불리는 아산병원에 갔어요. 이런 대형 병원에서 진료를 보면 진료비가 굉장히 많이 나오잖아요. 진료비뿐만 아니라 진료 예약 한 번 하기도 힘들어 죽겠더라고요. 근데 그런 와중에 제가 CT를 찍었단 말이에요. 그것도 두 번 정도 찍었는데 비용이 만만치 않은 거예요. MRI나 CT를 찍으면 100만 원, 80만 원 이렇게 나와 버리니 말이에요. 근데 막상 결제하려고 보니까 굉장히 저렴하더라고요? 이전까지는 제가 몇 십만 원짜리 CT를 찍었는데 건강 보험에서 나오기 때문에 개인 부담금이 5~10만 원가량이라는 거죠.

문재인 대통령이 2017년 여름에 성모병원 방문해서 문재인 케어를 적극 홍보하고 했잖아요. 저는 사실 이렇게 체감하기 전까지는 잘 몰랐어요. 그냥 문재인 케어가 그냥 이런 내용인가 보다 했을 뿐인데 직접 혜택을 받으니 도움이 많이 되더라고요.

최정현 당연히 도움은 되죠.

지유성 다만, 이게 꼭 필요하냐에 대해서는 의문이 있어요. 경제적으로 어려운 노인분들과 심각하고 희귀한 질병을 앓고 계신 분들에게는 꼭 필요한 제도라고 할 수 있죠. 그러나 이렇게 막대한 세금을 들이부어가면서까지 대부분의 일반 국민들에게도 혜택을 줄 필요가 있는지 잘 모르겠어요. 물론 저는 지극히 서민이니까 CT 두 번 찍으면 100만 원 돈이잖아요. 문재인 케어의 혜택을 받지 않았다면 굉장한 부담이기는 하지만 나 말고도 더 절실하고 더 필요한 분들이 분명히 있을 텐데 막대한 세금으로 나한테 혜택을 주는 것이 옳은가 하는 의문은 남더라고요.

최정현 제가 아무리 숫자를 말씀드린들 경험에서 우러나는 찬성하는 마음하고 경쟁이 되겠어요?

지유성 아니, 그런데 겪어보시면 진짜 느낌이 온다니까.

최정현 느끼긴 뭘 느껴요. 국민 세금이 줄줄 새는걸요? (웃음) 문재인 케어를 하면서 빅 5 병원의 의료비가 증가했어요. 찾아보니까 두 배라고 하던데요. 빅 5뿐만 아니라 종합 병원 전체의 의료비도 증가했어요. 급여비 증가율, 점유율도 마찬가지고요. 환자의 부담이 줄어드니까 감기 걸려도 대학 병원에 가는 거예요.

지유성 병상도 부족해지고 간호사와 레지던트들도 죽어나간다고들 하죠.

최정현 네. 의원에서 중형 병원, 종합 병원으로 흘러가는 의료 전달 체계라는 게 있잖아요. 이 체계가 무너진 거죠. 그래서 지방의 작은 병원들은 죽어나는 거고요.

지유성 응급실 부족 사태와 관련한 국감 자료를 보니 이 역시 '대형 병원 쏠림 현상'이 그 원인이라고 비판하더라고요.

최정현 네. 그리고 비급여를 급여로 전환하겠다고 했거든요. 그런데 전체 3,601개의 비급여 항목 중에 15.8%만 급여화됐다고 해요. 그 15.8%도 MRI, CT, 초음파처럼 수요가 많은 것들 위주고요. 또 6조

8,000억 정도가 투입됐는데 건강 보험 보장률은 1.1% 상승했다고 해요. 그런데 사실 이걸 기획한 게 비싸지만 치료를 받지 않을 수 없는 분들의 부담을 덜어드리자는 거잖아요. 취지에 전혀 부합하지 못한 거죠.

지유성 맞는 말씀이에요.

최정현 재정 문제도 심각해요. 건강 보험이 2018년에 8년 만에 적자가 났대요. 실제로 부채 비율도 100%에서 150%로 올랐다고 하더라고요. 재정 문제는 단순히 숫자가 늘어나는 문제가 아니라 국민이 부담해야 하는 문제잖아요. 무게감이 다를 수밖에 없어요. 실제로 정부가 문재인 케어를 발표하면서 건강 보험 보험료율을 3.2%로 제시했는데, 후에 3.49%로 올리겠다고 발표했어요. 그런데 반응이 안 좋으니까 다시 3.2%로 환원했거든요. 건강 보험 인상률 자체도 박근혜 정부 평균(0.98%)보다 3배 정도 더 높아요.

그러니까 문재인 케어가 뭔지 알겠어요. 왜 하는지, 뭘 하고 싶은지. 그런데 까놓고 보니까 정말 도움을 받았어야 하는 분들은 도움을 받지 못했고, 부작용은 부작용대로 나타났어요. 사실 이건 문재인 케어만의 문제는 아니에요. 이 정부의 정책들이 다 그래요. 그런데 허점이나 예상되는 부작용을 지적하는 목소리에 귀를 기울이지 않고, 별다른 조치도 취하지 않아요. 특히 재정 문제에 대해서는 진지한 고민이 엿보이지 않아서 참 답답해요.

지유성 조금 첨언하자면 저 역시도 평일에 접수했는데 워낙 사람이 많다 보니 응급 환자도 아닌 제가 응급실에서 24시간을 보냈어요. 사실상 입원 아닌 입원을 하게 된 셈인데 문재인 케어와 같은 의료비 혜택의 폭이 넓어질수록 확실히 병상 문제가 뒤따라오는 것은 거의 기정사실이나 다름이 없는 것 같아요.

  그래서 문재인 케어가 더 나은 방향으로 가기 위해서는 혜택 대상의 폭을 넓힐 것이 아니라 고가의 치료라던가 진료비를 지원해서 모두가 혜택을 받지는 못할지언정 일정 금액 이상 넘어갈 경우 초과분에 있어서는 국가가 부담하는 것이 바람직하지 않은가 생각해요. 실제로 제가 그 당시에 다음 진료 일정을 잡으려고 했더니 그때가 7월쯤이었는데 12월에서 다음 해는 되어야 다음 진료를 받을 수 있다고 하더라고요. 확실히 지금 지나치게 많은 이들에게 의료 혜택을 주어서 대형 병원 밀집 현상에 가세하는 것은 맞는 것 같아요.

최정현 지옥으로 가는 길은 선의로 포장되어 있다고 하잖아요. 이 정책이 그런 게 아닌가 싶어요.

지유성 혜택은 혜택대로 누리고 부담은 전혀 없는 정책은 있을 수 없어요. 분명 언젠가는 되갚아야 할 테니까요. 아무리 좋은 정책을 가져온다고 해도 뭐든 지나치면 안 되는 법이죠.

Issue

3.

기업, 노동

10 노동조합, 과연 올바른 방향으로 가고 있는 것일까?
11 노동 개혁의 핵심은 무엇인가?
12 이익 공유제, 왜 찬성하고 반대할까?

노동조합,
과연 올바른 방향으로
가고 있는 것일까?

10

'근로자는 근로조건의 향상을 위하여 자주적인 단결권, 단체교섭권 및 단체행동권을 가진다'
'모든 사람은 자신의 이익을 보호하기 위하여 노동조합을 결성하고, 가입할 권리를 가진다'
대한민국헌법과 세계인권선언 모두 노조 결성 및 가입을 보장하고 있다. 세계인권선언은 모든 사람의 권리로까지 명시하고 있다.
그런데 지금의 노조는 원래의 역할을 잘 수행하고 있을까?

지유성 노조를 어떻게 바라보세요? 저는 항상 궁금했어요.

최정현 노조라고 하면 두 개의 감정이 병존해요.

지유성 노조는 사실 진보, 보수를 가를 문제는 아니잖아요.

최정현 그러니까요. 그 부분에서 두 개의 감정이 병존하는 거예요. 노조는 꼭 필요해요. 정당한 노조의 활동을 막을 이유는 없고요. 오히려 더 적극적으로 활동할 수 있도록 힘도 더 실어주고, 권한도 더 부여해 줘야 돼요. 그런데 지금 노조의 활동을 보면 올바른 방향으로 가고 있는지 의문이 들어요. 예컨대 작업장 안에서 휴대전화를 보게 해 달라든지, '저게 근로 여건과 무슨 상관이 있는 거지?' 싶은 문제를 가지고 싸우잖아요.

노조는 고속 도로를 달리는 거라기보다는 돌아가는 거예요. 민주주의처럼요. 돌아가더라도 의미가 있고, 돌아가서 낭비되는 비용보다 더 큰 가치가 있으니까 그런 제도를 채택하고 있는 거잖아요. 그런데 '작업장 내 휴대전화 사용'이 얼마나 많은 가치를 담고 있냐는 거예요. 그래서 두 가지 감정이 병존하는 거죠. 필요하고, 도와야 하는데, '힘을 실어주는 게 옳은 일일까?' 싶은 생각이 들어요.

지유성 저는 우리나라 노조가 지금보다 조금 더 힘을 갖고 선진화된 노조를 구성할 필요가 있다고 생각해요. 개인적으로도 우리나라의 노조

활동을 항상 지지하고, 우리 사회의 노조에 대한 인식 등이 더욱 선진화가 돼야 하고, 노동 환경이 노조를 통해서 개선돼야 한다고 생각하는데 노조 간부들 간의 다툼, 기업과 결탁 비리 이런 것들이 심심치 않게 등장하면서 저의 신념을 스트레이트 펀치로 때릴 때마다 느껴지는 그 배신감과 좌절감 그런 것들이 굉장히 크죠 사실.

최정현 충분히 그런 감정들을 느끼실 수 있다고 생각해요. 그런데 앞에서 우리가 말한 내용이나 사례가 노조의 전부는 아니잖아요. 제가 참 좋아하는 비유가 하나 있는데요. 사과밭에 가서 썩은 사과 하나를 들고, "여기 사과는 다 썩었다!"라고 외치면 안 된다는 거예요. 노조의 여러 측면 중에서 썩은 사과 같은 부분들이 있겠죠. 그런데 썩은 사과 하나가 나왔다는 이유로 사과밭을 밀지는 않잖아요. 노조도 그렇다는 거죠. 해결해야 할 문제지, 없애버릴 근거는 되지 않는다고 봐요.

지유성 그렇죠. 사실 기사화되는 문제의 노조도 물론 존재하지만 정말 안타까운 상황에 처한 분들이 우리 사회에 많이 있거든요. 노조의 권한이 훨씬 확대되는 게 객관적으로 바람직한 일이고 우리나라가 선진국 반열에 서기 위해 노력하는 현시점에서 우리나라 노동조합의 위치가 이것밖에 되지 않는다는 것은 굉장히 의아스러운 일이죠. 선진국들을 보면 노동조합의 힘은 정말 무시할 수가 없어요. 단순히 시민 단체와 비교하기 어려울 정도로 말이죠. 그럼에도 우리나라에서 노동조합이 시민 단체와 비슷한 취급을 받는 것은 선뜻 이해하기 어려워요.

최정현 그렇게 된 데는 노동조합의 책임도 있지 않을까요?

지유성 물론 노동조합에게도 책임이 있는 것은 사실이죠. 귀족 노조와 같이 말도 안 되는 사항을 괜히 자신들의 임금과 엮어가지고는 걸핏하면 파업하고 그런 노조들이 아직까지 존재하기 때문에 사회적으로도 부정적 여론이 생기는 거란 말이에요.

그럼에도 저는 아직까지 우리 사회에 노동조합을 지나치게 정치 영역에서 바라보는 분들이 많은 것이 가장 큰 문제점이라고 봐요. 비단 '노조는 다 빨갱이야'와 같은 인식을 지닌 분들뿐만 아니라 노조 내에서도 노조의 활동과 직접적으로 연관이 있지도 않은 정치적 현안에 큰 목소리를 내는 것을 보면서 아직은 시민들의 인식이 바뀌는 것이 가장 시급한 문제라고 생각했죠.

최정현 제가 지난 대통령 선거 당시에 상당히 인상 깊게 봤던 장면이 있어요. 홍준표 당시 후보가 매일 하던 이야기가 강성 귀족 노조를 잡겠다는 거였잖아요. 토론회에서도 이 이야기를 했는데, 유승민 후보가 거기에 했던 질문이 '그럼 노조가 없는 사업장은 어떻게 설명할 거냐'는 거였어요.

그런데 여기에 답을 못 하더라고요. 저는 이 장면을 보면서 이제 과거의 프레임은 깨졌다고 생각했어요. 보수는 친재벌, 진보는 친노조라는 프레임이 있잖아요. 이런 식으로 노조를 생각해 보면, 보수인 사람은 노조를 비효율적인 것처럼 생각하고 활동을 저지해야 할 것만 같아요. 진보인 사람은 노조가 전부고, 활동을 조금이라도 방해하는 건 죄악으로 여겨야 할 것 같고요. 근데 노조에 가입되어 있지 않은 사람들도 많고, 노조가 없는 사업장도 있어요. 이것처럼 기존의 보수의 관점, 진보의 관점에서는 설명되지 않는 부분들이 있어요. 그런데 여전히 그 프레임에 갇혀 있는 경우가 있죠.

지유성 그런 비슷한 생각을 가진 사람들이 우리 사회에 무시할 수 없을 만큼 있으니까 또 그런 발언을 하시는 거죠.

최정현 네. 그런데 이제 보수든 진보든 그 프레임에서 빠져나와야 한다는 거죠. 그런 프레임에 빠져있으면 아무 문제도 해결할 수가 없으니까요. 노조라는 존재를 부정할 수는 없어요. 동시에 가입한 10% 정도의 노동자만 대표한다는 문제를 가지고 있기도 해요. 보수는 전자를, 진보는 후자를 인정해야 뭔가 바뀔 수 있어요. 이런 프레임이 깨지는 걸 2017년에 느꼈고요. 프레임이 깨지기 시작했으니 점차 바뀌지 않을까 생각해요.

지유성 이제는 바뀔 때도 됐죠.

최정현 그리고 제가 꼭 여쭤보고 싶은 게 있었는데요. 정부에서 ILO(국제노동기구) 협약을 비준하겠다고 비준 동의안과 관련법을 제출했잖아요. 완전히 반대하지는 않거든요? 근데 실업자, 해고자, 전임자들이 노조에 가입할 수 있다는 부분은 이해를 못 하겠어요. 노조는 노동조합이고, 회사, 사용자와 임금, 근로시간 등의 논의를 주로 하잖아요. 그런데 여기에서 전임자가 할 수 있는 역할이 무엇이며, 역할이 있더라도 일하지 않는 사람이 들어가는 게 온당하냐는 거예요. 물론 부당노동행위에 대해 노조의 도움을 받을 수 있다는 건 이해해요. 그런데 회사가 이 사람에게 임금을 줘야하는 이유는 뭐예요? 이것처럼 납득되지 않는 부분들이 있는데 국제 사회가 보편적으로 채택하고 있다는 이유로 무턱대고 수용할 수는 없다고 생각하거든요. 그래서 전임자의 노조 가입을 허용하는 부분은 비준을 반대하는데 어떻게 보세요?

지유성 '국제 사회가 하고 있으니'라는 이유는 그 누구도 공감할 수 없어요. 지금 한국의 노동 사회에서 노조가 겪고 있는 어려움이랄지 그런 것들을 통해 이 사회를 설득해 나가야 하는 것이죠. 그런 부분에서는 저 역시 동일하게 생각해요. 노조가 앞으로 바뀌어야 할 부분과 관련해서 저 같은 경우에는 아까 우리들의 인식이 개선돼야 된다고 얘기도 했잖아요?

거기서 좀 더 나아가서 말씀을 드리자면, 노조가 정치와 밀접한 관련이 없다고 보기는 사실 힘들고 분명히 정치와 가장 직결된 이익 단체 중 하나이긴 한데 적어도 우리나라에서 노조는 정치와 선을 그어야 한다고 봐요. 노동조합에 대한 여러 가지 문제점을 해결하려면 일단 정치 영역에서 벗어나는 것이 시작이 아닌가라는 생각을 개인적으로 가지고 있어요.

최정현 제가 항상 말씀드리잖아요. 정부는 손 떼라. 이 부분도 똑같다고 생각해요. 필요한 지원이 있다면 제도적, 재정적 지원을 합리적인 선에서 해야겠지만, 기본적으로는 손을 떼는 게 맞아요. 뭔가를 하려고 해서는 안 돼요. 그렇다고 노동친화적인 관념을 갖는 것 자체를 반대하는 건 아니에요. 오히려 정부가 손을 떼는 게 정부를 위해서도, 노조를 위해서도 좋아요. 특히 원칙도 없는데 스탠스를 세우고 그 방향성을 지킬 능력도 없는 정부라면 당연히 손을 떼야죠.

지유성 노동 문제와 관련된 부분에서는 얼마든지 정치계도 노조와 협의할 수 있어요. 근데 그런 게 아닌 부분에서 자꾸 두 세력이 마찰 혹은 결탁하는 것이 보이니까 안타까운 거예요. 가령 시국 집회 때 나가 보면 노동조합 깃발 엄청 많아요. 마치 보수 집회에 기독교 단체들이 빠지지 않고 나오듯이 말이에요. 노조가 그런 식으로 가면 어느 국민이 그들의 말에 공감하느냐는 것이죠. 오늘날 기독교가 보수 정치계하고 너무 밀접한 관계가 아니냐는 비판을 받는 거랑 같은 맥락이라고 봐요. 정부는 손 떼라 하는 말씀에는 일부 동의하지 않지만 이런 부분에서는 저도 동의한다는 거죠.

11 노동 개혁의 핵심은 무엇인가?

우리의 노동 환경은 이상적이지 않다. 변화해야 한다. 변화의 필요성 자체를 부정할 수는 없다. 그러나 이런 막연한 생각만으로는 변화를 성취해낼 수 없다. 우리의 현실에 대한 명확한 판단을 바탕으로 구체적인 방향을 제시해야 한다. 어떻게 해야 바꿀 수 있을까? 어떻게 바꿔야 할까?

지유성 65세 이상 노인 의무 고용 제도가 시행되고 나서 마트에 가보니 노인분들이 수십 대의 카트를 끌었다는 얘기 기억하세요? 이처럼 저는 근본적으로 노동과 관련된 제도에 있어 '적재적소에 배치'라는 원칙을 좀 세웠으면 좋겠어요. 개인별로 자신이 잘할 수 있는 것과 하고 싶은 것을 고려한 정책을 펴야 하지 않는가 생각해요.

물론 100% 개인의 만족도를 충족시켜주는 곳은 존재할 수 없어요. 하지만 최소한 고려는 해 줘야 한다는 것이에요. 단순히 고소득의 전문직, 사무직과 같이 모두가 선망하는 일을 누구나 할 수 있게 해달라는 것이 아니라 일자리를 공급할 때 저임금, 단기 일자리를 머릿수대로만 공급하고 눈에 보이는 수치로만 개선되었다고 하지 말자는 것이죠.

최정현 같은 의견이에요.

지유성 저는 사람들이 자신이 원하는 근무 조건에 최대한 투입될 수 있도록 해주는 것, 그게 바로 노동 개혁이라고 보는데 계속 노동 개혁 문제만 나오면 최저임금 1만 원 국가를 만들겠다느니 기업 구조를 개편하겠다느니 그런 식이에요. 저는 그렇게 안 보거든요. 최저임금이 오르지 않아도, 누구도 거들떠보지 않는 일자리 강요하지 않아도 자신이 하고 싶은 일이면 자발적으로 열심히 종사해요. 그러니

젊은이들에게 계속 눈을 낮추라고 강요해서 되겠어요?

최정현 그러게나 말이에요.

지유성 제가 말씀드리는 이 부분이 오늘날의 실질적인 실업 문제의 원인이라는 증거는 차고 넘치지만 대표적으로 공무원 시험 열풍을 말씀드릴 수 있어요. 오늘날 고시에 모든 이들이, 특히 젊은 사람들이 목을 매는 것은 정말 공무원이 되고 싶은 게 아니잖아요. 그나마 가장 안정적이니까 공무원 시험에 목숨 거는 것이죠. 사람들이 자신의 재능과 노력을 어느 정도라도 발휘할 수 있는 직종에서 일을 할 때 이 사회의 경쟁력도 나아지는 것이지 저렇게 지나치게 공무원 시험이 과열화되는 것이, 이게 건전하냐는 거예요. 그래서 저는 노동 개혁이라는 단어 자체에 대한 인식이 좀 바뀌어야 한다고 봐요.

최정현 제가 볼 때 노동 개혁에서 가장 중요한 건 필요한 변화를 만드는 거예요. 곧 초고령 사회에 진입한다고 하잖아요. 2020년에 최초로 인구가 2만 명가량 감소했다고 하고요. 4차 산업혁명으로 산업 구조가 바뀐다는 분석도 있죠. 자영업자와 비정규직이 지나치게 많은 우리 경제 구조가 사회의 급변을 버텨낼 수 있을지 걱정이 있어요.

결국 노동 시장은 필연적으로 바뀔 수밖에 없어요. 이런 변화에 대비해야 할 필요가 있고, 이를 위해 중장기적인 노동 개혁이 필요한 거예요. 앞으로 정부가 각계의 지혜를 모아 세계 시장과 국내 시장의 변화를 예측하고 인력 구조의 변화 추세를 예견해서 방향을 제시하고, 기업과 노조를 설득해서 전면적인 개혁에 나서야 해요.

지유성 좀 더 구체적으로 말씀해주시겠어요?

최정현 지금 우리는 호봉제를 채택하고 있잖아요. 능력이나 성과를 기준으로 삼는 게 아니라 일한 기간에 따라서 임금을 주는데 이런 체계는 전혀 도움이 안 돼요. 안정적으로 월급이 나오고, 정년 채워서 나가면 연금이 나오니까 굳이 새로운 걸 시도할 필요가 없잖아요. 여기에서 안일주의가 기인하는 건데요. 본인들은 편하겠지만, 결국 경제 자체가 버티지 못하게 되고, 나라 자체가 급변하는 세계 시장 속에서 버틸 수 없게 될 거예요. 그 사람들이 있을 자리도 사라지게 될 거고요. 이런 측면에서 호봉제와 같이 임금 체계에 대한 전면적인 재검토가 필요하다고 봐요.

지유성 타당한 말씀이에요.

최정현 무엇보다도 크게 다가오는 건 초고령 사회로 진입한다는 거예요. 은퇴 후에 소득 없이 지내야 하는 시간이 많아진다는 거잖아요. 이건 그분들께 마냥 좋지만은 않을 뿐 아니라, 국가적으로도 손해예요. 그래서 이분들이 활동을 계속하실 수 있도록 하고, 경험을 바탕으로 경제에 기여하도록 하는 임금 피크제 같은 제도를 고민해야 한다고 봐요. 이런 식으로 노동 시장의 인력 구조 자체를 재검토하면서 시장의 변화에 대응해야 해요.

이 과정에서 놓아야 할 게 많을 거예요. 그런데 수술이 아프다고 거부하면 목숨이 위험할 수 있잖아요. 이것처럼 당장의 아픔을 못 참겠다고 버티면 시장 자체가 사라질 수밖에 없어요.

지유성 기업도 노조도 다 존재할 수가 없죠.

최정현 네. 아프고 힘들다는 걸 모르는 게 아니에요. 그렇지만 내려놓고 생존을 위한 노동 개혁에 동참하라는 말씀을 드리는 거죠. 그리고 제가 교육 부분에서 말씀을 드리겠지만, 수능을 개혁한다고 해놓고 하는 걸 보면 EBS를 얼마큼 연계할 것인가, 절대 평가인가 상대 평가인가, 이런 것만 이야기하고 있잖아요.

지유성 그게 핵심이 아니거든요 사실.

최정현 예. 그런데 그렇게 해놓고 수능을 개혁했다고 뿌듯해하잖아요. 그런데 이걸 통해서 바뀐 게 하나라도 있냐는 거죠.

지유성 수험생들만 혼란스러워졌을 뿐이죠.

최정현 지나가듯 말씀하셨지만 최저임금도 다를 바 없다고 생각해요. 최저임금 중요하죠. 그런데 최저임금을 올리는 건 노동 개혁의 핵심도 아닐뿐더러 임금 문제의 핵심도 아니에요. 최저임금을 올려도 여전히 못 받는 사람들이 있잖아요. 당연히 사회 구조의 급변에 대비하는 효과도 없고요. 그런데 이것만 해놓고 '우린 할 거 다했다'라면서 만족해하면 정말 무책임한 거예요.

지유성 살인적인 더위와 추위 속에서 무수히 많은 위험 요소에 무방비하게 노출된 채 눈앞이 흐려질 정도로 고된 작업을 하고 적은 임금을 받아 돌아가는 노동자들에게 처해진 문제점이 단순히 '적은 임금'에만 국한되는 것이 아니잖아요. 작업 현장에서 허망하게 목숨을 잃는 노동자들이 매일같이 나오는 판국에 말씀하신 것처럼 최저임금이 노동 문제를 대표하는 의제라는 것은 매우 부끄러운 일이죠.

이익 공유제, 왜 찬성하고 반대할까?

12

2021년 1월 11일, 이낙연 당시 더불어민주당 대표는 "코로나 양극화를 막아야만 사회·경제적 통합이 이뤄지고, 사회·경제적 통합이 이뤄져야 국민 통합에 다가갈 수 있다"라며 이익 공유제를 제안했다. 김종인 당시 국민의힘 비상대책위원장은 정부가 적극적으로 재정을 통해서 해결해야 한다며 "그런 논의 과정이 필요하지 않다"라고 일축했다. 이익 공유제를 찬성하고 반대하는 논리는 무엇이고, 바람직한 정책의 모습은 무엇일까?

지유성 이익 공유제라는 개념이 나오기 전부터 'IT 업계들 호황이었다, 배달 및 배송 업체들이 엄청난 영업이익을 올렸다' 이런 말들이 많이 나왔잖아요. 그런 뉴스를 보면서 코로나19라는 굉장히 특수한 상황 속에 피해를 본 업종을 위해 특수를 본 업종에 대한 과세 기준을 신설했으면 하는 바람이 있었거든요. 그런데 마침 이익 공유제라는 개념이 여권을 중심으로 논의되더라고요. 다만 현재 논의되는 이익 공유제는 앞서 말씀드린 것과는 다른 양상이어서 조금 더 숙고해야 하지 않을까 해요.

최정현 맞는 말씀이에요.

지유성 이익 공유제의 취지는 얼마든지 정당화할 수 있다고 봐요. 제세공과금만 보더라도 3억 원 이하의 소득은 대체로 22%를, 그 이상은 33%를 원천징수하도록 되어 있어요.

이처럼 코로나19로 인한 특수를 본 기업도 과세에 있어서는 국가의 적극적 개입을 통해 과세 폭을 넓히고, 거둔 세금으로 피해를 본 업종들을 지원하는 선순환이 이루어지는 게 저는 타당하다고 생각하거든요.

하지만 지금 논의되고 있는 이익 공유제는 현재로서 조세법정주의에 따른 법률이 존재하는 것도 아니고 명확한 기준 역시 전제되지 않은 상태거든요. 그러니까 당연히 비판을 받고 반감을 살 수 밖에 없다고 생각해요. 이런 정책들은 기업이든 국민이든 설득이 가장 우선시돼야 한다고 봐요. 대부분의 사람들이 납득할만한 기준과 근거를 가지고 이러한 제도의 필요성을 보여주는 것이 필수 조건인 셈이죠.

최정현 국민의 동의가 수반되어야 한다는 말씀이시죠?

지유성 그럼요. 이러한 과정을 통해 사회 전반이 동의한다면 이익 공유제가 실현될 수 있는 거고, 그게 없으면 실현될 수 없는 거예요. 어떻게 보면 **기업들의 양보가 필수적인 조건인데 그런 게 없이 그냥 강제적으로 이익 공유제를 시행시키겠다는 건 이익 공유가 아니죠. 마치 조선시대 원납전처럼 되어선 안 된다는 것이지만 근본적으로 코로나 시국에 이익 공유제가 건전한 방향으로서 논의되고 검토되고 또 설득과 진행이 이뤄져야 한다는 데에서는 공감해요.** 어떻게 생각하세요? 조금 두렵네요. (웃음)

최정현 사실 저는 이익 공유제의 논리가 납득이 안 돼요. 제 한계일 수도 있겠지만요. 돈을 정당하게 벌었다면 그 돈은 번 사람의 것이고, 그 사람이 번 돈을 자유롭게 쓸 수 있다는 게 제 생각의 기초에 깔려 있어요. 진보 진영에 계신 분들 말씀을 들어보면, 돈을 개인이 버는데, 이걸 함께 써야 한대요. 그래야 다 같이 잘 살 수 있기 때문이라는 거죠. 어려운 분들에게 이익이 돌아가야 옳은 선순환이 된다고 말씀하셨잖아요. 그런데 그 선순환이라는 논리 자체가 이해가 안 돼요. 다만, 아까 말씀하신 것처럼 코로나와 같은 특수한 상황에서 자신이 번 소득을 어려운 곳에 쓰겠다고 해서 기부하든지, 더 내는 건 칭찬받아야 할 일이에요. 반강제적인 '이익 공유'가 아니라. 그런데 지금 정부·여당에서 추진하고 있는 건

지유성 빨리 이야기하세요. '그 단어'를

최정현 시장 경제 체제에 부합하지 않는 게 아니냐.

지유성 공산적 사고다. 맞죠?

최정현 몰라요.

지유성 맞잖아요. 왜 공산주의적 사고라고 말을 못 하세요?

최정현 몰라요. (웃음) 하여튼 시장 경제 체제 자체에 부합하지 않는 게 아니냐는 거예요. 그리고 이익을 본 사람이 세금이라도 더 부담해야 하지 않냐고 말씀하셨는데, 거기에도 동의하지 않아요. 이런 말이 있다고 해요. "강자를 약하게 만들어서는 약자를 강하게 만들 수 없다" 지금 사회적으로 합의된 세금 이외에 추가로 과세한다는 건 강자를 약하게 만드는 것일 뿐이에요. 이게 사회에 전혀 도움이 되지 않기 때문에 반대해요.

또 이게 국가가 할 일이냐는 생각이 들어요. 국가가 어려운 상황에서도 잘하고 있는 사람들을 건드릴 이유는 없어요. 어려움을 겪는 분들을 돕기 위한다는 이유에서 그렇다고 하더라도 말이죠. 오히려 더 잘하도록 도와준다고 하면 모를까. 물론 어려움에 처한 분들은 도와야 해요. 이런 건 정부가 지출 구조 조정을 하든지 해서 해야 하는 거예요. 잘하고 있는 사람 호주머니 털어서 하는 게 아니라.

지유성 '개인이 번 것을 다 같이 쓰자'는 논리가 납득이 가지 않는다고 하셨

는데 제가 말씀드리는 이익 공유제의 논리는 그게 아니죠. '어떻게 벌게 됐느냐'는 거예요. 코로나19라는 특수한 조건 속에서 동일한 투자 대비 훨씬 높은 이익을 얻을 수 있는 사람과 오히려 큰 손해를 본 사람이 극명하게 나뉘었죠. 이런 상황에서 한 개인이 재화를 얻음으로써 그 재화를 충분히 얻을 가능성이 있었음에도 박탈당한 사람들에게 다시 순환시켜주는 구조 자체는 정당화될 수 있다고 보는 게 제 입장인 거죠. 그것도 아닌 건가요?

최정현 저는 이렇게 생각해요. 코로나를 말씀하셨는데 코로나 상황이 누구한테는 기회가 됐죠. 누구에게는 피해가 됐고요. 그런데 코로나로 이익을 본 사람은 피해를 입은 사람에게 피해를 주면서 이득을 본 게 아니에요. 피해를 본 사람들이 특별히 뭘 해서 피해를 본 것도 아니고요. 그냥 피해를 본 거죠.

지유성 개인이 처한 상황에 따라 받아들이기 나름인 것이죠.

최정현 그 피해를 본 분들께 피해를 보상해드리고, 다시 일어서실 수 있게 도와드리는 건 옳은 일이에요. 그렇다고 해도 이익을 본 사람의 돈을 뺏어서, 뺏는다는 표현은 좀 과하지만, 가져와서 어려운 분들을 돕는다는 게 이해가 안 된다는 거예요. 피해 본 사람들에게 피해를 주면서 이득을 본 게 아니니까요.

　이건 부동산을 말할 때도 나오는 얘기에요. 강남에 집이 있는 사람들은 그들이 뭘 하고서 집을 얻은 게 아니기 때문에 불로 소득을 환수해야 한다는 이야기가 있어요. 이게 이해가 안 된다는 거죠. 강남에 집이 있는 건 어떻게 할 수 있는 일이 아니에요. 강남에 집이 없는 것도 어떻게 할 수 있는 일이 아니고요. 사회가 해야 할 일은 강남에 집이 있는 사람들의 부를 뺏어서 강남에 집이 없는 사람들한테 주는 게 아니라 교육이나 그 외 다른 여러 수단을 통해 아이들이 성장해서 본인의 노력으로 강남 집을 살 수 있게 해주는 거예요. 그러니까 재산 취득 과정에서 불법이 없었다면, 그 재산은 인정해 줘야 된다는 거예요. 물론 저보다 이런 생각을 확고하게 가지고 계신 분들은

지유성 세금도 무력화시키자고 하죠.

최정현 예. 그렇게 하는데 저는 그건 아니라고 봐요.

지유성 아니라고 보는 이유가 뭐냐는 걸 생각해 보자는 거죠.

최정현 세금은 공동체가 붕괴되지 않도록 하는 최소한의 안전장치예요. 세금을 가지고 국가가 어려운 분들을 돕고 할 테니까요. 그런 의미에서 세금 자체는 존재해야죠. 다만 그 재원을 타인에게 피해를 주지 않았고, 불법으로 이득을 보지도 않은 사람한테서 '추가적으로' 충당한다는 점에서 문제를 삼는 거죠. 아까 하신 말씀의 취지는 이분들이 코로나라는 특수한 상황에서 운을 가지고 돈을 번 것에 대해서 과세를 하자는 건데요.

지유성 아니죠. 운이 아니라는 거죠.

최정현 제가 운이라고 말씀드렸지만, 사회의 여러 영향을 포괄해서 말씀드린 거예요. 본인의 노력으로 되지 않는 것들 말이죠. 저는 일반적인 상황이든, 특수한 상황이든 옳지 않다고 생각해요. 국가의 역할은 코로나와 같은 특수한 상황에서 잘 된 사람들을 건드리는 게 아니

에요. 건드린다면 더 잘 될 수 있게 도와드려야죠. 국가가 해야 할 일은 오히려 피해를 입은 분들께 도움을 드리는 거예요. 이건 반대하지 않아요. 재난지원금, 손실보상제도 이런 것도 그래서 하는 거잖아요?

지유성 그렇죠.

최정현 그럼 그 재원을 어떻게 하느냐? 코로나 때문에 쓸 수 없는 예산들이 있잖아요. 그 예산들을 모으는 게 우선이에요. 그리고 저번에 재난지원금을 지급할 때 기업 총수, 국회의원, 공무원처럼 월급 걱정이 없는 분들한테도 돈이 갔잖아요. 이런 분들에게 드리지 않았다면 같은 돈을 가지고도 정말 어려운 분들에게 충분하게, 두텁게 지원해드릴 수 있었어요. 그게 더 효과가 크다는 거고, 그렇게 했다면 지금 같은 반발도 안 나왔을 거예요. 지원을 한다면 그렇게 해야지, 제대로 잘 쓰지도 못할 거면서 잘 사는 사람을 끌어내리며 하는 건 옳지 않다는 거죠.

지유성 말씀하신게 이상적이긴 하죠. 그런데 지금 논의의 대상이 되는 것은 결국 '재화'잖아요. 한정된 가치라는 것이죠. 이 말인즉슨, 내가 남에게 직접적으로 강탈하지 않는다고 해도 내가 한정된 가치인 '재화'를 얻는다는 것은 동시에 타인이 해당 재화를 얻을 수 없게 됨을 의미한다는 것이죠. 물론 일반적인 상황에서 개인의 노력에 대한 성과로서 재화를 얻는 것은 아무런 문제가 없고 그것을 국가에서 개입하려 하는 것도 옳지 않은 일이죠. 그러나 지금과 같이 아주 '특수한 상황' 속에서 누군가에게는 기회가 되었고 누군가에게는 치

명적인 손해가 되었다면 이것이 공정한 이익 창출 과정이라고 보기는 어렵다는 것이죠. **때문에 정부는 나서서 이러한 불공정한 시장을 다시 공정한 경쟁이 가능하도록 만들 의무가 있어요. 이건 오늘날의 자유 시장 경제 체제에도 전혀 반하는 일이 아니죠.**

최정현 아직도 완벽히 공감은 안 돼요.

지유성 말씀하신 세금이라는 제도의 특성에서도 이익 공유제를 정당화할 수 있는 근거가 있죠. 어렸을 적 했던 시장 놀이를 예로 들자면 한 학급에 총 30 달란트 가량의 한정된 재화가 있다고 칩시다.

세금과 같은 시스템이 따로 없는 이 놀이에서 아이들이 달란트를 버는 방법은 선생님의 심부름을 하거나, 쪽지 시험에서 만점을 받거나, 체육시간 경기에서 이기는 것과 같이 다양하다고 했을 때 학급의 일정 문제로 인해 불가피하게 일주일 간 체육시간이 모두 쪽지 시험을 보는 과목으로 바뀌었다고 하면 어떻게 될까요?

공부는 못하지만 체육을 잘해서 운동 경기를 통해 주로 달란트를 얻던 친구들과 체육은 못해도 공부를 잘해서 쪽지 시험을 통해 달란트를 벌던 친구들 간의 격차는 엄청나게 벌어지겠죠. 결국 이 시장 놀이는 담임 선생님의 개입 없이는 정상적으로 유지되기란 불가능에 가깝다는 것이죠.

아까 말씀하셨지만 세금은 사회를 운영하는 데 쓰임과 동시에 사회의 재화가 안정적으로 순환할 수 있도록 하여 국가가 붕괴되지 않고 안정적으로 유지되도록 하는 역할을 해요. 때문에 **코로나와 같이 매우 '특수한 상황'에서 국가의 과세를 통해 이루어지는 이**

익 공유제에 한해서는 그 정도가 지나치지 않고 명확한 조세 기준이 세워진다면 우려와 같이 자유 시장 경제 체제에 반하는 것이 아니라 시장 경제를 안정화시키고 유지하기 위해 꼭 필요한 제도인 셈이죠.** 어떻게 생각하세요?

최정현 사실 설명을 너무 잘 해주셨지만, 여전히 납득은 안 돼요. 예컨대 저번에 노조도 그렇고, 부동산 문제도 그렇고, 이것도 그래요. 여러 설명을 들어봤지만, 납득되지는 않아요. 뭔지는 알겠지만 말이죠. 아까 말씀드렸던 내용의 연장이지만 잘 사는 사람을 끌어내려서 하향 평준화를 시키는 대신 소득 격차를 줄일 것이냐, 아니면 소득 격차가 유지되더라도 더 높은 차원으로 올라갈 것이냐 중에 골라야 해요. 아까는 소득 격차에 주목하신 거고, 저는 격차가 유지되더라도 더 높은 차원으로 가야 한다는 거예요.

지유성 더 높은 차원?

최정현 예컨대 시험만 봤다하면 100점을 받는 아이가 있고, 50점 받는 아이가 있어요. 근데 100점 받는 아이는 50점 받는 아이의 점수를 훔쳐서 100점을 받은 게 아니에요. 그 아이가 공부한 결과지. 점수 격차가 50점이 벌어지고 있는 상황에서 국가가 해야 할 일은 100점 받은 아이의 점수 25점을 50점 받은 아이에게 줘서 모두 75점을 받도록 하는 게 아니에요. 공교육의 질을 높이고, 사교육이 끼어들 여지를 없애려는 노력을 해서 열심히 공부하면 성공할 수 있는 여건을 만들어주는 거지.

이런 차원에서 **국가는 기업들이 이익을 자발적으로 공유하겠**

다고 하면 칭찬해 주고, 더 잘할 수 있도록 관심을 가지고 도와줘야 해요. 옳다고 해서, 또는 옳은 것 같다고 해서 압박할 게 아니라요. 이건 정부가 본연의 역할을 왜곡해서, 과하게 수행하는 거예요. 이 과정에서 정부가 권유하는 것도 기업에게는 압박으로 느껴질 수도 있다는 걸 인식해야 해요.

지유성 글쎄요. 예를 들어보자면 최근에 비트코인 열풍이 참 뜨겁잖아요? 미래의 화폐다, 아니다 말이 참 많은데 저는 사실 비트코인은 정식 화폐로서 인정받기도 이전에 이미 일반 화폐의 종말을 앞서서 보여주고 있다고 봐요. 왜냐하면 비트코인은 화폐의 기능을 하기 위해 한정적인 수량만 생성되도록 했다는데 비트코인이 지속적으로 편중되는 현상이 벌어지고 있기 때문이에요.

지금과는 다소 차이가 있을지는 모르지만 2014년에 외환전략가 스티븐 잉글랜더의 주장에 따르면, 비트코인 소유자가 총 100만 명인데 이 중 1%가 전체 비트코인의 80%를 소유하고 있다는 거예요. 빈부격차를 0에서 1까지 수치로 나타낸 지니 계수로 이를 나타내면 그 수치가 무려 0.88이라는 거죠. 국가별 지니 계수를 볼 때 북한은 물론이고 그 어떤 나라도 0.85를 넘지 못한다고 하니 비트코인의 종말은 예견된 것이나 다름이 없죠.

최정현 그런 말이 있죠.

지유성 이처럼 부의 편재는 결과적으로 그 자체의 붕괴를 우려할 수밖에 없는 것이고 이 때문에 지니 계수를 측정하며 부의 양극화를 경계하는 것이죠. 제가 말씀드리는 부의 순환 과정은 이를 막고자 하는 것이에요. 단순히 부를 가진 사람들의 것을 강제로 빼앗아 가지지 못한 이에게 조건 없이 주자는 것이 아니라는 것이죠. 성적이 1등인 아이와 꼴등인 아이를 전부 같은 등수로 만들자는 게 아니라 1등이든 꼴등이든 그 등수가 영원히 자신의 등수로 박제되는 것이 아닌 노력의 여하에 따라 충분히 1등이 꼴등이 될 수도, 꼴등이 1등이 될 수도 있게끔 해야 한다는 것이죠. 정부가 세금을 매개로 시장에 개입해야 한다는 것 역시 부를 빼앗는 것으로 볼 것이 아니라 부의 편중을 막는 것으로 봐야 한다는 말이에요.

최정현 저는 말씀을 들으면서 그 생각을 했어요. 먼저 일반론적으로요, 이익 공유제를 하자는 주장을 하면 저 같은 사람들이 분명 반대할 거 아니에요. 물론 일등인 아이를 끌어내리자는 게 아니라고 하지만

지유성 실질적으로는 그렇게 된다는 말을 하고 싶으신 건가요?

최정현 그런 경우도 있기는 하지만 이야기나 근거를 덧붙여요. 그걸 들어보면 1등이 있고, 등수가 나뉘는 건 인정해요. 그런데 1등을 한 사람, 좋은 결과를 받은 사람은 2등인 아이의 몫을 빼앗아서 1등이 됐다는 죄책감을 가지고 있어야 할 것만 같아요. 저는 이익을 봤다고, 1등을 했다고 죄책감을 느낄 이유는 없다고 생각해요. 공정한 출발선에서 시작해서 공정한 경쟁을 하면 누군가는 1등을 하고, 누군가는 꼴등을 하겠죠. 그렇게 나뉘겠지만, 기회가 공정했다면 그 결과는 인정해야 하는 게 아니겠냐는 거예요.

지유성 판단의 차이가 있네요.

최정현 두 번째는 국가의 역할이에요. 국가의 역할은 한정돼있어요. 기회

를 공정하게 보장하는 것, 경기가 진행되는 과정에 부정이 발생하지 않도록 하는 것, 경기에서 진 사람이 무너지지 않도록 지원하고, 사회가 붕괴되지 않도록 하는 것. 이렇게 네 개 정도로 말이죠.

　　물론 **이익을 공유할 수 있어요. 다만, 직간접적 압박이 없는 환경에서 자유의사에 따라 결정되어야 하고, 이익을 공유하지 않더라도 사회로부터 존중받고, 죄책감을 느끼지 않도록 해야 해요.** 그러니까 국가의 역할은 느리게 달리는 아이를 밀어주거나, 1등으로 달리고 있는 아이의 발을 거는 게 아니라 출발선을 공정하게 만들어서 본인이 열심히만 하면 1등이 될 수 있는 환경을 만들어주는 거예요. 마치 그 그림 있잖아요. 평등과 공정을 다룬 그림.

지유성　담벼락에 서서 야구 경기 보는 그림이요?

최정현　네. 평등은 박스를 똑같이 한 개씩 깔아놓는 거잖아요. 덕분에 키가 작은 사람은 경기를 볼 수 없죠.

지유성　키가 다 다르니까요.

최정현　네. 그리고 공정을 얘기할 때는 키 큰 사람에게는 안 주고, 작은 사람한테는 두 개, 세 개씩 주잖아요. 그럼 이런 공정을 성취하기 위한 국가의 역할은 뭐냐? 박스를 많이 가진 사람 걸 빼앗을 게 아니라 박스가 필요한 사람이 박스를 만들 수 있는 능력을 갖도록 돕는 거예요. 박스를 많이 가지고 있는 사람 걸 뺏어서 나눠주는 건 공정이 아니에요. 공정하다고 보는 사람이 있을 수도 있겠지만 당사자에게는 도둑질이나 다름없죠.

지유성　단편적으로 보면 빼앗는 것으로 표현할 수 있을지 몰라도 제가 지속적으로 문제 삼는 것은 현실에서 같은 노력에도 부가 되었든 명예가 되었든 사회의 한정된 가치가 지속적으로 편중되는 현상이 일어난다는 것이에요. 때문에 이를 어떻게든 끊어내야 한다는 것이죠.

　　300만 원을 가지고 태어난 사람과 300억 원을 가지고 태어난 사람이 동일한 종목으로 주식 투자를 해서 10%의 동일한 수익률을 얻었다고 하면 300만 원을 투자한 사람은 30만 원을, 300억 원을 투자한 사람은 30억 원을 벌게 되는데 이러면 이론상으로 300만 원을 가진 사람은 정상적인 방법으로는 결코 300억 원을 지닌 사람과 동일한 노력 대비 동일한 결과를 기대할 수 없다는 것이죠. 더구나 현실에서는 이러한 현상이 더욱 심하게 일어나 '돈이 돈을 번다'는 말은 오늘날 대한민국을 사는 누구라도 반박할 수 없는 사실이잖아요.

최정현　그렇기는 하죠.

지유성　과격하다고 볼 수도 있겠지만 저는 "첫째가 꼴찌가 되고 꼴찌가 첫째가 되는 이들이 많을 것이다"라는 성경 구절이 가장 맘에 드는 구절이기도 해요. (웃음) 국가가 나서서 첫째를 꼴찌로 만들고 꼴찌를 첫째로 만들겠다는 것이 아니라 개인의 노력에 따라 언제든 첫째와 꼴찌는 바뀔 수 있도록 만들자는 것이죠. 어떠한 사람이 삶을 살다가 일단 한번 천국에 가기로 결정되면 죽을 때까지 천국에 갈 수 있게 되고, 반대로 천국에 가지 못한다고 결정되면 제아무리 선행을 하고 기도를 해도 천국에 가지 못한다면 이것이 신이 보시기에 과연 좋은 세상일까요? 적어도 저는 아니라고 생각해요.

최정현 큰 틀에서 동의해요. 능력이 있고, 노력하면 성공할 수 있는 세상을 만드는 게 중요하죠. 그런데 아무리 목적이 옳다고 해서 수단이 정당화될 수는 없다고 생각해요. 그런 게 아니라고 하시지만 어쨌든 이익 공유제라는 건 이익을 본 사람의 몫을 가져다가 손해를 본 사람에게 주는 거예요. 그건 국가의 역할이 아닐뿐더러, 국가의 역할이라고 하더라도 바람직하지 않다는 거예요. 1등을 했다고, 이익을 공유하지 않았다고 죄책감을 느끼도록 할 필요도 없고요.

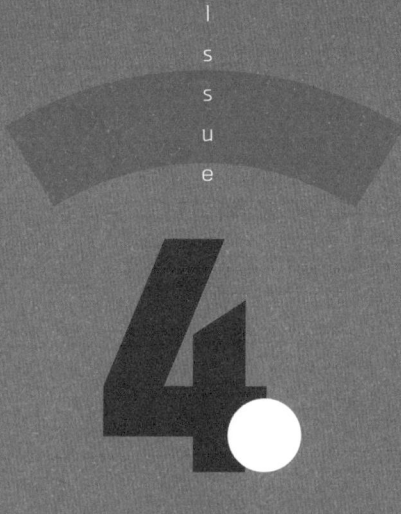

교육, 사회

13 자사고와 특목고는 폐지해야 할까?
14 바람직한 대입 제도의 방향은 무엇인가?
15 탈원전과 탄소 중립은 우리 삶에 어떤 영향을 미칠까?
16 땅에 떨어진 언론 신뢰도, 이 와중에 KBS 수신료를 올린다고?

자사고와 특목고는 폐지해야 할까?

13

2017년 대통령 선거 당시 홍준표 후보를 제외한 문재인, 안철수, 유승민, 심상정 후보 모두 자사고, 특목고의 폐지 또는 변화를 약속했다. 실제로 문재인 정부는 2019년 고교 서열화의 해소를 위해 2025년부터 자사고, 특목고를 모두 일반고로 전환하는 계획을 발표했고, 이에 따라 전국 단위 모집권을 박탈했다. 그러나 학교와 학부모는 반대하고 있다. 자사고, 특목고의 일반고 전환은 타당한가? 전환 과정은 바람직했는가?

지유성 특목고, 자사고의 폐지 문제에 앞서서 현황부터 한번 들어보고 싶어요.

최정현 현황에 대한 이야기가 근거라서 폐지 이야기로 바로 넘어갈 수밖에 없을 것 같아요. 일단 간략하게 말씀드리면 지난 대선 당시에 홍준표, 안철수 후보를 제외한 나머지 후보들 모두 자사고, 외고, 특목고 폐지를 약속했어요. 홍준표 후보는 반대했고, 안철수 후보는 추첨제를 하겠다고 했어요. 그 당시 폐지의 근거로 나왔던 이야기가 제가 폐지에 찬성하는 근거에요.

근본적으로 자사고, 특목고는 특화시켜놓은 거잖아요. 그 분야를 집중적으로 교육해서 그 분야에 재능을 가진 인재를 육성하라는 건데, 실제로는 국영수에 치중했다는 거예요. 전문적인 인재 양성이라는 본질보다 입시 위주의 교육이라는 곁가지에 치중한 거죠. 두 번째는 고교 서열화에요. 우리가 수시 원서를 넣으면 종합이든 교과든 커트라인이라는 게 있잖아요. 지원 가능한 내신 등급. 이 커트라인이 일반고보다 상대적으로 널널했다는 거예요.

지유성 그렇죠.

최정현 이런 식으로 학교들이 원래 목적대로 운영되고 있지 않다는 게 중론이에요. 이런 결론에 도달하면, 앞으로 어떻게 해야 하는지의 문제가 남아요. 폐지하고 일반고로 전환할 것인지, 추첨제로 돌릴 것인지. 그런데 저는 일단 추첨제는 말이 안 된다고 생각해요. 추첨제로 하면 돌아가면서 가는 건데, 그럼 자사고, 특목고로 지정해서 특화된 전문적인 교육을 할 이유가 없잖아요. 흥미가 있고 끼가 있는 아이들이 가야 소용이 있는 거지.

지유성 오히려 불공정이죠. 누구는 운 좋아서 좋은 고등학교 가고, 누구는 운 나빠서 안 좋은 고등학교 가고 하는 게 말이나 되나요? 더구나 우리나라처럼 입시에 목숨 거는 사회에서 말이에요.

최정현 그래서 대선 당시에 가장 많이 나왔던 얘기가 학생 우선 선발권 폐지였어요. 학교가 학생들을 선발해 가는 게 아니라 학생들이 학교를 선택하도록 하겠다는 거죠. 그런데 저는 이것도 바람직하다고 보지는 않아요. 교육비라는 현실의 벽을 깨기는 어렵거든요. 자사고, 특목고의 학비가 일반고에 비해 최대 8배 가까이 높았고 지출된 사교육비도 두 배가량 차이가 났다고 해요. 그래서 실제로 빈곤 학생 비율이 일반고의 절반에 불과했거든요. 그렇다고 해서 나라에서 다 지원해줄 수도 없고, 그럴 생각도 없잖아요. 사실상 학생들에게 선택의 기회를 보장한다고 하지만, 사정이 어려운 학생들은 그 선택의 기회를 온전히 보장받았다고 할 수도 없는 거예요.

결론적으로 추첨제라든지 학생 우선 선발권 폐지와 같은 대안들로는 본질에 어긋난 학교들을 다시 정상궤도로 올리기 어려워요. 그 외의 별다른 수도 없고요. 그래서 좀 극단적인 결론이기는 하지만 방치하기보다는 폐지하는 게 옳다는 거예요. 다만, 예술고하고 어디였는지 모르겠지만 한 군데가 더 있는데요.

지유성 과학고로 알고 있어요. 또 영재고는 교육부 관할이 아니고 과학기술정보통신부 관할이라 논의 제외 대상이고요.

최정현 그런가요? 그 두 군데는 본래의 목적에 맞게 운영되고 있다는 게 중론이에요. 그래서 특목고의 일반고 전환이 화두가 되던 시기에도 이런 이야기에서 벗어나 있었죠. 제가 아까 폐지에 찬성하는 근거로 말씀드린 게 본질에 어긋난다는 거였잖아요. 그렇기 때문에 이 두 곳은 예외로 둬도 된다고 생각해요. 본질이라는 제 나름의 기준에 부합하니까요.

지유성 심층적인 논의를 위해 한 가지 사례를 말씀드리고자 해요. 매년 입시가 끝날 무렵이면 언론에선 서울대를 많이 보낸 학교 순위를 매기는데요. 최근에 서울대를 가장 많이 보내는 학교는 일 년에 서울대를 30명 후반에서 많게는 50명 초반까지도 보내요. 일 년에 말이죠. 그러면 이 학교의 학생 수가 많으냐? 그것도 아니에요. 한 학년에 약 100명에서 150명을 뽑아요. 한 해에 서울대에 진학하는 인원이 거의 삼분의 일에 준하는 수준인 셈이죠.

물론 재수생이 많지 않느냐는 반문이 있을 수 있겠습니다만 특목·자사고의 강점은 정시에서도 나타나지만 수시에서 더 빛을 발해요. 그렇기 때문에 이 학교에서만 정시와 n수생을 제외하고도 엄청난 인원이 수시로 서울대에 입학한다는 것이고 이외에 명문 대학 진학률은 상상을 초월한다는 것이죠. 이게 고교 서열화를 단적으로 보여주는 예시가 아니겠어요?

최정현 그렇죠.

지유성 분명 특목·자사고의 학생들도 다른 학교와 동일하게 1등급부터 9등급까지 나눠서 성적을 구분할 것인데 그렇다면 이론상 수시로 30~40명가량의 서울대 합격생을 배출한다고 하면 평균 성적이 3~4등급 정도이고 더 넓게 봐서는 과목별로는 5~6등급의 성적을 받아도 충분히 서울대에 진학할 수 있다는 이야기죠. 국공립 일반고에서 평균 등급이 1등급 극 초반대가 아닌 이상 서울대는커녕 지역 균형 등의 도움 없이는 SKY 진학 자체가 어려운 상황에 인서울을 다 합친 것도 아니고 서울대만 한 학년에서 삼분의 일이 진학을 한다? 이거는 굉장한 일이죠. 고교 서열화가 아니라 고교 계급화예요. 특정 고등학교로 진학만 확정되면 모두가 선망하는 명문대학 진학이 훨씬 쉬워지는 것이니 말이에요.

최정현 그러니까 초등학생일 때부터 명문고 대비반에 들어가는 등 기를 쓰고 노력하잖아요.

지유성 물론 특목·자사고일수록 내신 경쟁이 일반고와는 비교할 수 없을 정도로 심하다는 것을 충분히 이해해요. 하지만 오늘날의 수시, 특히 서울 상위권 대학을 수시로 진학한다는 것은 곧 학생부 전형을 의미하는 것인데 학종에서 중요하게 보는 것은 성적뿐 아니라 학생의 활동이거든요. 그런데 생기부에 기재되는 활동의 질적 측면에서 역시 참담할 정도로 특목·자사고와 일반고 간의 격차가 벌어지니 이게 과연 개인의 노력에 따른 결과라고만 할 수 있을까 하는 의문이 생기는 것이죠.

정부의 대처 역시 말문이 막히는 것이 이러한 고교 서열화 문제를 해결하겠다고 나서는 것은 좋은데 지난 2년 동안 무더기로 특목·자사고 재지정을 취소하기 위해 얼마나 무리수를 두었냐고요. 더구나 몇 해 전부터 특목·자사고의 우선 선발을 강제로 취소시키면서 일반고와 함께 고입을 치르게 되어 특목·자사에 지원한 학생이 불합격할 경우 집과 거리가 멀더라도 일반고 중 정원 미달된 학교로 배치해 '붙으면 대박 아니면 쪽박' 식으로 운영하는 실정이라 너무나 참담하더라고요.

최정현 맞는 말씀이에요. 거기에 덧붙여서 말씀드릴게요. 아까 제가 폐지에 찬성한다고 말씀드렸는데, 이게 단순한 문제는 아니에요. 그냥 폐지해서 일반고로 전환한다고 끝나는 게 아니고 대입 제도 개편과 맞물려서 우리 교육 체계의 대전환과 연계되어야 해요. 포괄적으로는 그렇고, 세부적으로 들어가면 자율성을 확대해 나가야 해요.

지금의 자사·특목고가 누리는 수준의 자율성을 그 학교들이 일반고로 전환되더라도 보장해 주자는 거죠. 지금의 일반고에도 마찬가지고요. 지금 자사·특목고의 경우에는 필수 이수 단위가 일반고보다 10단위 가량 적거든요. 수업 내용에 대한 자율성의 폭이 넓다는 거예요. 수업 외의 다양한 부분들에서도 그렇고요. 그래서 자사·특목고에 보장된 수준의 자율성이 공교육에 확보되면 여건에 맞고, 아이들의 특성에 맞춘, 학생이 맞춰가는 교육이 아니라 학생에게 맞춰진 교육이 가능해져요.

지유성 글쎄요. 저는 일단 특목·자사고를 왜 폐지해야 하는지 아직까지 잘 이해가 가지 않아요. 지금 고교 서열화라는 문제는 사회의 병리적 현상인데 국내의 모든 교육 기관이 발전할 수 있는 방향으로 가야지 왜 자꾸 그 격차를 하향 평준화해서 해결하려고 하냐고요. 지금 발생하는 문제들은 특목·자사고가 너무 잘나가서 문제이기도 하지만 반대로 말하자면 일반 고등학교가 너무 못 나가서 문제예요. 공교육 문제만 해결되면 특목·자사고를 폐지시킬 이유도 딱히 없어요. 오히려 본래 취지를 잘 살릴 수 있다면 증진해야 하는 것이죠. 게다가 지금 잘나가는 특목·자사고를 강제적으로 한순간에 일반고로 바꾼다고 칩시다. 사실 몇 년 있으면, 25년 즈음인가요? 그쯤에 일괄적으로 일반고로 전환되는데, 제 생각은 그래요. 지금 저렇게 떵떵거리는 학교들이 과연 특목·자사고 딱지 뗀다고 여타 일반고들과의 서열 관계가 무너질까요? 절대 아니라고 봐요.

최정현 그런 부작용이 있을 수 있다는 건 예측이 되죠. 그래서 제가 전환까지 시간이 좀 남았으니까 어렵겠지만, 해결을 위한 노력을 전개해야 한다고 말씀드리는 거예요. 이런 차원에서 남은 기간 동안 앞서 말씀드린 자사고, 특목고의 문제들을 해결할 수 있는 기회를 주고 그 경과를 지켜보면서 최종적으로 전환 여부를 판단해야 한다고 생각해요. 그 과정에서 변화가 없다면, 전환은 불가피한 거고요.

다만, 이 전환이라는 게 하향 평준화시키는 것이 아니냐는 우려를 떨칠 수 있도록 진행되어야 해요. 자사고와 특목고의 본질을 지키기 위한 발전적 해체와 일반고 살리기가 병행되어야 한다는 거죠. 그리고 하향 평준화 문제에 대해서는 제가 떠오르는 걸 하나

덧붙이고 싶은데요. 마거릿 대처가 '총리와의 질문(Prime Minister's Question)'에서 했던 발언 중에 개인적으로 인상 깊었던 부분이 있었어요. 상대 당이 어디죠?

지유성 노동당이죠.

최정현 노동당 의원이 나와서 하는 이야기를 들어보면 잘 사는 사람을 끌어내리겠다는 이야기만 한다는 거예요. 어려운 사람들이 잘 살게 하도록 노력하겠다고 하지만, 그렇게 될지는 의구심이 든다는 거고요. 그래서 하향 평준화를 시키자는 것과 뭐가 다르냐는 거였어요. 그러면서 하는 이야기가 격차가 유지되더라도 다 같이 올라갈 수도 있지 않느냐는 거예요.

저는 이 발언의 취지에 상당히 공감했어요. 그런 차원에서 자사고, 특목고를 일반고로 전환하면 동시에 일반고를 살리기 위한 노력들이 전개되어야 해요. 우리 교육 제도의 개편, 수업의 질을 높이기 위한 수업 체계의 개편이 필요하죠.

동시에 설득 작업도 해야 해요. 반대하는 분들은 분명히 계시거든요. 그분들께 왜 이렇게 할 수밖에 없는지, 예상되는 문제들은 어떻게 해결할 건지 차분하게 설명해야 해요. 정부가 차근차근 설명하면 굉장히 비이성적인 사람이 아닌 이상 무조건 반대하지는 않아요. 다만, 지금 하는 것처럼 일방적으로 전환시키겠다고 발표할 문제는 아닌 것 같아요. 단계적으로 전환시키겠다는 말을 뒤집는 것도 바람직하지 않고요.

바람직한
대입 제도의 방향은
무엇인가?

14

대학이 하나의 스펙이 되어버렸다. 중학교는
명문 고등학교로 가는, 고등학교는 좋은
대학교로 가는, 대학은 좋은 직장을 구하는
징검다리로 전락해버렸다.
그렇기에 교육 개혁, 특히 그중에서도 대입
제도 개혁은 언제나 요구된다. 대입 제도에
대한 상시적 개혁 요구는 그만큼 관심이
집중되어 있음을 의미하는 한편 국민의
요구가 충족되지 않았음을 의미하기도 한다.
바람직한 대입 제도 개혁의 방향은
무엇인가?

지유성 그러면 이제 대입에 있어서는 제가 감히 한번 운을 좀 떼보도록 할게요.

최정현 뭐가 감히예요.

지유성 현행 입시를 보면 수험생들은 '1등급'인 상위 4%의 승자를 위해서 96%는 패배자가 돼야 하고, 들러리가 돼야 하고, 엑스트라가 되어야 해요. 수능에서 9등급, 8등급, 7등급, 6등급, 5등급, 4등급, 3등급, 2등급 순으로 아래서부터 착실하게 깔아줘야만 1등급이 존재할 수 있으니까, 모순되게도 9등급이 존재해야만 1등급이 존재할 수 있죠. 그러니 수시든 정시든 상위 4%가 되지 못한 이상 우리 학생들은 학교에서 치르는 매번의 내신 시험과 모의고사 그리고 수능에서 끊임없이 나 자신을 위해 공부하는 것이 아니라 상위 4%를 위해 피나게 공부한 꼴이 되는 거예요. 이게 분명 잘못된 걸 알면 고쳐야 할 거 아니에요. 그런데 '노력의 결과야', '노력이 부족해서 그래' 이런 틀 안에서 사고하면서 그냥 넘긴다고요.

최정현 공감해요.

지유성 과학고등학교도 마찬가지예요. 애들을 열심히 모았더니 과학과는 아무 연관 없이 단순히 공부 잘하는 애들이 죄다 과학고등학교로 모였어요. 그래서 결국에는 과학고등학교가 과학자를 양성하는 고등학교가 아니라 의사를 양성하는 의사고등학교가 됐어요. 이게 막 문제가 되고 설립 취지에 맞는 거냐는 지적이 계속 나오니까 의대 진학 시 자기가 받은 모든 비용··수업료 등을 반납하게 했어요. 결국 성적순으로만 모든 걸 결정하다 보니 발생하는 목적 전치인 것이죠.

최정현 대입도 다르지 않잖아요?

지유성 맞아요. 말은 번지르르하게 해서 각 대학들 모두 현행 학생부 종합은 성적 위주의 선발에서 벗어나 학교의 교육 가치관에 맞고, 미래 발전 가능성이 있는 학생을 선발한다는데 제가 볼 땐 헛소리예요. 성적순으로 줄 세워서 뽑아 가는데 무슨.

자소서와 생기부도 말만 번지르르하지 결국에 성적순으로 뽑아 가는 건 똑같아요. 내신 시험을 조금이라도 망치면 곧바로 내신 관리 집어치우고 '정시 파이터' 한다는 소리가 괜히 나오는 게 아니잖아요. 만약 학생부 종합이 그들이 말하는 제도와 동일한 것이라면 성적이 6, 7등급이어도 생기부가 완벽할 경우 붙었어야죠. 그런데 그런 전례가 없다는 거예요. 그게 극단적이라면 적어도 내신 시험에서 몇 번 성적이 잘 나오지 않아도 충분히 만회할 수 있는 기회가 있어야 하는데 전무하잖아요?

최정현 그렇죠.

지유성 학년이 오르면서 '점차 성적이 오르면' 발전 가능성을 높게 평가한다는데 나만 공부하는 것도 아니고 단순히 열심히 공부해서 성적이 오르는 것도 드라마틱한 이야기지만 설사 성공해도 결국 합격증은

'꾸준히 높은 성적을 받은 친구'에게 돌아가죠. 통상적으로 이렇게 이야기하면 "그럼 공부 못하는데 뽑으라는 거야?", "학업 역량도 안 되는데 발전 가능성을 어떻게 믿어?"라고 반문하는데 이것이 단순히 공부를 못하는 학생을 선발해야 한다는 말이 결코 아니에요. 요즘 이슈인 능력주의(meritocracy)에 대한 비판인 것이죠.

최정현 큰 틀에서 동의해요.

지유성 이런 맥락에서 정부의 정책도 참 아이러니 한 것이죠. 학생들의 역량을 단순히 성적으로 평가하는 데서 벗어나 평가 기준을 다각화해야 하고 무너진 공교육을 다시 바로 세우는 것에 집중해야 하는데, 허구한 날 지역 균형이랍시고 산촌 n명, 농·어촌 n명 이런 식으로 할당제를 하고 있잖아요. 저는 이러한 사회의 잘못된 사고가 결국 오늘날의 입시 문제를 창조한 것이 아닌가 하는 자괴감이 드는데 어떻게 보세요?

최정현 저는 본질을 못 건드리고 있다고 봐요. 사실 교육 제도 개혁의 본질은 대입에 있어 생기부에 상장을 몇 개 포함시키느냐, 수능에서 EBS 연계를 몇 퍼센트로 할 것이냐 같은 문제가 아니에요. 가장 근본적으로는 굳이 대학에 가지 않아도 된다는 인식을 심어주는 거예요. 외국을 보면 우리나라처럼 대학을 많이 가지 않잖아요. 그 분야를 더 깊게 공부해보고 싶다는 아이들만 가지. 그런데 우리는 그냥 거의 다 가잖아요.

지유성 그렇죠. 황당하게도 오히려 안 가는 게 이상한 그런 사회죠.

최정현 예. 모든 사람들이 다 가니까 안 간 사람들은 사회에서 먹고 살 길이 없어요. 대학에 가더라도 석사, 박사까지 따고, 거기서도 모자라서 자격증이나 인턴십, 이것저것 다 해요.

지유성 물론 이 이야기가 절대적인 것은 아니지만 통상적으로는 그렇죠. 그리고 모두가 가다 보니까 가도 문제잖아요. 소위 말하는 명문대가 아니면 또 의미가 없고 그러니까요.

최정현 예. 이런 걸 타파하는 게 본질인데 상장 개수, 봉사 인정 범위 같은 곁가지만 고민하고 있으니 해결될 수가 없죠. 대입 제도 개혁에 있어서 입시 제도와 고등학교의 본질을 찾는 게 가장 중요해요. 지금 우리나라의 대입 시스템을 보면 대학교가 원하는 자료, 사람을 고등학교가 만들어 주고 있어요. 그런데 고입은 그렇게 하지 않아요. 학교에서 자율적으로 활동하고, 자체적으로 자료를 만들면 고등학교에서 필요한 부분을 보고 뽑죠. 고입과 대입은 다를 게 없는데도 고등학교는 대학을 가기 위한 학원 같은 역할을 하고 있어요. 고등학교의 목적과 본질이 있는데 말이죠.

지유성 그럼 입시가 어떻게 치러져야 한다고 보세요?

최정현 수능은 자격고사화하고 입시는 수시를 중심으로 해야 해요. 고등학교 3년이 온전하게 반영되잖아요. 공교육이 살아날 수밖에 없다고 생각해요. 물론 학생부로 평가한다고 공교육이 살아나는 건 아니에요. 학교 생활을 열심히 하면 내가 가고 싶은 대학에 가서 하고 싶은 공부를 할 수 있다는 확신을 심어주려는 노력이 필요해요.

이렇게 만들려면 아이들이 학교에 관심을 갖도록 유인 요인을 마련해야 해요. 이게 우선이에요. 학원에 다니지 않아도 학교 생활을 잘할 수 있고, 학교가 학원보다 더 재미있으면 자연스럽게 사교육은 없어질 거란 말이에요. 이걸 위해 현장에 자율성을 충분히 보장해 줘야 해요. 선생님들께서 수업을 참신하게 꾸리실 수 있도록 연구하는 선생님들이 칭찬받고, 더 지원받는 환경을 만들어야 한다는 거예요. 선생님들께서 연구에 집중하실 수 있도록 행정 업무를 줄여드리는 것도 필수적이에요. 이런 차원에서 '1교실 2교사' 제도도 검토해볼 수 있다고 생각해요. 선생님이 여유가 있어야 한 아이, 한 아이 모두 돌볼 시간이 충분해지니까요. 이런 식으로 수업을 바꿀 힘이 현장에 있어야 학교 안에서 아이들이 가지고 있는 꿈과 끼를 살릴 수 있는 교육이 이루어질 수 있어요.

지유성 보충하자면 고등학교는 그 자체로 배움을 위한 장소인 '학교'이지 대입을 위한 장소가 아니라는 거예요. '내가 충분히 학교 생활을 열심히 하고, 공부도 열심히 하면 원하는 학교에 진학할 수 있겠구나' 하는 희망이 있어야 되는데 그게 아니라 그냥 3년을 대입을 위해 온전히 써야 하는 게 절망스러운 거죠. 인구가 빠른 속도로 줄고 있고 앞으로 점점 줄어나갈 것인데 이대로 가서 대학들이 하나하나 문을 닫다 보면 남는 건 인서울 대학밖에 없어요.

입시가 근본적으로 변화하지 않는 이상 또다시 우리 학생들은 그 안에서 서열주의로 성적에 맞추어 대학을 나눠 가야 하는데 그러면 그때는 9등급도 인서울은 기본적으로 할 수 있는 것이냐고요. 성적 위주의 경쟁 시스템은 근본적으로 종말을 맞을 수밖에 없어요. 그런데도 우리는 더 열심히 등급제를 만들고 있잖아요. 앞

으로 인구 감소뿐 아니라 중위권 공백도 더 심해질 거고 한데, 그럼 나중에는 100점은 1등급, 99점은 3등급, 98점은 6등급, 95점은 9등급 뭐 이렇게 될 거냐는 거예요.

최정현 그럴 수 있겠네요.

지유성 성적 위주의 이런 경쟁 시스템은 우리나라가 베이비붐 시대에 학생들이 많았으니까 유용하게 썼던 방식이에요. 여러 이유가 더 있겠지만 실제로 학령 인구가 줄어듦에 따라 15등급제에서 현행 9등급제로 바꾼 전례도 있잖아요. 이런 부분에서 현재 문제가 심각하다는 거예요. 그런데 문제의 심각성을 아무도 모르느냐? 우리 모두가 알아요. 입시 치르는 학생도 알고, 부모님들도 알고, 선생님들도 알고 한데 결국에 나오는 말은 "너 벌써 ○학년이야~ ○학년이 제일 중요한 거 알지? 네 인생이 결정이 된다니까? 이번 시험에서 적어도 반에서 3등 안에는 들어야 된다?" 이거잖아요. 이러니 이 입시 제도가 유지되는 거죠.

최정현 추가할 말이 없을 정도로 맞는 말씀이에요. 우리가 흔히 이런 말을 해요. "교육 정책은 바꾸지 마라" 보수적인 사람도, 진보적인 사람도 다 이렇게 말을 해요. 그런데 교육이 올바른 방향으로 나아가고 있다고 생각하는 사람은 없어요. 사람에 따라서 수시가 잘못됐다, 정시가 잘못됐다는 식으로 차이가 있을 수는 있지만 말이죠. 그러니까 지금의 교육 문제는 비유하자면 심지가 얼마 남지 않은 폭탄이에요. 누구든 조금만 건드리면 폭발해버리는 거죠. 그러다 보니 저 같은 일반인도 그렇고, 폭탄을 해체해야 할 책임을 가지고 있는 사람들도 쉽사리 다가가지 못하고 있는 거예요.

그러니까 말은 많지만, 실제로 나서는 사람이 없는 거죠. 그래서 문제가 해결되지 않고 지속되는 거예요. 그런데 또 누구를 탓하겠어요. 모든 결론이 다 마음이 아픈 걸로 귀결되는 것 같아서 민망하지만 참 마음이 아파요.

지유성 대입 제도가 앞으로 어떻게 변해야 한다고 보세요?

최정현 아까 말씀드렸던 것처럼 수시를 중심으로 해야 해요. 학교 생활을 입시의 중심에 놓자는 거죠. 수능은 자격고사화하고요. 수능을 창시했다는 박도순 교수라는 분도 공부하지 않아도 볼 수 있는 수능, 수학 능력이 있는지를 판단하는 시험으로서의 수능을 생각하셨다고 해요. 그 본질로 돌아가자는 거죠.

그런 본질적인 측면까지 가지 않더라도 공정 문제가 있어요. 실제로 정시가 다른 전형에 비해 사교육 의존도가 높았는데, 사교육 받을 기회도 공정하지 않았어요. 남양주에 있는 학원 수는 강남의 25%에 불과해요. 도서 지역의 경우에는 그 차이가 더 컸고요. 가계 소득에 따라서 학습 시간도 1시간 가까이 차이가 났다고 해요. 이런 기회의 불공정은 결과에도 영향을 줬어요. 주로 대도시권에 거주하는 학생들이 수능 1, 2등급을 받았고, 소득 수준이 높을수록 성적이 높아졌다고 해요. 그러니까 부모의 경제력이 자녀의 학력이 되고, 자녀의 학력은 경제력이 되고, 그 경제력은 그 자식의 학력이 되는 거예요. 계속 대물림되는 거죠.

이처럼 수능 시험장에서 펜을 드는 순간은 공정하지만 시험장에 가기까지의 과정은 불공정해요. 이런 문제들이 있기 때문에 수능은 수학 능력 유무만 판단하고, 수학 능력이 있다고 판단된 학생들을 학생부를 통해서 뽑자는 거예요. 현재의 학생부 종합 형태로.

지유성 첨언하자면, 우선 학종은 이미 문제가 많다는 걸 너무 많은 분들이 알고 있어요. 3년간 열심히 학교 생활해서 낸 서류를 입학 사정관이 길어야 평균적으로 10분에서 12분 보거든요. 한 아이의 서류를 말이죠. 그마저도 취지에 안 맞게 2021년부터 기준이 바뀌어서 상장도 한 학기에 하나씩만 기재하게 하고, 자소서 폐지시켜 앞으로 성적 말고는 더 볼 게 없거든요 사실. 지원한 아이에 대한 이해가 전혀 없다고 봐도 무관한 수준인 것이죠.

수능 같은 경우는 길게 잡으면 8시간, 짧게 잡으면 0.1초 안에 모든 결과가 끝나요. 8시간 동안 보는 한 번의 그 시험을 어떻게 보느냐에 따라 대입이 결정되기도 하고 또 원서를 경쟁률에 따라 어떻게 넣느냐 그 0.1초에 대입이 결정기도 한다는 것이죠. 이에 대한 해결책은 수시 같은 경우에 학교 전반을 들여다봐야 한다고 봐요. 이 수시라는 제도가 지금은 되게 엄격하게 이루어지고 있거든요.

최정현 '뭐 기재하지 마십시오', '뭐만 기재하십시오' 이런 식으로 빡빡하게 하잖아요.

지유성 저는 그런 기준이 좀 많이 완화될 필요가 있다고 봐요. 지원자가 스토리텔링을 할 수 있고 그게 전달되어서 입학 사정관들이 볼 수 있어야 비로소 수시 제도에 부합하는 것이라고 보거든요. 3년을 온전히 담아낼 수 있는 제도가 필요하다는 말이죠. 현행 학생부 종합에서 3년이라고 하면 그 3년을 다 보는 게 아니에요. 일반적으로 2, 4, 4죠? 1학년 20% 반영, 2학년 40% 반영, 3학년 40% 반영.

이 때문에 학생들도 반영 비율에 맞춰 살아요. 그러니까 학생부에 반영되지 않는 3학년 2학기 시험은 다 갖다 던지는 거잖아요. 이건 수시의 본질이 아니라는 거죠. 3년을 온전히 살 수 있도록 만들어주는 것이 진정한 수시 제도로서 "일단은 성적이 제일 중요해", "서연고 쓰고 싶으면 내신 1점 대 맞춰 와" 이게 아니라 내신과 학교 생활, 인성 이런 것들이 일대일로 평가되는 방식이 필요하지 않을까 해요.

여태까지 대학교 측에서 그게 불가능하다고 했던 이유는 '성적 낮은 친구들을 우리 학교에서는 받아줄 수 없습니다' 단지 이거거든요. 하지만 앞에서 잠깐 언급했지만 학교 수준과 맞지 않는 지원자들을 떨어뜨릴 수 있는 권한을 박탈하려는 게 아니거든요. **적어도 성적이 절대적인 기준으로 작용하지 않을 때 기량을 발휘할 수 있는 학생들에게 기회를 주자는 것이죠.**

최정현 동의해요. 제가 수시를 중심으로 가야 한다는 말씀을 드린 이유도 다르지 않아요. 수시 입학생은 정시 입학생에 비해 전공 준비도, 진로 희망과의 전공 관련성, 전공 선택 만족도가 높았거든요. 수업 참여도, 만족도도 높았고요. 그러니까 학생은 가슴 뛰는 일을 할 수 있어 좋고, 학교는 준비 잘 된, 열심히 할 수 있는 학생을 뽑을 수 있어 좋은 거예요. 더군다나 우리의 대입 체계는 복잡하다는 비판을 받아왔잖아요. 복잡한 입시 체계가 사교육 부담을 가중시킨 주된 요인으로 꼽히기도 했고요. 그래서 수시 중심의 개편으로 대입 제도가 단순화되면 사교육 부담도 줄지 않을까라는 기대를 가지고 있어요.

지유성 대입 제도의 단순화로 사교육 부담이 줄 것 같지는 않지만 적어도 지금처럼 입시를 전적으로 사교육에 의존하는 일은 줄지 않을까 하는 부분에서 공감해요.

최정현 당연히 첫 술에 배부를 수는 없을 거예요. 부족함이 있더라도 공교육을 살리는 시작이 될 수 있을 거라고 생각해요. 그리고 제가 말씀드린 수시 중심의 입시 체제에 대해 평가의 질에 대한 문제 제기가 있을 수 있고, 충분히 있을 수 있는 지적이라고 봐요. 이 문제는 입학사정관 수를 충분하게 늘리고, 교육을 실시해서 전문성을 확보할 수 있도록 하면 해결할 수 있다고 생각해요. 경험이 많은 사람과 경험이 별로 없는 사람들을 조로 묶어서 서로의 단점을 보완하도록 하는 것도 필요하고요. 이건 이미 교육부에서 발표한 건데 잘 될지 한번 지켜봐야 할 것 같아요.

마지막으로 한 말씀만 더 드리자면, 입학사정관제를 시행한 지 10년도 더 됐잖아요. 이제 한 번쯤 돌아볼 때가 된 것 같아요. 미비점을 찾아보고, 그에 따른 해결 방안을 고민할 때라고 생각해요.

지유성 정시 제도도 마찬가지예요. 3년에 걸쳐 평가함으로써 수능에 대한 부담감을 줄여주는 게 타당하다고 봐요. 그러면 공부 잘했던 친구들은 더 좋은 성과를 낼 수 있는 거고, 못했던 친구들은 계속해서 만회할 수 있는 기회가 생기는 거잖아요. 수능 성적이 한순간에 결정되지 않는 거죠. 더군다나 이 수능의 본질도 결국 애들을 공부시키려는 거잖아요. 자기의 공부 수준을 평가받으려고 하는 건데 고등학교 1, 2학년 때 모의고사를 본격적으로 공부하느냐고요. 그냥 다 그런가 보다 하면서 보는 거지. 그러니까 일종의 수시 제도처럼 정시 역시 모의고사 성적과 수능 성적이 모두 반영된 평가 방식을 취해야 한다고 봐요. 그래야 수능에 대한 부담은 줄고 고등학교 3년 내내 균형 잡힌 학습을 할 테니까요.

최정현 저는 정시를 중심으로 한다면 말씀하신 그 방식으로 가야 한다고 생각해요. 갑자기 수능을 잘 본 사람이 있을 수 있고, 쭉 잘 보던 사람이 있을 수 있고, 잘 보다가 갑자기 망친 사람이 있을 수도 있잖아요. 저는 여기에서 꾸준히 잘 본 사람이 한 번 망친 사람보다, 한 번 망친 사람이 갑자기 잘 본 사람보다 더 좋은 결실을 맺는 게 맞다고 생각하거든요. 학생의 차원에서 보면 그렇고, 학교 차원에서도 다르지 않아요. 공부 잘하는 사람이 아니라 꾸준히 잘하는 사람이 필요한 거니까요. 그런데 수능 성적만 반영하면 이런 면을 볼 수가 없잖아요. 그래서 여러 성적을 반영하는 게 옳다고 봐요.

지유성 근데 서울대는 생뚱맞게 정시에 갑자기 내신을 반영한다고 발표하고, 아주 말도 안 되는 상황이 계속 벌어져요. 그리고 수시 여섯 장 제한이 있잖아요. 저는 그것도 진짜 잘못됐다고 봐요. 제한이 없을 경우 누구는 돈이 없어 몇 장밖에 못 쓰고 누구는 여유가 있어 몇 백 장 쓰고 그럴까 봐 제한한다고 하는데 이거는 굉장히 웃긴 일이죠. 진학에 있어서 자기가 쓰고 싶으면 원서는 마음껏 쓰게 해줘야지, 원서를 제한하는 게 너무 이상한 발상이라는 거죠. 그 이유가 앞서 말씀드린 것이라면 더 어이가 없어요. 소득 격차로 원서비 때문에 지원 못하는 학생들이 생겨서 불공평하니까 제한을 두겠다? 그러면 정부 차원에서 원서비를 면제받을 수 있게 지원하면 될 일이에요.

최정현 원서를 너무 많이 쓰게 해주면 여러 가지 문제가 생긴다고 하잖아요.

지유성 원서 수백 개씩 쓴다고 하면 미달 나고 개판 아니냐는 의견이 있죠. 하지만 전형 별로 시간이 있고 날짜가 있기 때문에, 정시 같은 경우에는 제한을 둘 수 있다고 쳐도 수시는 정말 자기가 이백 개 쓸래야 이백 개 쓸 수가 없어요. 면접에 논술에 자소서도 이백 개, 삼백 개 어떻게 쓸 거야. 그럼 많아봤자 한 학생당 한 열 개 정도 쓸 텐데 그 정도는 써야 개인의 대학 입시에 대해 소신 있게도 쓰고, 안정적으로도 쓰고, 하향해서도 쓰고 해서 후회 없이 입시를 치를 수 있는 거죠. 근데 겨우 여섯 장 가지고 머리 싸매고 고민하는 게 바람직하지는 않은 것 같아요. 심지어 소득 격차 때문에 불공평한 상황이 발생할 수 있다는 이유로 제한을 둔다는 것 자체가 저는 이해가 안 돼요.

최정현 교육에 있어서 제일 중요한 건 기회를 공정하게 보장하는 거예요. 그런데 공정하게 제한하면 가능한 것처럼 착각하는 건데요, 말이 안 되는 거죠. 그리고 원서비는 왜 존재하는지 깊이 생각해 보면 딱히 뭐 없어요. 그런데 존재 이유가 설명되지 않는 걸 존치시킬 이유는 없잖아요. 이런 차원에서 말씀하신 것처럼 원서비를 정부에서 지원하는 게 대안이 될 수 있을 것 같아요.

지유성 물론 지금도 원서비 지원은 하고 있지만 지원 대상 학생들에 한해서 원서비 면제 신청을 받으면 될 일이에요. 조건을 확대하던 축소하던 해서 말이죠.

최정현 전형이나 재산 정도에 따라서 기준을 정하면 어떻게 해도 합리적일 수가 없어요. 그래서 저는 보편적으로 가야 된다고 봐요. 조건을 정해서 지원해 주는 게 아니라.

지유성 모든 전형에서 아예 원서비를 없애는 것은 불가능하다고 생각하지만 말씀해 주신 취지에는 적극 공감해요. 제발 앞으로 우리 학생들이 서울 상위권 대학을 이르는 '서연고 서성한 중경외시 건동홍……' 이런 거 안 외우는 세상이 왔으면 좋겠어요.

탈원전과 탄소 중립은 우리 삶에 어떤 영향을 미칠까?

15

문재인 정부는 '탈원전 정책으로 안전하고 깨끗한 에너지로 전환'을 국정 과제로 제시하고 국내 최초의 원전인 고리원전 1호기를 영구히 정지시켰다. 신고리원전 5·6호기의 지속적 건설 여부를 공론화 위원회의 공론화에 맡겼고, 신규 원전 건설 계획을 백지화시켰다.
탈원전의 논리는 무엇인가? 그 논리들은 타당한가? 원전은 우리의 삶에서 어떤 존재인가?

최정현 원전 자체에 대한 문제와 이 정부의 탈원전에 대한 문제, 이렇게 두 개로 나눠서 보면 어떨까 싶은데 어떠세요?

지유성 네, 좋아요.

최정현 그럼 원전에 대해서 찬성하세요? 반대하세요?

지유성 저는 기본적으로 딱 찬성하지 않죠.

최정현 왜요?

지유성 그냥 간략하게 설명드리자면 원전을 활용하는 발전 방식은 우리나라에 적합하지 않은 것 같다는 게 제 생각이에요.

최정현 왜요?

지유성 기본적으로 원전의 혜택을 크게 볼 수 있는 나라들의 특징을 한번 보자는 거예요. 요즘에 유럽이 친환경 정책으로 다들 돌아서긴 했지만 유럽 같은 경우는 에너지 선진국이잖아요. 원전도 굉장히 고도의 기술을 갖고 있고요. 그리고 '원전' 하면 또 빠질 수 없는 나라가 당연히 미국 아니겠어요? 뭐 일본도 빠질 수는 없고요.

그러면 그 나라들의 특징을 보자는 거예요. 유럽 같은 경우에는 일단 전쟁에 대한 우려가 현저히 적어요. 2차 세계대전 이후에 힘의 균형과 유럽연합의 체제를 중시했기 때문에 유럽 내 전쟁에 대한 걱정이 크지 않고, 땅 자체도 평지가 넓게 펼쳐져 있단 말이에요. 그리고 유럽은 기본적으로 기술이 고도로 발달되어 있는 국가들인데다 EU(유럽 연합)라는 체제 안에서 교류 협력, 기술 개발 사업 같은 것을 낮은 비용으로 할 수 있단 말이죠.

최정현 일본과 미국은요?

지유성 일본은 섬나라기 때문에 원전에 가장 핵심이 되는 냉각수와 관련해서 걱정할 건 없고요. 또 일본이라는 나라가 땅이 그렇게 작은 나라도 아녜요. 우리가 익히 알고 있는 굉장히 큰 도시들을 제외하고는 비교적 지방의 인구수가 적어서 지진의 우려만 제외하면 원전을 세우기에 그렇게 큰 무리가 없는 국가에요.

미국은 원전의 천국이라고도 볼 수 있죠. 바닷물 충분하죠, 기술자들 충분하죠, 돈 많죠, 땅덩이? 엄청나게 넓죠, 또 에너지는 어마무시하게 쓰죠, 핵 기술 충분하고 핵 원료 등을 충분히 다룰 수 있는 국제적 위치의 국가죠. 이처럼 현재 적극적으로 원전을 통해 전력을 생산하는 국가들은 원전을 가동하기 적합한 나라들이에요.

최정현 그렇죠.

지유성 반면에 우리나라를 보자고요. 가장 근본적으로 잊어서는 안 되는 것이 우리나라는 분단국가이자 휴전국이고 심지어 휴전 협정에 우리나라 서명도 없는 그런 상황이란 말이에요. 사실 외국인의 입장에서 보면 언제 전쟁이 발발해도 전혀 이상할 게 없는 그런 나라란 말이죠. 주식 시장에서조차 우리나라는 군사적인 위험성을 내포한 시장이라고 평가받는 나라인데 원전을 설치했을 때 우리나라가 안보 위기의 상황 속에서 원전과 더불어 이 나라를 유지해 나갈 수 있겠는가? 또 원전과 관련된 안보를 지켜낼 수 있겠는가? 저는 확신이 없어요.

최정현 그래요?

지유성 그뿐이 아니에요. 우리나라 국토에 원전이 적합한가를 봐도 그렇지 않아요. 바닷가를 중심으로는 굉장히 큰 대도시들이 있고 땅덩이 자체가 크지 않기 때문에 원전이 들어설 수 있는 곳 자체가 굉장히 한정적이에요. 구체적으로 보면 서해 같은 경우에는 뻘이 생겨버리기 때문에 원전을 짓기에 그렇게 좋은 부지라고 말할 순 없어요. 동해 같은 경우에는 절벽이 많고 일본과 밀접해 있으며 우리나라의 군사적 요충지이자 무역 선박의 항로이기 때문에 신통치 않아요.

심지어 전문가가 많이 있느냐? 그것도 아니란 말이죠. 한양대학교 기준으로 핵융합 관련 학과에서 매년 인원 미달을 걱정할 정도란 말이에요. 그렇다고 우리나라가 외국인 전문가들을 데리고 오기 위해 천문학적 금액을 투자할 수 있는 상황도 아니잖아요. 마지막으로 우리가 핵 기술 관련해서 선두를 점하고 있거나 미국과 같은 핵 기술 강국의 압박에서 자유로울 수 있냐는 것이죠. 그렇지도 않잖아요. 그래서 결론적으로 저는 원전이 잘못됐으니까 폐지하자고 주장한다기보다 근본적으로 우리나라의 원전이 맞느냐는 관점에서 봤을 때 맞지 않는 것 같으니 지금이라도 원전 사업을 서서히 줄여나가는 게 올바른 방향이 아니겠느냐 얘기하는 거죠.

최정현 그러면 원전을 줄이면 뭘로 대체하실 거예요?

지유성 사실 우리나라 같은 경우에 전력 소비량을 충당할 수 있는 게 원전

밖에 없는 게 현실이에요. 지금으로서는 말이죠. 그만큼 우리나라 전력 소비량이 많은 것도 사실이고 여름만 되면 원전 가동하고 있는데도 전기가 픽픽 꺼져버리고 이러니 말이에요. 결론부터 말씀드리면 저는 대체재가 없다고 봐요. '현재로서는' 말이죠. "원전 당장 가동 다 중단시켜!" 하면 블랙아웃이죠. 그렇기 때문에 지금 당장은 원전을 충분히 가동하되 막대한 돈을 들여서라도 원전을 대체할 수 있는 새로운 에너지원을 충분히 개발해서 원전을 벗어날 수 있는 단계가 오면 그때서부터는 점차 폐지 수순으로 가는 게 옳지 않겠느냐 하는 것이죠. 그러니까 제 생각에 탈원전은 장기적인 과제인 거예요. '지금 당장 다 부셔야 된다', '한빛, 고리 다 부숴라!' 뭐 이런 건 아니죠.

최정현 말씀하신 게 전쟁에 대한 우려, 자연적 요인, 인력, 기술력, 기밀 유출 우려, 크게 다섯 가지인데 하나씩 말씀드리면, 원전이 군사적으로 취약해 보일 수 있죠. 그런데 원전의 장점이 뭐냐면 비축 기간이 길다는 거예요. 석유 108일, 가스는 48일인데 원전은 1년 반이에요. 그래서 전쟁이라든지, 중동에서 오일 쇼크가 일어날 수 있잖아요. 이런 유사시에 장기적으로 사용하기에 용이하다는 거예요. 그리고 밀집되어 있다는 점에 대해서는, 사실 저도 우리나라가 특이하게 원전이 밀집된 사례라고 생각하고 있었어요. 그런데 밀집된 사례가 꽤 많더라고요. 캐나다는 땅이 넓잖아요. 그런데도 16기가 밀집되어 있다고 하고요. 중국도 9기가 밀집돼 있고, 파키스탄 같은 경우에는 원전 주변에 834만 명이 산대요.

지유성 어휴, 너무 많은 거 아니에요?

최정현 그러니까 원전 밀집은 반대의 근거라기보다는 신뢰의 문제인 거죠. 나라에서 얼마나 안전한지를 잘 설명하고 만일의 위험에 대해서 어떤 대비를 하고 있느냐. 그리고 마지막에 전문가를 말씀하셨는데, 전문가 문제는 논란이 많이 됐어요. 울진의 원자력 마이스터고등학교가 미달 났다고 하더라고요. 이 학교는 전부터 탈원전하면 안 된다고 편지 쓰고 했던 학교잖아요. 카이스트에서도 2018년에 원자력 및 양자공학과 전공 선택자가 한 명도 없었다고 해요.

지유성 명색이 '한국과학기술원(KAIST)'인데도 그렇다는 말이죠?

최정현 예. 그래서 저는 **전문가가 없다기보다, 전망이 없는 사업이라기보다 정부가 사장시키는 거라고 봐요. 원자력이 전망이 없는 산업이 아니거든요.** 왜냐하면 우리가 앞으로 원전을 안 짓느냐? 그건 아니에요. 앞으로 여러 나라들에서 계속 짓는다고 해요. 미국을 예로 들면 원전의 조기 폐쇄를 추진했지만 지금은 확대를 추진 중이라고 하고, 일본도 원전 제로를 선언했다가 철회했어요. 그래서 앞으로 30년간 500조, 600조 되는 시장이라고 해요.

그런데 정부에서는 해체 시장을 키워보겠다고 하고 있어요. 그런데 해체 시장은 20조 정도 규모라고 하거든요. 저는 이건 아니라고 생각해요. 큰 바다로 나가느냐, 개울로 가느냐의 그 갈림길에서 개울로 가겠다고 선택한 거잖아요. 굳이 개울로 가야 하는 이유는 뭐냐, 이게 제일 의문이고요. 개울로 가니 큰 배도, 많은 선원도 필요가 없고, 그러다 보니 원자력 발전에 관심이 있는 사람이 아무리 많아도 굳이 그 길을 택할 이유가 없는 거예요. 당연히 국내의 원전 생태계가 죽어버릴 수밖에 없는 거고, 더 이상 전문가도 나오지 않는 거죠.

지유성 한편으로 또 특이한 게 한국핵융합에너지연구원을 보면, 인공 태양과 같은 부문에서 핵 전문가들이 우리나라에 있잖아요. 디테일하게 들어가면 분명 다른 분야이긴 하지만 적어도 이런 것을 보면 핵융합 관련 기술자가 이 나라에 아예 없는 것은 아니라는 거죠. 하지만 근본적으로 정부가 가야 할 길은 국민들에게 실익을 제공하는 것인가, 아니면 국가라는 안전한 울타리 안에서 국민들이 안전하게 지낼 수 있도록 하는 것인가를 봤을 때 실익에 해당하는 원자력발전소를 과감하게 포기하더라도 국가 차원에서 안정성을 주고 국민들이 안심하고 살 수 있는 터전을 마련해 주는 게 우선이라고 보거든요.

원자력 발전 자체도 장단점이 다 있지만 근본적으로 원자력 발전에 찬성하는 사람들조차 그것이 지닌 잠재적인 위험성에 대해서는 아무도 부인하지 않아요. 체르노빌이라든지 후쿠시마라든지 그런 사례를 통해 그것이 갖고 오는 비극과 참극들을 이미 우리는 전 세계적으로 한두 차례 정도 봤잖아요. 극히 일부분의 사례일 수도 있겠죠. 그럼에도 원자력발전소라는 존재가 가진, 그 이면에 감춰진 굉장히 무시무시한 파괴력 자체가 사라지는 것은 아니기 때문에 과연 이 길이 우리가 미래에도 가야 할, 갈 수 있는 길인가를 두고 회의적인 것이죠. 어떻게 생각하세요?

최정현 제가 이번에 공부를 좀 하다가 '실제로 이렇다고?' 싶은 자료가 있었어요. 여러 가지 발전원들이 있잖아요. 석탄도 있을 거고 가스도 있을 거고요. 각 발전원 별로 생산 과정에서 사망자가 몇 명이 나왔는지를 따져본 거예요. 혹시 보셨는지 모르겠는데 석탄이 10만 명, 가스가 4천 명, 태양광이 440명, 풍력이 150명이에요. 원자력 같은 경우에는 체르노빌, 후쿠시마는 큰 사건이었잖아요. 이 두 건을 포함하면 90명, 제외하면 0.1명이라고 해요. 그러니까 원전이 우리가 생각했던 것처럼 마냥 위험하지만은 않을 수 있다는 거예요. 이런 것처럼 특히 원전과 관련해서 잘못 알려진 측면들이 있어요.

지유성 우선, WHO(세계보건기구) 사무총장은 인터뷰에서 미세 먼지로 인해 단순히 숨을 쉬는 것만으로 매년 700만 명의 인구가 죽고 있으며, 잠재적인 피해를 입는 사람은 수십억 명 이상이라고 했어요. 이처럼 체르노빌과 후쿠시마 원전 사고로 인해 사망한 인원이 공식적으로 90명가량이라고 하시는데 말이 안되죠. 이는 사고 그 순간에 사망한 인원을 거론하는 것이고 실제로 그 여파로 사망에 이르거나 수명이 단축된 분들은 파악이 불가능할 정도로 많다는 것이죠. 파악조차 안 된다니, 제가 볼 때는 이게 제일 두려운 일이에요. 실제로 HBO(영화를 전문으로 하는 미국의 유선방송)의 드라마 '체르노빌'이 이러한 무서운 현실을 잘 그려내 이슈가 되기도 했고요.

최정현 원전이 무서운 것보다 다른 게 더 무섭다는 거죠. 그래서 우려의 목소리와는 다르게 과소평가된 원전의 안전성, 기술력과 같은 부분들을 알리려는 노력이 필요하다고 생각해요. 물론 지금도 투명하게 공개하기는 해요. 제가 전에 말씀드렸는지 모르겠는데 고등학생들이 나오는 토론 프로그램을 봤어요. 주제가 원전이었는데 상대가 원전에 대한 정보가 잘 공개되지 않는다고 하니까 관련 기관에서 공개한 고장 사례를 두루마리로 만들어서 펼쳐가지고 '다 공개하고 있는데 무슨 소리냐'고 하더라고요. 그런데 우리가 이런 사실을 잘 모르잖아요. 그래서 그냥 단순히 공개했다고 안주하면서 끝낼 게 아니라, 원전에 대해서 더 적극적으로 알릴 수 있는 방법을 고민하고 노력해야 한다고 생각해요.

지유성 그게 바로 제가 말씀드리는 가장 바람직한 태도죠.

최정현 그리고 판도라라는 영화가 있었잖아요. 거기 나오는 원전의 구조가 우리나라의 원전하고 다르다고는 하지만, 그리고 그럴 가능성이 희박하다고는 하지만, 영화 속의 장면이 현실이 될 가능성이 없지는 않아요. 우리나라의 원전 기술력이 좋다고는 하지만 기술력이 좋다는 건 사고가 날 확률이 적다는 거지, 없다는 건 아니거든요. 그래서 유사시를 대비한 계획을 세우고 훈련을 지속적으로 반복해서 실전에 완벽하게 적용할 수 있는 여건을 만들어야 한다고 생각해요.

물론 영화에서처럼 대피 계획이라는 게 없지는 않은 것으로 알아요. 잘 알려져 있지 않아서 충분한 범위에 적용되고, 신속한 대피를 가능하게 하는지는 모르겠지만요. 부족한 점이 있다면 보완하고, 적극적으로 알리려는 노력을 기울여야 한다고 봐요. 그리고 아까도 말씀드렸지만 원전 시장이라는 곳이 굉장히 큰 시장이잖아요. 그런 만큼 정말 많은 사람들, 많은 기업들이 얽혀있어요.

지유성 중요한 대목이네요.

최정현 그런 만큼 원전 하나가 없어지면 생계가 위태로워지는 분들이 굉장히 많이 계세요. 이번에 공부하다가 알았는데, 그 당시에는 몰랐지만 두산중공업도 난리였더라고요. 5년 동안 1조 원의 단기 순손실이 났었대요. 정연인 사장 말씀을 들어보니까 원자력 프로젝트 취소로 10조 원 규모의 수주 물량이 증발하면서 경영 위기가 가속화됐다고 하더라고요. 실제로 신고리 원전만 해도 2.5조 원의 손실이 났고요.

그런데 가장 큰 문제는 대기업도 있지만, 원전 산업의 대부분을 중소기업이 차지하고 있다는 거예요. 비율이 90%가 넘는다고 하는데 중소기업은 대기업처럼 여러 부문을 건드리지 않잖아요. 한 분야를 전문적으로 하는 쪽에 가깝지. 그래서 만약 정부가 원전 산업 하나를 사장시키면 이분들은 생계를 고민해야 돼요.

예컨대 저번에 중단시켰던 신고리 5·6호기 건설에 700개가 넘는 기업들이 참여했다고 해요. 공사를 재개하게 됐지만, 정부의 갑작스러운 공사 중단으로 이분들은 갑자기 실직자가 되어버린 거예요. 이것처럼 탈원전이 생계를 고민해야 하는 분들에 대한 고려 없이 무리하게 추진됐다는 점을 지적하고 싶어요. 그리고 제가 하나 여쭤보고 싶은 게 있어요. 민주당에서 삼중수소를 이슈화했었잖아요.

지유성 가벼이 여길 문제가 아닌 것은 분명하지만 여당이 부풀리기를 하며 지나치게 이슈화한 측면이 있기는 하죠.

최정현 일단 삼중수소는 원전 내에서 발견되어 절차에 따라 처리됐고요.

삼중수소라는 건 커피에도 있다고 해요. 원전에서는 커피에서보다 적게 나왔고요. 민주당의 그런 논리면 국민이 밥보다 커피를 더 많이 마신다는 통계가 나올 정도로 커피를 즐기는 분들이 많은데, 커피 섭취도 막아야 하지 않아요?

지유성 그러니까 제가 문제 삼는 게 딱 이 부분인 거예요. 물론 삼중수소 검출이 큰 문제가 있거나 하지는 않지만 원전에 대해서 찬성하는 쪽에 계신 분들이 '이거 뭐가 문제냐, 그거 삼중수소 알고 보면 커피에도 있고 아무것도 아니다' 이런 식으로 나와 버리니까 할 말이 없어지는 거죠. 이번 삼중수소 검출도 관계자의 브리핑을 보니까 정말 심각한 수준이 아니라는 것은 알겠어요.

하지만 제가 계속해서 말씀드리는 점은 왜 원자력 발전을 두고 극단적 대립으로 가려 하느냐는 것이죠. 삼중수소가 기준치 이상 나오지 않는 이상 안전하다고만 하면 될 것을 굳이 삼중수소가 아무것도 아닌데 유난 떠느냐며 아무 문제가 없다는 논리로만 나오는 것으로 밖에 보이지 않아 이해가 가지 않는다는 말이에요.

최정현 사실이니까요. 예컨대 원전에서 나오는 방사성 핵종은 관리 기준의 0.75%(기체), 0.0995%(액체)에 불과하다고 해요. 그리고 5년간 월성 원전 주변 지하수의 삼중수소도 리터당 8~9 베크렐이라고 해요. 기준인 4만 베크렐에는 한참 못 미치는 거죠. WHO의 음용수 기준도 안정적으로 충족했고요. 원전이 밀폐된 공간에 있는 게 아니기 때문에 물질들이 나올 수는 있어요. 물론 엄격한 기준에도 한참 못 미치는 수준이기는 하지만요. 그래도 최대한 안 나오게 할 필요가 있지 않느냐는 지적은 할 수 있다고 생각해요. 뭐든 원전에서 안 나올수록 좋은 거니까요.

그런데 제가 민주당을 말씀드린 건 사실을 조금만 찾아보면 별다른 문제가 없는데 "자연계에 존재하지 않는 인공 물질", "방사능 물질"이 유출됐다, "원전 마피아 때문이다"라고 일종의 가짜 뉴스를 퍼뜨렸기 때문이에요. 더군다나 당시 집권 여당의 대표고 잠재적 대선 후보로 분류되는 분이 가짜 뉴스를 남발하면서 혹세무민하시면 되겠냐는 거예요. 지금은 아무 말씀도 안 하시잖아요. 그런 식으로 하시면 안 된다는 걸 지적하는 거죠.

지유성 계속해서 말씀드리지만 제가 수치를 외면하거나 몰라서 이런 말을 하는 게 아니란 말이죠. 제가 보기엔 마치 북한이나 일본에서의 핵 문제와 우리나라의 원자력발전소에서 다루는 핵은 전혀 다르다는 것처럼 반응한다고나 할까요. 핵 기술이 자칫 잘못하면 위험할 수 있다는 것은 누구나 아는 사실인데 원자력 발전을 옹호하다 보니 그것을 지나치게 축소해서 말하려는 경향이 있다는 것이죠. 제가 생각할 때 외려 원자력 발전 찬성론자들이 핵의 위험성에 대해 적극적으로 알리고 단순히 핵 기술에 대한 우려를 반박하려고 할 게 아니라 더 나은 방향을 제시한다면 믿음이 갈 텐데 말이에요. 그러나 저는 그런 경우를 한 번도 보지 못했다는 것이죠.

최정현 글쎄요. 저는 방류나 핵 실험은 원자력 발전과는 다른 차원의 이야기라고 생각해요. 북한의 핵 실험은 국민의 생명과 안전에 위협이 되니까 문제 삼는 거고, 일본이 방류하겠다는 건 안전하게 처리할 상황이 안 되니 무작정 바다에 흘려보내겠다는 거잖아요. 이건 우리 국민뿐만 아니라 인류 전체에게 위협이 될 수 있기 때문에 문제를 제기하는 거예요. 그래서 원전에 대해 경각심을 덜 가지고 있다고 생각하지 않고, 또 경각심을 무작정 가져야 한다고 생각하지도 않아요. 우리가 원전의 안전성에 대해서 긴장을 풀어야 할 이유는 없지만 과도하게 불안해할 필요도 없다고 생각해요.

지유성 안전에 과도함은 없어요.

최정현 우리 원전의 기술력은 선두를 점하고 있어요. 신고리 원전 같은 경우에는 전원이 끊겨도 3일 정도를 버틸 수 있고, 핵 연료봉이 녹아내리는 사고 확률을 10만 년 당 1회에서 100만 년 당 1회 미만으로 낮췄어요. 이런 기술과 안전성을 인정받아서 미국의 원자력규제위원회, 유럽연합의 설계 인증을 모두 획득했고요. 이건 프랑스, 일본, 중국 같은 나라들도 이루지 못한 성과예요. 그런데, 인증을 통과한 지 4년이 넘었는데, 아무도 모르잖아요. 세계는 우리의 우수성을 인정해주는데, 우리만 그런 걸 모르고, 경우에 따라서는 애써 외면하는 것 같아요. 원전의 위험성을 축소하는 게 아니냐고 하셨지만, 저는 오히려 원전의 안전성이 지나치게 저평가되고 있다고 생각하고, 이런 점을 좀 알릴 필요가 있다고 봐요.

지유성 제가 원자력 발전의 위험성을 나타내는 수치 등을 왜곡해서 보려고 하거나 외면하는 게 절대 아니라고 수차례 이야기했는데도 이미 원전 찬성의 논거는 수치를 들이밀고 보는 식이라는 것이에요. 실제로 민간 항공기가 추락해서 사망할 확률은 0.00000297%라고 해요. 매우 낮은 수치임에 누구도 반론을 제기하지 않지만 난기류에 흔들리는 비행기가 추락하지는 않을까 걱정하는 사람에게 이 수치를 좔좔 읊어봐야 소용없는 것이나 다를 바 없는 것이죠. 이는 상대를 설득하고 문제 상황을 해결하는 방법의 문제이지 같잖은 걸로 무서워한다며 그 사람을 무식하다고 비난해서는 안 될 일이란 말이에요. 그 난기류가 통상적인 수준이라 할지라도 말이죠.

최정현 그건 그렇죠.

지유성 그런데 원전 찬성론자들은 묻지도 따지지도 않고 일단 방대한 수치부터 들이밀며 원전을 반대하는 사람은 물론 원전 자체가 지닌 위험성에 대해 우려하는 사람까지 '무식한 놈' 취급을 하려 든다는 것이죠. 물론 정치인들이 탈원전을 위해 억지 주장을 하는 것은 분명 잘못된 일이에요. 하지만 원전이 그 자체로 위험성을 지닌 것은 부인할 수 없는 사실이고 찬성론자들은 수치로써 이를 최대한 '아무것도 아닌 듯' 만들기보다 적극적으로 위험성에 대해 경고하며 더욱 안전할 수 있도록 앞장서면 원전이 이렇게 극한의 대립으로 갈 문제가 아니라는 말이에요. 더구나 비행기 추락 확률이 현저히 낮은데도 심심찮게 추락 소식을 전해 듣는 건 기술의 결함이 아닌 인재인 경우가 많기도 하고요. 세상에 100%는 없다는 말이에요.

최정현 그것도 그렇기는 하죠.

지유성 그리고 인터넷상에서는 정부가 탈원전을 선언하고는 원전을 해외에 수출하는 것을 보고 '본국에는 탈원전을 한다고 해놓고서는 해외 가서는 팔면 이거 누가 사냐'고 비꼬기도 하는데 우리가 탈원전을 한다고 해서 관련 기술에서 손을 놓자는 얘기는 아니거든요. 탈원전 정책과는 별개로 과학 기술에 대한 투자는 국가가 무조건적으로 해야 되는 일이에요. 그렇기 때문에 우리나라는 탈원전으로 가더라도 우리나라 인재와 기술 발전에 충분한 역량과 시간과 돈을 들여서 관련 기술을 지닌 기업들이 우리나라에서만 이 시장을 찾을 게 아니라 정부를 매개로 해외 시장으로 더 잘 뻗어나갈 수 있게끔 해주면 되는 거거든요. 실제로 우리나라 조선 사업이 그런 식으로 인정받고 있잖아요?

그러니까 탈원전한다고 무조건 중소기업들이 죽어나라는 법은 또 없다는 생각이 들어요. 마지막으로 우리나라의 원전 문제와 관련해서 이 부분이 저는 사실상 핵심이라고 보는데 과연 우리나라에서 원전을 더 활성화시키거나 지금 상태로 유지했을 때 군사적으로든 과학 기술적으로든 과연 기밀이 지켜질까라는 의구심과 회의감이 있거든요.

최정현 일단 아까 말씀하신 것부터 차근차근 말씀드리면, 우리가 탈원전을 한다면 말씀하신 게 상당히 이상적인 방향이기는 해요. 근데 실제로 영국에서 90년대인가에 탈원전을 했었대요.

지유성 노동당 집권기였나 보죠?

최정현 했는데, 10년 만에 원전 생태계가 초토화됐다고 해요. 지금은 본인들 기술이 없어서 자체적으로 건설이 안 되는 상황이래요. 우리도 그런 상황에 처하게 될 수 있다는 우려를 갖게 하죠. 아까 말씀드렸던 원자력 분야의 인재가 줄어들고 있다는 사실이 영국이 갔던 길의 초입은 아닐지, 우려를 심화시켜요.

그리고 조선 산업을 말씀하시면서 수출형으로 전환하자고 하셨는데, 저는 두 가지 측면에서 어려운 부분이 있다고 생각해요. 먼저 조선 산업도 지금 마냥 잘되고 있지는 않아요. 뭐 여러 상황들이 종합적으로 작용하기는 했지만, 대우조선해양 구조 조정을 어떻게 하고, 정부 자금을 어떻게 출자하고, 어떻게 매각할지 한참 말이 많았잖아요. 조선 산업이 활성화된 도시는 자구책을 찾고 있고요. 그래서 마냥 조선 산업처럼 하면 된다고 할 수 있는 상황은 아닌 것 같아요.

그리고 정부가 탈원전을 추진하면서도 원전 산업을 살릴 방안을 찾는 것으로 보이지도 않아요. 제가 보니까 민주당 의원 한 분이 두산중공업에 원전에서 일하시는 분들 훈련시켜서 풍력에 투자하면 된다고 하셨다고 해요. 정부가 방법을 찾고 있었다면 이런 이야기가 나올 수 없거든요.

지유성 풍력이요? 원전 짓는 분들을요?

최정현 네. 일단 풍력 발전의 실효성에 대해서도 논란이 많지만, 그것이 옳으냐 그르냐를 떠나서 이런 인식을 가지고 있는 분이 원전 전문가로 국회에 들어가셨는데, 여기에서 원전 산업을 살리고 원전 기술을 발전시킬 의지가 보이냐는 거예요. 아까 말씀하신 '안에서는 위험하다고 탈원전하고, 밖에 나가서는 안전하다고 영업하느냐'는 비판이 정치적 비판일 가능성도 있지만, 정부가 이중적이라는 오해를 받을 소지는 충분하다고 생각해요. 실제로 그렇게 행동하고 있으니까요.

결론적으로 저는 탈원전이 바람직하지 않다고 생각하지만, 설령 바람직하더라도 원전 산업이 생계인 분들을 고려하면서 진행되어야 한다고 생각해요. 기밀 유출에 대해서도 말씀하셨잖아요. 이건 사실 우리가 알기는 어려워요. 지금도 누가 시도하고 있을 수도 있고, 이미 누군가가 가지고 갔을 수도 있죠.

지유성 그걸 모르니까 원자력 발전과 같은 기술에 안보가 밑받침되지 않으면 이게 무슨 의미가 있을까. 이런 생각이 드는 거죠.

최정현 사실 그건 원전만의 문제라기보다는

지유성 사회 전반의 문제이기는 하죠.

최정현 예. 우리 정부, 우리 군의 문제라고 봐요. 그래서 원전을 반대하는 근거로는 부족함이 있지 않느냐는 생각이 들어요.

지유성 얼마 전에는 한수원(한국수력원자력)이 블라인드 채용을 해 놓고 보니 중국 국적의 합격자가 있어서 논란이 되었고 사실 군사 기술에 대한 유출은 잊을만하면 거론되는 문제잖아요. 이런 상황 속에서 이를 단순히 사회적 문제로만 규정하고 원전을 유지해도 되냐는 것이죠.

최정현 그것도 원전 자체의 문제가 아니긴 하지만 우리가 정보 수집, 분석 능력을 확충해 나가야 할 필요는 있는 것 같아요. 그럼 다음은 하이라이트죠.

지유성 하이라이트요?

최정현 이 정부의 탈원전이요. 요번에 준비하면서 감사원 감사 결과를 봤거든요. 간단하게 요약하면 7천억 원을 들여서 재가동 승인받은 원

전이 안전에 문제가 없다고 하니까 경제성 문제를 들어서 폐쇄를 한 건데

지유성 더 정확하게 말하자면, 경제적 이익을 축소한 것이죠.

최정현 예. 그걸 축소한 거고요. 원전 폐쇄에 찬성한 분들이 사실은 원전에 대해서 아는 게 없는 분들이었다고 해요. 실제로 민주당이 추천한 위원들 보니까 사회복지학, 행정학, 의학을 전공한 분들이세요.

지유성 확실한 건 알 수 없으나 추측건대 분명 사회 각계의 많은 국민들 의견을 담아야 된다는 명분으로 그런 일을 벌이지 않았을까 싶네요.

최정현 원전에 대해서 잘 모르는 분들이 산업통상자원부와 청와대가 한수원 이사들도 모르게 짜 놓은 시간, 장소에 가서 원하는 결과대로 통과시킨 거예요. 그 과정에 대한 감사가 들어가니까 문건을 삭제했던 거고요.

지유성 감사원 직원들이 오니까 방해를 하고요.

최정현 제가 놀랐던 건 처음에는 원전의 경제성을 1,700억 원 정도라고 판단했대요. 그런데 산업부하고 한수원에서 면담을 해서 줄였다고 하잖아요. 이게 경제성 조작의 과정인데, 정말 웃겼던 건 그렇게 조작했는데도 경제성이 224억 원이 난다고 했다는 거예요. 줄일 거면 확실하게 줄여서 마이너스 나오게 해야, 조기 폐쇄의 명분이 살지 않겠어요? 그래서 '할 거면 잘하지'라는 생각이 들더라고요.

지유성 아직까지는 관련된 사람들이 어디까지인지 명확하지가 않잖아요. 감사원은 어디까지나 감사원일 뿐 수사 기관이 아니니까요. 이제 명확한 것은 사법 당국의 판단에 따라 나오게 될 텐데 모든 것이 명

명백백하게 밝혀지길 기다릴 수밖에 없는 것이죠. 잘못한 것은 당연히 그에 맞는 처벌을 받아야 하니까요. 다만, 이런 상황에서 문 정부의 탈원전 정책에 이 사안을 말하는 게 과연 옳은가 하는 이런 건전한 의문 제기? (하하) 너무 편파적인 주제를 선정하신 거 아녜요?

최정현 민주당에서 그런 주장을 좀 세게 하는 건데요. 제가 이해가 안 되는 건 감사원이 탈원전이 잘못됐다고 지적한 게 아니잖아요. 검찰도 탈원전이 잘 됐느냐 잘못됐느냐를 따지는 게 아니라 결정 과정에서 문제가 있었느냐 없었느냐를 따지는 건데, 민주당에서 국민들이 선택한 정부의 정책에 도전하고 있다는 식으로 압력을 가하고 있잖아요. 그러면 수사를 어떻게 하겠어요? 절차의 문제를 따지는 건데 지레 겁먹고 목적 자체를 흔들려고 한다고 호도하는 거예요. 그러니 뭔가 있는 게 아니냐는 생각을 안 할 수가 없어요. 설령 목적이 아무리 옳아도 수단이 그걸 정당화할 수 있어요? 그렇지 않다는 걸 많이 경험해봤잖아요. 그런 점에서 민주당의 행태는 정말 실망스럽다. 이런 말씀을 드리고 싶어요.

지유성 그 점에 있어서는 공감해요. 제가 대변할 수 있는 입장은 아니지만 넓게 한발 물러서서 보자면 이게 문 정부가 바라는 탈원전 정책은 분명 아닐 거라는 게 제 생각이에요. 문재인 대통령은 자신이 대통령이 된 이유를 또 누구보다 잘 알고 있을 것이고 그렇다면 그러한 부정을 저지르면서까지 탈원전 정책을 무리하게 드라이브할 것 같진 않아요.

제가 볼 때 문재인 정부의 탈원전 정책은 사람마다 다르게 얘기할 수 있겠지만 중장기적까지는 아니고 중단기적이라고 봐요. 감축, 해체, 폐쇄 이 프로세스를 거치는 탈원전인데 수반돼야 할 조건은 '탈원전을 하는 과정'과 '탈원전 이후의 과정' 이렇게 두 가지인 것이죠. 다만 현재와 같이 감사원이 본연의 역할을 다하고 있는데도 이를 정부·여당이 앞장서서 비난하는 것은 큰 문제고 이런 식으로 탈원전을 추진하는 것은 결코 가능하지 않죠. 현재로서 문재인 정부가 이런 부분들만 잘 보완한다면 충분히 진행할 수 있다고 봐요. 어떻게 생각하세요?

최정현 일단 제가 한 가지 좀 지적하고 싶은 건, 말씀하신 탈원전을 하는 이유는 친환경으로의 전환이잖아요.

지유성 그렇죠.

최정현 실제로 정부도 탄소 제로를 탈원전의 목표로 제시했는데 행동은 정반대로 하고 있어요. 화력 발전소를 삼척, 강릉 등지에 건설하고 있더라고요.

지유성 문 정부의 정말 큰 패착이에요.

최정현 아시다시피 화력 발전소는 온실가스 배출량, 미세 먼지·초미세 먼지·질소산화물 배출 계수도 높았어요. 그래서 뭘 어떻게 하겠다는 건지 모르겠어요. 또 이거 하면서 신재생 에너지 한다고 태양광 패널을 곳곳에 설치하고 있잖아요. 그런데 태양광도 이게 장기적으로 발전이 되는 게 아니고 패널을 몇 년에 한 번씩 갈아야 한다고 하더라고요.

지유성 패널 자체를 말이죠?

최정현 네. 2050년에 가면 패널 8천만 톤이 폐기된다고 해요. 건설할 만한 부지도 마땅하지 않아서 산을 깎아서 하잖아요. 그래서 환경에 얼마나 도움이 될지 모르겠어요.

지유성 패널이 되게 비싸던데요, 생각보다?

최정현 비싸고, 정부에서 띄우는 풍력도 다르지 않아요. 산성 폐수, 방사성 물질이 나온다고 하더라고요. 그런데 이런 식으로, 실제로 그렇지도 않으면서 탄소 제로라는 말로 그럴듯하게 포장해서 탈원전을 한다는 게 말이 안 된다고 생각해요.

지유성 그리고 제가 알기론 패널의 내구성이 굉장히 안 좋대요.

최정현 그래요. 그래서 이번에 바람이 많이 부니까 막 날아가잖아요.

지유성 실질적으로 생각보다 효율도 그렇게 뛰어나지 않다 그러더라고요.

최정현 그런데 지금 그런 거에 목숨을 걸고 있는 거예요. 물론 탄소 제로 좋아요. 해야죠. 그런데 그걸 말도 안 되는 방식으로 하고 있잖아요. 그래서 뭐 하자는 건지 모르겠어요.

지유성 그런 지적은 백 번 타당하다고 봐요. 말씀하신 대로 친환경이라는 허울을 씌워놓고 탈원전 정책을 밀어붙이는데 그러면 새로운 친환경 기술이 등장하든가 수반돼야 하는데 무슨 석탄 발전을 다시 늘린다니 그건 친환경이 아니라 악환경이잖아요. 사실 태양열 전지도 저희 같은 02년생 기준으로 보면 유치원생 훨씬 이전부터 있던 건데 이제 더 이상 신재생에너지가 아니에요, 구재생에너지지.

다만 긍정적으로 볼 만한 건 수소 분야 등의 신기술은 괜찮다고 봐요. 국회에서도 수소차 충전소를 설치했잖아요? 수소 관련해서 수소 택시도 만들고 대통령이 수소차도 한창 타고 그러던데 그거야말로 정말 신기술이잖아요. 물론 수소 전지도 나온 지 꽤 됐지만 상용화된 지는 얼마 안 된 거니까요. 지금 당장 가시적인 수익성이 좀 떨어지더라도 충분히 투자하고 우리나라가 다른 나라에 비해 우위에 선다면 미래에 충분히 전망이 있는 그런 신기술에 대한 투자가 늘어나면서 탈원전도 드라이브하면 그건 괜찮다는 거죠.

땅에 떨어진 언론 신뢰도, 이 와중에 KBS 수신료를 올린다고?

16

21%, 40개국 중 40등.
우리 언론이 국민에게 신뢰를 받는
정도를 담은 수다. 이미 가짜 뉴스는
사회의 문제가 됐다. 그 원인은 무엇이고
시민과 언론사의 과제는 무엇일까?
공영 방송인 KBS도 언론 불신의 흐름에서
빗겨나지 못했다. KBS의 신뢰도는 50%로
주요 국가들에 비해 현저히 낮았고,
불신 비율은 22%로 상당히 높았다.
이런 상황에서 KBS는 수신료 인상을 다시
꺼내들었다. 수신료 인상은 옳은가?

지유성 언론 같은 경우에는 어디선가 "오늘날의 삼권분립은 입법부, 사법부, 행정부가 아닌 거 같다. 정치라는 하나의 큰 틀과 검찰 그리고 언론 이렇게 세 개가 실질적인 삼권이 아니겠는가" 이런 얘기를 하더라고요. 저는 거기에 적극 동감했어요. 언론이 가지는 힘이 우리 사회에서 얼마나 강력해요. 근데 요즘 언론이 문제가 되는 것은 사실을 자신들의 입맛에 맞게 애매한 표현으로 바꾸는 것이잖아요. 우리말 중에 '아 다르고 어 다르다'라는 말이 있는데 말이죠. 그런 거를 자주 느끼시지 않으세요?

최정현 사실을 과도하게 부풀리는 보도에 대해서 말씀하시는 거잖아요? 딱히 기억나는 건 없어요. 근데 기사를 보고난 뒤에 수정되는 경우가 있어요. 하지만 이미 그때는 다 묻힌 뉴스니까 우리가 수정된 걸 보는 경우는 많지 않잖아요. 그러니까 고쳐지기 전에, 일종의 가짜 뉴스를 가짜 뉴스인지도 모르고 그냥 소비하는 거예요. 이걸 저번에 코로나 부분을 보다가 새삼 느꼈어요. 또 재작년에 방과후를 하면서 가짜 뉴스에 대해서 사례를 중심으로 탐구했었거든요. 사례가 여러 가지 있었는데, 문재인 대통령이

지유성 금괴 2백 톤이요? (웃음)

최정현 아니요. 책에서 '월남이 패망하는 걸 보고 희열을 느꼈다고 했다'는

식으로 알려졌는데, 알고 보니까 '월남이 패망할 것이라는 리영희 박사의 예측이 맞는 것을 보고 희열을 느꼈다'는 거였다고 해요. 이런 사례들이 많더라고요. 이 문제는 항상 지적되어왔던 거고, 저도 문제가 있다고 생각해요.

다만, 이 문제가 어디에서 기인한 건지는 분명하게 따져볼 필요가 있는 것 같아요. 의도적으로 한 것일 수 있어요. 그 시점에는 그렇게 봤는데, 알고 보니 그게 아니었던 걸 수도 있고요. 이 둘 중 어디에 해당하냐는 거예요. 물론 저는 뭐가 진실인지 알 수 없어요. 그걸 알면 이 자리에 있을 수가 없겠죠. (웃음)

지유성 매스컴에서 얘기하는 것이 현실을 그대로 반영했다고 봐서는 절대 안 되는 거잖아요 사실. 물론 '우리가 언론을 불신해야 돼' 이런 수준이 아니라 현실적으로 그 사건 그대로를 언론이 전해줄 수가 없는 거잖아요. 현실은 현실이고 어디까지나 우리가 접하는 건 글이든가 영상이라든가 이미지이기 때문에 달라지는 게 당연한 거니까요. 언론이 현실과 어느 정도의 괴리는 있을 수 있죠. 마치 그런 거죠, 차에 타서 사이드 미러 보면 '실제 거리와 다를 수 있습니다' 이렇게 되어 있잖아요. 그 정도는 우리가 감안하고 봐야 하는 거죠. 우리를 위해서.

최정현 이렇게 표현하면 어떻게 생각하실지 모르겠지만 기똥찬 비유였어요.

지유성 중요한 것은 이 사실을 누구보다 잘 아는 게 언론이에요. 오늘날 언론이 문제가 되고 페이크 뉴스라는 단어가 나온 것도 언론이 전하는 것이 사실과 다소 다를 수 있다는 그 수준을 넘어섰기 때문인 것이죠. 그런 상황이 참 안타깝다는 거예요. 물론 엄청난 기자 정신을 가지고 사실에 근거한 의혹을 제기하고 그 의혹을 끝까지 자신이 책임지고 맞으면 맞다, 아니면 아니다라는 것을 밝혀내고 보도와 사실 간의 갭을 최대한 줄이려는 언론도 충분히 있어요. 그런데 오히려 자신들의 이익을 위해서 그 갭을 이용하고 때로는 늘리고 때로는 좁히면서 장난질하는 언론들이 점차 늘어 간다는 게 가장 큰 문제가 아닌가 싶어요.

최정현 그러면 그런 걸 언제 제일 세게, 직접적으로 느끼셨어요?

지유성 이른바 '최순실 사태'를 보면서 우리나라 저널리즘, 기자 정신 뭐 이런 게 살아있구나 하고 느꼈어요. 그리고 문 대통령이 집권하고 나서 조국 사건 때 진짜 엄청났잖아요. 하루에 추측성 기사만 수천 건이 쏟아지고 그랬는데, 그런 걸 보면서는 불신이 생겼어요. 수사관이 점심으로 뭘 먹었는지까지 대서특필했으니 말이에요. 그 두 번을 경험하고 나니 내 관점하고 맞을 때는 언론을 100% 신뢰할 수밖에 없고, 내 관점과 조금이라도 다를 때는 굉장한 괴리감을 느끼는 것이 아닐까라고 저는 생각했죠. 어떻게 생각하세요?

최정현 저도 똑같죠. 다른 듯 같아요. 일단 자신의 관점과 맞을 때는 맹목적으로 믿고, 안 맞을 때는 무조건적으로 부정하는 것에서 괴리감을 느낀다고 하셨는데, 저도 그래요. 그런 제 모습을 보면서도 그렇고, 주변의 모습을 보면서도 그렇고, 언론의 모습을 보면서도 그래요.

그럼 언론을 바라보는 우리의 자세는 어때야 하느냐? 저는 이렇게 생각해요. 옛날에 1900년대, 우리가 사회 돌아가는 이야기를 알 수 있는 통로는 입과 신문이 유일했잖아요. 조금 더 발전해서는 국가가 뉴스를 내보냈고요. 그때는 이것 말고는 알 수 있는 게 없으니까 다 믿어야 했던 거죠.

지유성 그렇죠.

최정현 그런데 지금은 다른 게 많잖아요. SNS도 있고 언론사에서 공개하는 것이긴 하지만 언론사의 주관이 들어가기 힘든 현장 영상들도 있어요. 우리가 사실을 확인할 수 있는 통로들이 많다는 거예요. 그 통로들을 적극적으로 활용해서 신뢰성이 제일 높은 언론일지라도 경계해야 할 필요가 있어요.

예컨대, 아까 국정 농단과 조국 사태를 말씀하셨잖아요. 국정 농단 사건에서는 대통령이 세월호 참사 당일에 굿을 했다, 밀회를 했다, 이런 보도들이 있었잖아요. 결론적으로는 아니라고 밝혀졌지만요. 조국 사태에서는 정경심 교수가 1심에서 무죄를 받은 게 몇 건 있잖아요. 이런 사례들이 그 외에도 많이 있기 때문에 우리가 항상 돌다리도 두들겨 보고 건너듯이 언론으로부터 정보를 접해야 한다는 거예요.

지유성 치우침에 대해서 확신을 갖고 접근해서는 안 된다는 건가요?

최정현 치우침에만 한정되는 건 아니에요. 모든 부분에 대해서 경계해야 한다는 거죠. 우리 같은 보통 사람들뿐만 아니라 언론의 행동도 필요해요. 말씀하신 기사와 현실 사이의 괴리를 이용하려 하지 않는 데서 그치지 않고, 언론사 간에 견제가 이뤄져야 해요.

언론이 이렇게 잘못된 소식을 전하는 데에는 두 가지 이유가 있을 수 있어요. 첫 번째는 의도를 가지고 잘못된 소식을 퍼뜨리는 것이고, 두 번째는 사실이 언론에 알려질 때부터 잘못 알려진 거예요. 두 번째 경우에는 언론에 책임을 묻기는 어렵다고 생각해요. 언론도 그렇게 알았으니까요. 이렇게 두 가지 가능성이 존재하는데, 우리는 뭐가 진실인지 모른다는 거예요. 우리가 접하는 소식도, 언론을 비판적으로 바라보게 하는 자료나 근거들도 모두 언론에서부터 비롯되니까요. 그렇기 때문에 언론 스스로 현실과의 괴리를 활용하려는 생각을 가지면 안 되고, 언론사 서로가 서로를 견제하는 체제로 나아가야 해요. 더 나아가서는 언론도 진실을 모를 수 있기 때문에 우리 모두의 관심과 노력이 필요하고요.

지유성 기자들이 가장 좋아하는 말 있잖아요. '펜은 총보다 강하다' 그러나 그 말이 기자들에게 무소불위의 권력을 위임한다는 말은 아니거든요. 그러나 언론사도 결국엔 기업이고, 기업의 목표는 입이 마르고 닳도록 말하지만 이익 창출이잖아요. 그러다 보니까 언론이 지니는 힘을 악용하게 된다고 생각해요. 그래서 저는 언론이 이익 창출 기구라는 것 자체가 참 이상하다고 생각하거든요. 언론권이라는 말이 나올 정도로 굉장한 힘을 갖고 있고 이 사회를 좌지우지할 수 있는데 공익 기구가 아니다? 이게 굉장히 웃기다고 생각해요.

실제로 미국의 사례를 보자면, 과거 미국의 낙농업계는 품질이 낮은 우유를 유통하고 그마저도 제대로 된 유통 과정을 갖추지 않아 상한 우유가 배달되기 일쑤였다고 그래요. 이 때문에 일반인은 물론 아이들까지 상한 우유를 먹고 숨져 사회적으로 문제가 되자 낙농업계는 자신들의 잘못된 행태를 바꾸는 대신 언론에 대대적인 로비를 하여 '상한 우유가 건강에 도움이 된다'는 거짓 뉴스를 미국 전역에 퍼뜨렸대요. 이같이 언론이 후원사와의 관계 속에서 사회에 암적인 존재가 될 수 있다는 것은 너무나도 당연하다는 것이죠.

최정현 아까도 말씀드렸지만, 우리가 언론으로부터 정보를 소비하는 동시에 언론에 대한 비판적인 정보도 얻잖아요. 그러다 보니까 뭐가 사실인지 알 수 없어요. 그래서 참 복잡하고 어려운 것 같아요. 그리고 얼마 전에 KBS에서 수신료를 인상한다고 했잖아요. 이건 어떻게 보세요?

지유성 저는 기본적으로 수신료는 올려야 한다고 봐요. 왜냐하면 우리나라 공영 방송의 수준을 봤을 때 민영 방송사에 전혀 뒤지지 않거든요. 공영 방송사의 방송 중에는 어르신들이 굉장히 좋아하시는 프로그램이 많기도 하고 그래서 저는 적극적으로 수신료를 많이 낼 생각이 있거든요. 가령 조금 과하게 가서 5천 원, 6천 원, 심지어는 1만 원이 된다고 해도 공영 방송의 발전을 위해 낼 의향이 있어요. 경쟁 구조 속에서 일반 민영 방송사보다 국민에 대한 의존도가 높은 것이 공영 방송이니까요. 실질적으로 수신료 거부 운동이 조금이라도 더 확산된다면 머지않아 KBS는 더 이상 공영 방송으로서 존재할 수 없을 거예요.

최정현 그렇게 되기는 하겠죠.

지유성 다만, 제가 수익 구조를 보니까 좀 의아한 부분이 있더라고요. 거의 대부분을 KBS가 가져가고, 과거에 KBS 3채널이었던 EBS가 독립해 독자적인 채널이 됐는데 국민들이 지불하는 수신료에 EBS의 지분이 거의 없다시피 한 거예요. 그래서 EBS가 생각보다 엄청난 경영난에 시달리고 있더라고요.

사실 EBS도 주장하는 거지만 공영 방송의 취지를 가장 잘 살리고 있는 건 EBS 밖에 없다고 생각하거든요. 그렇기 때문에 저는 이런 수익 구조가 개편되고 실질적으로 공영 방송의 역할과 취지와 본분을 제대로 이행할 수 있는 구조가 마련된다면, 수신료 부담이 올라간다고 사람들이 엄청나게 욕을 하던데 그럴 것까지 없고 사람들도 더 이상 비판하지 않을 거라고 생각해요.

최정현 제 생각과 반은 맞고, 반은 틀린데요. KBS의 수신료를 올리는 게 옳으냐는 의문을 갖고 있어요. 이명박, 박근혜 정부 당시에 보수 쪽에서는 올리자고 하고, 진보에서는 내리자고 했잖아요. 지금은 그 반대의 양상을 보이고 있고요. 이건 뭔가 잘못됐다는 이야기예요.

아마 수신료 인상과 인하, 그 사이 어딘가에 해법이 있을 거예요. 사람마다 그 해법이 뭔지에 대해 생각이 다르겠지만, 저는 올리지 않는 게 해법이라고 생각하는 거고요. 왜냐하면 KBS의 문제점은 줄줄 읊을 수 있을 정도로 많아요. 그중에 몇 가지를 말씀드리면, 요즘 1~2인 가구가 늘었잖아요. 그러면 전기세는 집마다 부과하니까, 수익이 늘어날 수밖에 없어요. 실제로 KBS의 수신료 수익이 916억 원 늘었대요. 그런데 수신료를 인상하겠다는 거예요. 그리고 정치 편향 문제가 있잖아요. 이건 보수 정권에서 진보가, 진보 정권에서 보수가 항상 해왔던 비판이에요. 그리고 이런 지적을 KBS도 모르는 게 아니에요.

지유성 그렇죠.

최정현 그런데 이게 안 고쳐지고 있거든요. 저번에 앵커 한 분이 "극단의 적대 정치에 편승해서는 안 된다"면서 사표를 내셨잖아요. 그분이 제가 기억하는, 봤던 마지막 KBS 앵커시거든요. 그분 이후로 제가 KBS 뉴스를 찾아서 본 적이 없는 것 같은데 혹시 보세요?

지유성 KBS요? 저는 아시다시피 MBC 아니면 JTBC 보기 때문에 (웃음)

최정현 왜 이런 이야기가 매번 나오는지, 한번 되돌아봐야 해요. 돈이 없다고 하는 것도 문제고, 문제를 개선하지 않고 돈을 달라고 하는 것도 문제지만 돈을 쓰겠다는 계획도 문제에요.

KBS 사장이 나와서 하는 이야기가 나훈아 쇼 같은 걸 더 하겠다는 거였어요. 일단 그런 쇼를 하나 더 한다고 KBS의 과(過)가 덮이지 않아요. 더군다나 나훈아 선생님은 "KBS가 국민을 위한 방송이 되면 좋겠다"라고 말씀하시기도 하셨고요.

그런데 공개된 자료를 보니까 수신료를 인상해서 북한에 KBS 지국을 만들겠다는 계획을 세우고 있더라고요. 정치적인 시각, 북한을 부정적으로 바라보는 시각을 차치하더라도, 지금 북한이 우리의 제안을 대하는 태도를 보면 현실성이 없잖아요. 그런데 이런 거나 하겠다는 사람들에게 지원해주는 게 맞느냐는 거예요.

지유성 참 염치없는 거죠.

최정현 아까 그 대신에 EBS에 지원해야 한다고 말씀하셨는데 적극적으로 동의해요. 실제로 EBS의 수신료는 전체 전기 요금의 2.8%를 차지한다고 해요. 돈으로 치면 70원이고요. 제가 이 이야기를 듣고 EBS의 홍보 자료를 봤는데, 정말 안타깝다는 생각만 들더라고요. 그 자료를 보니까 70원 가지고 어려운 학생들을 위해서 무료로 질 좋은 강의를 만들었다고 해요. 그래서 저는 수신료를 올릴 거면 EBS 수신료를 올려야 하는 게 아니냐는 생각을 가지고 있어요. 열악한 환경에서도 좋은 성과를 만들었다는 EBS의 수신료를 올린다고 하면 반대할 국민이 어디 있겠어요?

> KBS는 6월 30일 이사회를 열어 현행 2,500원의 수신료를 3,800원으로 52% 인상하되 코로나19 상황을 고려해 실제 인상 시점은 국회의 판단에 따르기로 의결했다. 이는 79.9%가 수신료 인상에 찬성한 공론 조사와 49.9%가 경영 투명성, 뉴스 공정성, 재난 방송 강화 등이 전제되면 2,500원 이상의 수신료를 부담할 수 있다고 응답한 여론조사 결과에 따른 것이다.
> 이제 수신료 인상안은 방송통신심의위원회를 거쳐 국회의 승인을 받으면 확정된다. 다만, 더불어민주당과 국민의힘 모두 국민적 공감대 없는 인상은 어렵다는 데 공감하고 있다는 점에서 국회에서 부결될 가능성이 높다.

Issue

5.

정치, 사법

17 정치의 본질은 무엇인가?
18 국회, 정부, 청와대 개혁, 어떻게 할 것인가?
19 고위공직자비리수사처, 꼭 필요한 조직인가?
20 정치인과 경제인 봐주기 판결, 과연 옳은가?

정치의 본질은 무엇인가?

우리 주변 어디에나 정치는 있다.
그러나 정치를 정의하는 것은
쉽지 않다. 정치란 무엇인가?
우리의 정치 상황은 날마다
급변하고 있다. 정치인은 매일매일
말을 쏟아내고, 국민은 분노한다.
우리 정치는 진정한 '정치'를 하고
있는가? 올바른 방향으로 가고 있는
것인가? 그렇다면, 어떤 점이 그런가?
그렇지 않다면, 어떤 방향으로
나아가야 할까?

지유성 현실 정치에 있는 사람들은 동의하지 않겠지만 사실 저는 직업으로서 정치인이 존재한다는 게 굉장히 이상하게 느껴져요. 사실상 일정 나이만 되면 누구나 출마할 수 있고 누구나 당선될 수 있는, 그러니까 누구나 정해진 임기 동안 공무를 수행할 수 있단 말이죠. 그런데 현실에서는 개념이 좀 다르다는 거죠. 직업란에 정치인, 정당인 이런 걸 쓸 수 있는 것처럼 정치인이라는 개념을 뭔가 하나의 신분으로 보기 때문에 오늘날 현실 정치에서 서민과 정치인의 격차가 주는 괴리는 굉장히 심하다고 봐요.

이론상 정치인이 될 수 있는 사람은 정해져 있지 않은데 현실 정치에서는 정치 엘리트 코스를 밟고, 정치계에 선이 닿아있는 사람들만이 되다 보니 이런 사람들은 점점 우리 현실 세계와는 조금 분리돼 있는 듯한 사람들이 되어버린단 말이에요. 말하자면 사회의 상위 1%가 정치를 통해 99%의 삶을 결정짓는데, 과연 그 1%가 99%의 사람들의 불편함과 니즈를 이해할 수 있을까요? 절대 그렇지 않다고 봐요. 기본적으로 그런 과정 속에서 정치에 대한 문제가 나오지 않나 생각해요.

최정현 저는 책임 의식이 없는 데서 기인한다고 봐요.

지유성 책임 의식이 없다?

최정현 네. 우리가 예산안에 대한 뉴스를 보면 많이들 하는 이야기가 자기 돈이라도 저런 식으로 쓰겠느냐는 거잖아요. 얼마나 많은 사람에게, 어떤 측면에서, 얼마나 많은 도움이 될지보다 어떻게 하면 국민의 삶에 관심을 가지고 있는 것처럼 보이면서도 나한테는 피해가 되지 않고, 내 자리를 지키는 데 유리할지를 고민하는 것으로만 보인다는 거예요. 쪽지 예산이라든지 예비 타당성 조사의 무분별한 면제와 같은 모습을 보면서 심증이 확신이 되는 거고요. 이런 측면에서 책임 의식이 없다는 말씀을 드리는 거예요.

그리고 국민은 하루하루가 힘들잖아요. 옆을 꼼꼼하게 살펴볼 여유가 없어요. 그러니까 포퓰리즘이 바람직하지 않다고 생각하는 사람도 의도가 뻔한 포퓰리즘에 흔들리게 되고, 그 결과 포퓰리즘이라는 하나의 정치 문제가 세계를 뒤흔들게 된 거예요. 그리스나 베네수엘라, 이탈리아는 그런 경향을 보여왔고, 미국이나 프랑스도 요새 그런 경향을 띠고 있어요. 우리에게서도 그런 경향이 엿보여요. 포퓰리즘이 세계의 주류적 흐름 비슷하게 흘러가고 있는 거예요. 그래서 뭐가 옳은 건지 혼란스러운 거죠. 분명 옳지는 않지만, 주류 비슷하게 된 데에는 이유가 있을 테니까요.

지유성 그런 게 눈에 보이기에는 굉장히 효과적인 수단이니까요.

최정현 저는 포퓰리즘이 우리가 흔히 생각하듯이 고민 없이, 그냥 돈을 뿌리는 것이라고만 생각했었어요. 그런데 단순히 그런 게 아니라 국민을 부패한 엘리트와 순수한 대중으로 가른다는 거예요. 트럼프 정부가 그렇게 했고, 그 외에 아까 말씀드렸던 여러 국가들에서도 이런 경향들이 엿보여요. 우리나라도 크게 다르지는 않고요. 그런데 통상적 의미의 포퓰리즘, 확장된 의미의 포퓰리즘 모두가 사회를 병들게 한다는 건 누구든 알 수 있잖아요. 이성과 행동 사이에 괴리가 발생하는 거죠. 저는 그 괴리, 간극을 좁히기 위해서 예방이 필요하다고 생각해요.

트럼프 대통령으로 예를 들어볼게요. 트럼프 대통령은 백인과 다른 인종 사람들을 계속 나눴어요. 여성에 대한 부정적 인식도 2016년 선거 과정에 표출되었고요. 그 후로 비효율적이더라도 합의하고, 결과에 승복한다는 미국의 좋은 전통, 민주주의 체제가 상당히 타격을 입었어요. 국민이 이런 행위에 반감을 가지고 브레이크를 걸어야 한다는 거예요. "편 가르는 포퓰리즘의 정치, 하지 마라" 국민이 이렇게 준엄하게 경고하고 거부해서 막을 수 있어야 해요.

지유성 그런데 그러한 시도가 실패하면 어떻게 하죠? 실제로 우리가 겪어봤잖아요.

최정현 만약 예방하기 위한 노력이 실패하더라도 낙담할 필요는 없다고 생각해요. 정치 발전의 과정에서 실패는 필연적이라고 보거든요. 단념하고 포기하지 않는 이상 얄팍한 술수를 조기에 차단하고 비이성적인 포퓰리즘성 정책을 거부할 수 있는 시민이 사회의 다수가 되는 날이 올 수 있다고 믿어요. 그럼 이런 정책으로 먹고살았던 사람들이 '이런 걸로는 당선될 수 없구나. 국민이 우리가 속일 수 없을 정도로 똑똑하구나' 이런 생각을 하게 될 거예요. 합리성과 이성이

작용하는 사회가 되겠죠.

　물론 이게 끝이 아닐지도 몰라요. 언제가 될지는 모르겠지만 누군가가 나와서 전보다는 고차원적인 수를 쓸 거고 거기에 넘어가는 사람들도 있겠죠. 이성 사이의 정말 작은 비이성의 틈, 실오라기 하나를 붙잡고 당선될 거예요. 그럼 아마 국민은 또다시 후회하겠죠. 또 몇 년이 걸릴지 몰라요. 하지만 분명한 건 얼마가 될지 모를 후회와 공부의 시간이 지나면 다시 바로잡힐 거라는 사실이에요. 시간이 얼마나 걸릴지는 모르겠지만 언젠가는 술수와 포퓰리즘을 거부할 수 있는 시민이 다시 사회의 주류가 되는 때가 올 거예요. 이런 과정이 반복되다 보면 이성이 통하는 시대가 올 거라고 믿어요.

지유성 저는 오히려 오늘날 '이성이 통하는 시대'가 오는 것이 어쩌면 불가능에 가깝다는 생각을 해요. 유권자에게는 양면성과 한계가 있기 때문이죠. 우선 우리는 정치인의 내면을 알 수 없다는 한계를 지니고 있어요. 이것이 단순히 착한지 나쁜지를 이야기하는 것이 아니라 현실적으로 우리가 일상을 뒤로하고 정치인들의 주장과 근거를 하나하나 확인할 수 없기 때문에 전적으로 신문과 뉴스가 전하는 수준으로 그들의 말과 행동을 이해해야 한다는 것이죠.

　그렇다 보니 신뢰하고 뽑은 사람이 부정을 저지르기도 하고, 반대로 미워하던 사람이 의외로 올곧은 신념을 가지고 있기도 해요. 이때 우리는 굉장한 자괴감에 빠지게 된다는 것이죠. 특히나 굳게 믿고 있었던 정치인이 몰락할 때의 처참함은 오늘날 현실 정치에 관심을 두고 있는 분이라면 진영을 막론하고 누구나 느껴보았을 거예요.

최정현 그렇죠.

지유성 또한 우리에게는 양면성이 있어요. 미국 대선을 말씀하셨는데 이 역시 마찬가지예요. 정상적인 유권자라면 누구나 '더 나은 미래'를 위해 투표해요. 그런데 그 미래는 개개인의 경험과 우선시하는 가치에 따라 다 다를 수 있어요. 민주주의 국가에서 살인을 합법화하자는 식의 인류 보편적 가치에 반하는 수준을 제외하면 유권자들은 자신이 지닌 신념 안에서 특정 후보나 정치인을 믿고 지지할 권리가 있는 것이죠. 어떻게 생각하세요?

최정현 산신령이 와야 다 이야기할 수 있을 것 같은데요. (웃음)

지유성 가령 이번 미 대선에서 바이든을 응원하는 민주당 지지자들은 트럼프를 옹호하는 공화당 지지자들이 상식 밖이라고 생각하겠지만 트럼프 지지자들 입장에서는 오히려 바이든 지지자들이 이해가 가지 않을 수 있거든요. 각 지지자들은 옳고 그름을 떠나 자신이 이상적이라고 생각하는 미래를 구현해 줄 수 있는 후보를 응원하고 있다고 할 수 있다는 말이죠. 때문에 과연 어떤 잣대로 무엇이 '이성적인 판단인지 평가할 수 있을까' 하는 일종의 혼란이 왔어요. 그래서 저는 정치적 신념이라는 게 꿈꾸는 것처럼 이상적으로 될 수가 없다는 걸 많이 느꼈어요. 어떻게 보세요?

최정현 저는 이렇게 봐요. 이상적인 현실은 없는 거죠. 그냥 이상을 향해서 가는 것만 있을 뿐이에요. 예컨대 트럼프 같은 경우에는 앞에서 말씀드린 포퓰리스트의 면모를 보여줬잖아요. 실제로 당선되어 실행에 옮겼고요. 그런데 이번 대선에서 미국 사람들은 트럼프 대신 바이든을 선택했잖아요. 득표 양상을 보면 2016년 대선과는 완전히 반대되거든요. 그렇기 때문에 선택이 후회에 기반을 두고 이루어졌다고 할 수 있어요. 이제 이런 과정을 거치면서 이상을 향해서 가는 거죠. 실패를 하면서 이렇게 가면 안 된다는 걸 진짜 뼈저리게 느끼잖아요.

지유성 이해가 단박에 되네요.

최정현 이렇게 실수하고 실패하면서 배우는 거죠. 저는 개인적으로 이 과정에서 제일 중요한 건 비판 수용이라고 생각해요. 제가 항상 하는 이야기지만 신념, 소신, 원칙, 철학, 생각이 있어야 해요. 근데 단순히 그런 게 있다는 사실이 중요한 게 아니라 바뀔 여지가 있다는 점으로서 생각, 소신, 원칙이 있다는 게 중요하다는 거죠. 없으면 바뀔 것도 없잖아요.

지유성 생각, 소신, 원칙이 있으면 바뀔 여지가 있다?

최정현 네. 왜냐하면 이것도 똑같은 얘기지만 박근혜 정부가 왜 망했어요? 진영 전 행정안전부 장관도 박근혜 정부 시절에 보건복지부 장관이셨잖아요. 유승민 전 원내대표도 그렇고요. 그 외에도 많은 분들이 계셨죠. 이런 분들이 내부에서 비판을 굉장히 많이 하셨어요. 근데 거기에 "우리는 계획한 대로 잘하고 있는데 왜? 너, 입 다물어" 이렇게 대응했잖아요. 그러다가 결국에는 철퇴를 맞은 거거든요.

　이 정부라고 다르지 않아요. 쇠락의 길로 안 가려면 비판을 수용해야 돼요. 비판이 있으면 저건 말도 안 되는 비판이라고 비난하면서 외면할 게 아니라 비판이 있다는 것 자체만으로도 내가 제대로 가고 있는 게 맞는지 한번 점검해 볼 필요가 있다는 거예요. 비판의 내용이 합리적이라면 당연히 수용해야 하는 거고요. 왜냐하면 민주주의는 합의를 향해 나아가는 과정이잖아요. 일치를 향해 나아가는 과정이 아니라. 모두가 똑같아질 수는 없다는 거죠. 이건 힘을 가진 사람 이야기고요, 힘을 가지고 있지 않은 사람들은 비판의식을 갖춰야 해요. 그걸 갖추지 못하면 실패를 해봐야 하고요.

지유성 말씀하신 것을 듣고 아차 싶었어요. 저는 경제도 그렇고, 민주주의도 그렇고 진퇴가 있다고 봐요. 발전할 때가 있고 때로는 후퇴하고 다시 그 기회를 발판 삼아서 진보하고 때로는 다시 후퇴하는, 이런 게 있다고 보는 것이죠. 그걸 잠시 잊고 있었는데, 말씀을 해주심으로써 우리는 어떻게든 해법을 찾아내고, 또 나은 방향으로 가려고 노력한다는 것을 다시금 떠올리게 되었고 이 현실 정치에 매몰되는 바람에 지나치게 비판적으로 본 것이 아닌가 하는 반성을 하게 되네요.

최정현 우리가 반성할 게 아니죠. 현실 정치가 멀쩡한 사람을 그렇게 만든 걸 반성해야지. (웃음) 그리고 제가 해석의 여지가 많은 말을 한 것 같아요. 비판을 수용해야 한다는 데서의 비판은 진영 내에서의 비판을 말하는 거였어요. 그러니까 원래 나를 도와주고, 항상 함께하던 사람이었는데 내 결정에 대해서 아닌 것 같다고 의문을 제기하면 한번 돌아볼 필요가 있다는 거죠. 그 사람이 그런 지적을 하면서 이유를 설명할 거잖아요. 들어보고 합리적인 것 같으면 방향을 바꾸면 되는 거예요.

이건 외부에서의 비판이든 내부에서의 비판이든 통용되는 이야기고요. 내부에서의 비판인 경우에는 들었을 때 말이 안 된다고 생각하더라도 무시할 게 아니라 잘 가고 있는 게 맞는지 한번 돌아보려는 자세도 필요해요.

지유성 그래요, 비판도 뭐 심심해서 했겠습니까? (웃음)

최정현 물론이에요. 그리고 비판하는 사람들도 잘하는 건 잘한다고 칭찬해주고, 못하는 건 팩트를 가지고 정말 아프도록 해야 된다고 봐요. 이게 모두를 위해서도 좋아요. 물론 비판을 수용한다는 건 기분이 상할 수도 있는 일이에요. 실제로 진영 장관이나 유승민 대표 같은 분들이 비판을 많이 하셨는데, 그 당시에는 무슨 소리 하느냐는 반응이 지배적이었어요. 근데 돌아보니까 그분들 말이 맞았고, 그걸 무시한 대가는 컸잖아요. 그때 만약 귀를 열고, 브레이크를 밟았다면 조금 다르지 않았을까 싶어요. 근데 이건 한 명만의 이야기는 아니에요. 모든 대통령들이 끝이 좋지는 않았잖아요?

지유성 그렇죠. 매우 부끄러운 일이죠.

최정현 돌아보면 그분들 모두 변곡점이 될 뻔했던 지점들이 있었거든요. 문재인 대통령은 진보 원로 인사들이 나와서 비판을 시작하던 때, 박근혜 대통령은 새누리당 안에서 비판이 나오던 때, 이명박 대통령은 정책에 대한 비판이 나오던 때처럼 말이죠. 이때 잠깐 브레이크를 밟고 고민해서 방향을 다시 설정했으면 어떤 대통령이든 적어도 한 명쯤은 오바마 대통령처럼 국민의 박수를 받으면서 내려오는 대통령이 있지 않았겠느냐는 아쉬움이 있어요.

지유성 영국에서 우스갯소리로 하잖아요. 오바마 퇴임 후에 시간 나면 영국 와서 총리 좀 해달라고.

최정현 우리나라에도 그런 사람이 나올 수 있지 않았을까 싶은 거죠. 물론 역사에 만약은 없다고 하지만 굉장히 아쉬움이 많이 남아요. 제가 이 정부를 많이 비판했지만 국민의 한 사람으로서 이 정부가 성공하면 좋은 것 아니겠어요?

지유성 여태까지 대통령들의 문제점이 잘못 가고 있는데 내부에서 비판한 것을 수용하지 않아서 끝내 잘못 간 경우잖아요. 근데 저는 그 반대 케이스는 딱 한 명 봤다고 봐요.

최정현 누군지 알겠네요 뭐. (웃음)

지유성 맞아요, 노무현 대통령이에요. 다 과오가 있는 것이니까 모든 면이 그렇다는 것은 아니지만 적어도 지역주의 타파를 외치며 부산에 출마했을 때, 홀로 검찰 개혁을 외쳤을 때, FTA를 추진했을 때 남들이 정의롭지는 않지만 편한 길로 가자고 하는 와중에도 옳다고 생각한 길을 꿋꿋하게 갔어요. 그러니까 완전히 반대인 거죠. 대부분은 분명 잘못 가고 있는데 '나는 옳아' 이렇게 합리화하면서 주변에서 "잘못됐습니다" 하는 걸 안 받아들이는데 반대로 주변에서 옳지 않은 길을 가리키며 "그냥 편하게 가시죠" 하는데 거부하고 옳은 길을 갔어요.

그래서 저는 개인적으로 문재인 대통령 집권 초기에 '과연 노무현 정부의 전철을 밟지 않겠다고 한 말의 의미가 뭘까?' 조금은 기대했는데 현재로서는 사실 기대에 못 미친다고 봐요. 분명 생각을 정리하면 근본이 뭔지를 알 거예요. 뭐가 옳은 길인지를 그리고 뭘 수용해야 되는지 분명히 알 거예요. 아직은 임기가 남았기 때문에 제가 끝나고 평가를 하자 이렇게 자꾸 희망을 걸게 되는 거죠. 그렇지 않아요?

최정현 일단 문재인 정부가 갔어야 하는 방향에 대해서 말씀하신 건 제가 정말 토씨도 틀리지 않고 동의하고요. 저는 노무현 대통령을 높이 평가해요. 아까 말씀하신 것처럼, 이분은 오히려 본인 진영에서 공격을 많이 받으셨잖아요. 예컨대 FTA도 반대했고요.

지유성 그럼요. 진보 진영에서는 사실상 받아들일 수 없는 정책이었으니까.

최정현 그런데 이분이 다른 분들과 다른 지점은, 제가 이 부분을 높이 평가하는 건데요, 생각이 분명하게 있고, 그걸 설명할 줄 아세요. 설득이라는 걸 하시고요.

제가 이분 발언 내용을 찾아봤어요. 미국 방문을 마친 다음 날 전남대에서 강연할 때의 발언인데요. 강연이 끝나고 질의응답을 할 때 한 학생이 '후보자 시절 발언과 미국 방문 중 발언 내용 간에 차이가 있는데, 여기에 대한 생각을 들어보고 싶다'고 질문해요. 여기에 대해서 '여전히 우호적인 관계와 공조 관계를 가져가지 않으면 안 되는 현실에 있다'는 취지로 본인의 판단을 설명하거든요.

그 답변 중 나온 이야기는 아니지만, 강의 중에 지동설을 포기하지 않은 브루노와 '그래도 지구는 돈다'라고 말했던 갈릴레이, 최명

길과 김상헌에 대한 이야기를 하면서 정치 입문 전에는 브루노, 김상헌 쪽을 선호했다고 말해요. 그러면서 한신 장군도 무뢰배의 가랑이 밑을 기었다는 이야기를 하거든요? 이것처럼 생각이 바뀐 이유를 설명해요. 그러면 그 결정에 대해 의문을 가지고 있던 사람도 납득하게 되잖아요. 그걸 하셨다는 거죠.

지유성 그렇죠.

최정현 비판을 수용하지는 않았어요. 예컨대 여당 안에서 나오는 비판도 수용이 안 됐잖아요. 그런데 왜 이렇게 생각했는지, 왜 수용할 수 없는지 그 이유를 설명하셨어요. 이런 부분을 제가 굉장히 높게 평가하는 거예요. 이 분 정책이 마음에 드는 것도 있고 그렇지 않은 것들도 있지만, 이런 자세는 꼭 배울 필요가 있다고 생각해요. 왜 이렇게 해야 하고, 비판을 수용할 수 없는지를 설명하거나, 비판을 수용하고 성찰하는 태도를 갖춰야 한다는 거예요.

지유성 저는 그래서 제가 앞으로 대한민국 지도자에게 바라는 것은 동의하실지 모르겠지만 혹시 토니 블레어 아시나요? 영국 총리였던 토니 블레어가 어찌 보면 맞을 수도 있다고 봐요. 진영 논리에 빠져 그 안에서만 작동할 수 있는 정책들을 하는 게 아니라 진짜 내가 옳다고 느끼는 것, 그리고 실제로 옳은 것, 실제로 국익에 도움이 되는 것, 그걸 하겠다는 게 토니 블레어 총리의 제3의 길이잖아요.

　　같은 진영 내에서 비판을 받더라도 그걸 강하게 밀고 나가겠다는 거예요. 그런 점에 있어서 토니 블레어 총리가 정말 저는 감탄스럽다고 봐요. 노동당 출신의 총리가 어떻게 보면 보수 정치인보다도 더 보수적인 정책들을 수도 없이 펼쳤고 결과론적으로 많은 비난을 받았음에도 국익에 도움이 되는 정책이 많이 나올 수 있었죠.

제가 가장 존경하는 윈스턴 처칠 역시 강경한 보수주의자에 보수당 소속 하원 의원으로 정치에 입문했는데도 당과 관세 개혁 문제를 두고 뜻이 맞지 않자 과감히 탈당을 결심했고, 모든 정치적 리스크를 감수하고 자유당에 입당해 자신이 바람직하다고 생각한 정책을 추진했죠. 실제로 그 정책들이 오늘날의 사회 보장 제도이니 결과론적으로도 타당한 판단이었고요. 그래서 결론적으로 '이 세상에 보수, 진보 따위는 없다. 옳은 길만 있을 뿐'이라고 정리하고 싶어요.

최정현 말씀을 인정하기는 하지만 보수와 진보라는 개념이 없어져야 된다고 보지는 않아요.

지유성 아, 없어져야 된다고 보는 건 아니에요. 단지 진영 논리에 갇혀 '옳음'을 망각해서는 안 된다는 것이죠. 보수와 진보는 그저 하나의 피상적인 논리에 지나지 않는다고 봐요. 예컨대 복지 확대에 대해서는 찬성하지만 대북 정책에 있어 강경 노선을 지지할 경우에는 이를 진보적 성향으로 볼 것인지 보수적 성향으로 볼 것인지 불분명하다는 것이죠.

저 역시 대북 관계가 대화와 협력으로 개선되어야 한다고 보지만 이를 위해서는 강력한 자주국방이 뒷받침되고, 북한의 무력 도발에 강경하게 대응해야 한다고 봐요. 일본의 무례하고 무책임한 정치에 강경 대응해야 한다고 보지만 일본 문화와 일반 국민들을 싫어하진 않거든요.

최정현 보수와 진보가 결코 이분법적으로 존재할 수 없다는 말씀이시죠?

지유성 네. 다만, 대체적인 성향으로서 편의를 위해 흔히들 자신을 큰 틀에서 진보 혹은 보수로 표현한다는 것이죠. 이 세상에 나와 완벽하게 일치하는 사람이 없듯이 진보 진영이나 보수 진영 내에도 의견이 완벽하게 일치하는 사람들은 절대 없어요. 따라서 다양한 상황 속에서 가장 바람직한 것을 선택하는 것이 타당한 일이라고 생각해요.

일례로 미국 건국의 아버지이자 초대 대통령이었던 조지 워싱턴이 가장 두려워한 것이 바로 '정당'이었대요. 자신과 똑같이 생각하는 사람은 존재할 수 없는데 정당의 존재는 이를 잊고 마치 하나가 된 것처럼 움직여야 하니까요. 결코 진보나 보수와 같은 하나의 논리가 결코 우리 자신을 앞서는 존재가 되어서는 안 된다는 사실을 항상 명심해야 한다는 것이죠.

최정현 저는 보수와 진보가 단순히 피상적인 개념이라고 보지 않아요. 해외에서 우리나라를 바라볼 때, 국민이 대표자를 선출할 때 보수냐 진보냐에 따라서 국가 운영의 방향을 가늠해 볼 수 있거든요. 그래서 구체적 지표로 생각되어야 한다고 봐요. 그렇지만 우리 모두 동의하는 건 지금의 보수와 진보로는 안 된다는 거예요. 진정한 보수, 진정한 진보를 해야 하고, 그러려면 보수든 진보든 공부를 해야 해요.

제가 처음에 생각한 보수는 임을 위한 행진곡을 안 부르고, 김대중·노무현 대통령을 싫어하는 거예요. 이승만·박정희 대통령을 좋아하고, 기업의 기를 살려주는 걸 가장 중요하게 생각하는 거고요. 근데 공부를 해보니까 보수는 그런 게 아니라 자유·평등·공정·정의라는 헌법 가치를 지키는 것이더라고요. 무언가를 만들 때, 그것을 부술 때보다 더 많은 노력이 필요하다는 것을 아는 거고요.

이런 관점에서 보면 기존의 보수라고 하는 사람들이 가졌던 생각들은 수구적인 것에 불과해요. 예컨대 민주주의라는 가치를 지켜야 한다는 관점에서 바라보면 보수가 외면하던 노무현 대통령의 민주주의에 대한 생각도 수용할 수 있어요. 이런 식으로 **가치를 중심으로 접근하면 보수와 진보의 경계가 무너지는 상식의 선이라는 게 생겨요. 헌법 정신을 추구한다는 건 보수나 진보나 동의하는 내용이니까요. 방법론이 다를 뿐이지.**

지유성 정확히 어떤 부분에서요?

최정현 예를 들면 평화라는 가치를 추구하는 건 같아요. 그런데 보수는 평화를 지키면서, 진보는 평화를 발전시키면서 평화라는 가치를 추구하는 거죠. 그러면 평화를 발전시키기 위해서 더 강한 힘이 필요하다는 기존의 보수적 입장을 취하는 진보적인 사람도, 평화를 지키기 위해 대화와 교류 협력이 필요하다는 기존의 진보적 입장을 취하는 보수적인 사람도 존재할 수 있어요. 사안이 아니라 가치의 측면에서 바라보니까요. 그래서 노무현 같은 사람이 나와도 별로 이상할 게 없어요. 설명이 되고, 이해가 가능해지니까요.

지유성 전적으로 동의해요. 그러나 진보와 보수라는 개념에 큰 의미를 두기엔 우리나라에서 진보와 보수를 가르는 기준이 터무니없는 것이 사실이에요. 보수와 진보라는 이념이 지닌 본래의 의미는 퇴색된

채 북한을 좋아하면 좌파, 일본을 좋아하면 우파라는 식으로 일종의 프레임 싸움만 하니 말이죠.

진보와 보수라는 이념도 결국 시시각각 변화하는 정치에 맞추어 이를 설명하기 위한 것이지 그 자체를 정치라고 볼 수는 없잖아요. 때문에 명분과 실리 사이에서 대립한 남한산성의 김상헌과 최명길처럼 이념에 얽매이지 말고 올바름을 지향하는 것이 바람직한 자세라고 생각해요.

실제로 김대중 대통령의 어록에서 "성공하는 인생을 위해서 '서생적 문제의식'을 가져야 한다. (중략) 그러나 그것만으로는 부족하다. '상인적 현실 감각'이 필요하다"라는 내용을 보면 앞서 말씀드린 내용과 비슷한 생각이 드러나요. 대체로 진보 진영에서 그러하듯 이상적인 사고를 하며 끊임없이 사회에 문제를 제기하되 이를 해결하기 위해서는 보수 진영과 같이 현실적이고 이성적으로 접근해야 한다는 것이죠.

이러한 생각을 공유하는 사람들이 하나둘씩 늘어나면 언젠가는 우리나라도 이념 갈등에서 벗어나 더 발전적인 논의가 가능할 것이라 믿어요.

국회, 정부, 청와대 개혁, 어떻게 할 것인가?

18

정치가 국민의 신뢰를 받지 못하고 있는 상황을 짚어보고, 그 이유를 다양한 측면에서 살펴봤다. 정치가 다시 국민의 신뢰를 얻기 위해서는 근본적인 변화가 필요하다. 정치의 주체인 국회와 정부, 청와대의 바람직한 모습과 올바른 변화의 방향은 무엇일까?

최정현 먼저 정부에 대해서 말씀드릴게요. 정부는 항상 부처 간 칸막이, 행정 편의주의로 비판을 받잖아요. 저는 호봉제에 대한 전면적인 재검토를 통해서 경쟁 시스템을 도입하는 방향으로 가는 게 맞다고 봐요. 그래야 보신주의를 타파할 수 있어요.

그리고 청와대, 그러니까 대통령 비서실은 헌법상 근거가 없는 조직이에요. 그럼에도 지나치게 많은 영향력을 국정 전반에 행사하고 있어요. 그래서 저는 청와대의 역할을 좀 줄이고, 정말 통상적인 비서로서의 역할만 하도록 해야 한다고 봐요. 그 힘과 권한은 장관, 행정부가 행사하는 게 옳고요.

지유성 그렇게 보세요?

최정현 네. 또 이런 측면에서 국무총리의 제청권도 언급하지 않을 수 없어요. 지금은 상당히 형식적으로 존재만 하고 있잖아요. 저는 이를 보장하려는 대통령의 의지가 가장 중요하다고 보고, 그 의지는 제청의 절차와 방법을 다룬 법을 제정해 명확하게 규정해서 실질적으로 보장하려는 노력을 기울이는 데서 확인할 수 있다고 생각해요. 이건 제청권, 선출권, 지명권을 가지고 있는 감사원장, 대법원장, 정당도 마찬가지예요. 이런 식으로 대통령 비서실의 권한을 줄이고 국무총리, 대법원장, 감사원장, 행정부의 실질적 권한을 보장해 주는 게 제일 중요하다고 봐요.

지유성 저는 조금 생각이 달라요. 일단 기본적으로 행정부, 그러니까 정부 부처와 관련해 호봉제를 폐지하고 전문적 인력을 양성해야 한다는 데 이견은 없는데 저는 장관에 좀 집중하려고 했어요. 장관을 각부 내에서 적극적으로 고용해야 한다고 봐요. 물론 대통령이 정치적으로 인사를 할 수도 있는 일이긴 한데, 각부 공무원들과 협의를 통해서 어느 정도 각 부서에 맞는 전문 인재 혹은 임원들을 장관에 임명해야 한다고 봐요. 국정을 운영해 나감에 있어 대통령과 뜻이 좀 다를지라도 말이죠.

그에 반해 비서진은 저는 더 권한이 세져야 하고 동시에 더 전면적으로 나와서 일을 해야 한다고 봐요. 왜냐하면 국민들이 아직 비서들이 뭘 하는지도 모르고 어떤 비서가 있는지도 사실 잘 몰라요. 그래서 박근혜 정부 당시에 문고리 3인방처럼 대통령 비서가 마치 배후 세력처럼 느껴진단 말이에요.

최정현 그래서 비서실의 권한이 줄어야 한다는 말씀을 드린 거예요.

지유성 글쎄요. 가령 미국 같은 경우에는 비서들이 굉장히 할 일이 많잖아요. 언론에 노출되는 횟수도 굉장히 많고요. 그런 식으로 비서진이 조금 더 대통령 편에서 대통령의 뜻을 대변할 수 있어야 하고, 비서진에 한해서는 대통령의 코드 인사라고 봐도 무방할 정도로 정말 대통령의 측근들이 임명되어야 한다고 봐요. 말 그대로 '비서'로서 대통령의 국정 철학을 뼛속까지 잘 알고 있고 대통령을 대신해서 싸워줄 수 있는 인물들이 있어야 한다는 것이죠.

윤석열 전 검찰총장은 정부와 일종의 대립각을 세운 적도 있고, 홍남기 부총리가 때로는 대통령에게 직언을 하면서 사의까지 불사르고, 감사원장이 대통령의 뜻에 반하는 얘기를 막 해요. 전 이게 장·차관 인사들의 가장 이상적인 모습이라고 봐요. 각 부처 장관들이 전문적인 지식을 갖고 냉철한 전문가의 역할로서 국정을 보좌해서 잘못된 건 잘못됐다고 딱 지적해야 해요. 그에 반해 비서진들은 대통령의 국정 철학과 정치적 의도를 파악해 장관들과 대립각이 생겼을 때 국무회의 자리에서 정말 치열하게 논쟁하고 대통령 비서진과 전문가 출신의 장관들 간에 치열한 수 싸움 그리고 정책을 둔 정말 한 치 양보 없는 토론을 해야 한다고 생각해요. 그런 것들을 통해 나온 정책들이야말로 저는 굉장히 뜻 깊을 거라고 보고 정말 괜찮은 국정 운영이 될 거라고 보거든요. 어떻게 생각하세요?

최정현 저는 토론을 중심으로 한 상호 견제가 필요하다는 건 인정해요. 다만, 대통령 비서실이라는 헌법에 근거가 없는 조직이 국정의 거의 대부분을 총괄하고 있어요. 장관은 보이지도 않고요. 아마 지나가는 사람 붙잡고 환경부 장관이 누구냐고 물어보면 모를 거예요. 사실상 청와대가 다 의사 결정을 하고, 부처는 그걸 실행하는 곳으로 전락해버린 거예요. 그래서 비서실이 본연의 역할을 수행해야 한다는 취지에서 비서실은 견제 체계에 들어올 필요가 없다고 생각해요. 저는 독일과 영국이 이상적인 모델이라고 봐요. 독일 총리 집무실 건물에는 장관실이 있잖아요. 영국 총리실 바로 옆에는 몇몇 장관 관저가 있고요.

지유성 맞아요. 탄핵 정국 당시에 문고리 3인방 때문에 우리나라도 그렇게 해야 한다고 이야기가 나오곤 했죠.

최정현 수시로 내각과 대화한다는 취지로 그렇게 한 건데, 저는 내각 중심의 국정 운영이라는 그 방향이 맞다고 봐요. 비서실은 비서실 본연의 역할, 대통령 메시지 관리, 부서 보고 자료 정리 정도만 하면 된다고 생각해요. 비서실은 의사 결정을 하면 안 돼요.

지유성 제 의견대로라면 대통령을 더욱 제대로 보좌하게 되는 것이지 비서실이 의사 결정을 할 일은 없죠. 오히려 저는 비서실이 보좌에 충실하지 못하고 행정권을 발휘하는 데 문제가 있다고 생각하는 걸요.

최정현 그래서 내각 중심의 국정 운영을 말씀드린 거예요. 그리고 아까 국무회의를 말씀하시면서 비서실과 내각의 견제를 말씀하셨는데, 저는 노무현 정부 때의 국무회의를 이상적으로 생각해요. 거기는 오히려 대통령이 토론을 붙였다고 하잖아요. 그래서 환경 정책을 내놓으면 환경부 장관이 설명하고, 대통령이 국토부 장관은 어떻게 생각하느냐고 하면서 토론을 하는 거죠. 저는 이런 식으로 부처 간에 견제가 이루어지는 게 이상적이라고 생각해요. 아까 말씀드린 청와대의 역할 축소 차원에서 비서실과 장관 사이의 견제는 바람직하지 않고요. 그러니까 헌법적 근거가 없는 조직에 의해 공무원 조직이 사실상 무력화되고 있는 상황을 해결하기 위해 비서실이 비서실 본연의 역할로 돌아가야 한다는 거예요.

지유성 이 부분에 있어서는 이상적인 방향을 얘기한 것이어서 옳고 그름을 따질 수는 없지만 말씀하신 것처럼 비서진을 완전 축소하기 위해서도 그렇고, 비서진의 권한을 강화하기 위해서도 헌법에 비서진의 권한 등이 명시되어야 하는 것은 맞는 말이에요. 그럼 이제 국회로 넘어가서, 국회 개혁에 대해서는 어떻게 생각하세요?

최정현 일단 국회는 바뀌어야 할 부분이 좀 많죠. 올해는 여차저차해서 예산안을 기한에 맞춰서 통과시켰지만 그건 의석수로 누른 거고 사실 그전에는 맞춘 적이 거의 없었잖아요. 항상 전날, 전전날에 대표들이 밀실에 모여서 아무런 기록도 없이 예산을 주고받는다고 하고요. 전에도 이런 논의가 있었던 걸로 기억하는데, 그래서 저는 대표들이 만나서 비공식 협의를 하더라도 회의록을 남기는 방안을 고민해야 한다고 봐요. 어떻게 생각하세요?

지유성 어떤 기관이든 간에 가장 중요한 건 회계라고 봐요. 그런데 국회에서의 회계는 곧 국민들의 세금을 가지고 하는 것이잖아요. 그러면 관련된 기록에 하나의 오점이라도 존재해서는 안 되는 일이죠. 과격하게 이야기해서 예산안 편성하고 그 서류들을 국회 사무처에 제출하는 과정이 있을 거 아니에요. 저는 그것까지도 법에 한 자 한 자 다 적어야 한다고 봐요. '몇 월 며칠, 몇 시 이내에 몇 발자국 걸어가서 어떻게 내야 한다' 이것까지도 다 적어야 한다고 생각해요.

사실 군주 국가에서 입헌군주제나 민주공화정으로 탈바꿈하면서 가장 핵심 문제는 조세였잖아요. 영국의 권리 장전도 '국회의 동의 없이는 조세할 수 없다'는 내용을 담은 만큼 **나라의 근간이라고도 볼 수 있는 게 결국은 세금이고 그건 곧 국민의 재산이란 말이에요. 그런데 그런 것이 이렇게 암암리에서 무슨 밀거래하듯이**

> **일어나고 있는 것은 잘못됐다고 말할 가치도 없을 정도로 최악인 것이죠.**

최정현 그리고 또 말씀드리면 비슷한 얘기지만, 우리가 이번에 국회의원 선거할 때 선거구를

지유성 이 얘기 왜 안 하시나 했어요.

최정현 그런가요? (웃음) 법정 기한을 한참 넘겨서 획정했잖아요.

지유성 맞아요. 법을 만드는 기관이 법을 어기는, 항상 그런 식이죠.

최정현 저는 이게 제일 문제라고 봐요. 그럼 선거 운동을 어디서 해요? 이번에 노원 병인가요? 거기는 지역구가 없어질 뻔했어요. 이준석 당시 바른미래당 노원 병 후보가 올린 글을 보니까 도대체 어디서 선거 운동을 해야 하냐고 그러더라고요. 이미 노원 갑, 을, 병에 다 공천이 된 상황이었거든요. 물론 여야 합의로 선거구를 유지하는 것으로 뒤집히기는 했어요.

그런데 그대로 확정됐으면 한 명은 어떻게 할 거예요? 말이 안 되는 거예요. 게임 날짜는 있는데, 경기장도 안 정해 놓은 거죠. 저는 선거구 획정의 제일 큰 문제는 당사자들이 결정하는 거라고 봐요. 경기장을 본인들이 결정할 수 있으니, 어디를 골라야 본인이 편할지만 가지고 골몰하는 거예요. 그러니 합의가 어렵죠. 살펴봐야 할 부분을 그냥 둔 채로 넘어가기도 하고요.

지유성 조기 축구회도 아니고 말이죠.

최정현 조기 축구회도 이렇게는 안 하죠. 그리고 지금도 독립된 기구에서 획정하고 있기는 하지만 국회를 거쳐야 되잖아요. 그렇게 하지 말

고 그 기구에서 의결하면 통과되는 것으로 해야 한다고 생각해요. 만약에 중간 지점에서 타협을 본다면 적어도 획정위원회에서 바로 국회 본회의에 올리고 수정 없이 의결하도록 하는 정도는 돼야 하고요.

지유성 보태서 말씀드리면 이 선거구 획정에 대한 강력한 규정이 실시되어야 한다고 봐요. 지금 보면 말도 안 되는 지역 합치기와 분할로 정말 생판 정책적으로 아무 연관도 없는 동네가 막 묶여버리잖아요. 이번 선거가 저는 진짜 의아했던 게 선거구 획정 과정이 법적으로 큰 문제가 될 줄 알았거든요.

근데 아무도 신경 안 쓰더라고요. 합치고, 분할하고, 떼어주고, 나눠먹고 난리를 쳤다고 해도 과언이 아니거든요. 선거라는 이해관계가 맞아떨어져 여야에 상관없이 그랬는데 아무런 문제가 안 되더라고요? 현대판 게리맨더링의 온상을 보여준 것이나 다름이 없었죠. **경기 뛰는 선수가 규칙을 정하는 경우가 어디 있어요. 정말 심각한 문제에요.**

최정현 그 다음에 말씀드릴 게 공천이에요. 제가 이번 총선 공천을 할 때 가장 어이없었던 곳이 '인천 연수 을'이에요. 처음에 민경욱 당시 의원이 공천을 받았어요. 그러다가 문제가 생겨서 공천을 취소하고 민현주 전 의원을 공천했는데 그날 밤에 다시 엎었어요. 그런데 왜 이렇게 됐는지 아무도 모르잖아요. 비례 대표 같은 경우도 크게 다르지 않아요. 미래한국당에서 공천 명단을 만들었다가 미래통합당에서 반대하니까 새로 만들었잖아요. 기준이 있고 절차가 명확하게 있으면 이런 일이 일어날 수 없었을 거예요.

지유성 정말 코미디였던 게 당시 미래통합당의 위성 정당인 미래한국당이었나요? 미래한국당의 꼭두각시 대표를 맡았던 한선교 전 의원이 갑자기 반기를 들고 비례 대표 명단을 소신껏 발표하면서 사실상 잘려나갔잖아요. 참 코미디였어요.

최정현 그런 식으로 공천을 받은 후보들 중에 한 명은 당선이 될 거예요. 그런데 당선이라는 건 단순히 당선에서 끝나는 게 아니잖아요. 4년, 5년뿐만 아니라 수십, 수백 년을 바꿀 수 있어요. 그럼에도 아무런 설명도, 기준도 없이 이루어지고 있는 거예요. 이게 옳으냐는 거죠. 그래서 저는 공천에 대해서도 절차를 명확하게 규정하고, 검증 등 전반적인 과정을 투명하게 공개해야 한다고 생각해요. 물론 모든 걸 법제화하는 게 옳은 건 아니에요. 그럼에도 공통된 원칙을 세우고, 이를 쉽게 못 바꾸게 하고 지킬 수밖에 없도록 법제화하려는 노력은 필요하다고 생각해요.

　법제화를 하면 첫 번째로 '공천 잡음'이 사라질 거예요. 절차와 방법들이 명확하면 명확할수록, 원칙을 지켜야 할 이유가 강하면 강할수록 공천 결과에 대한 예측 가능성이 높아질 테니까요. 두 번째로 국민이 후보에 대해 충분히 알고 투표할 수 있는 기회가 보장돼요. 공천을 둘러싼 갈등이 사라지면서 후보 등록 마감 직전에야 공천이 이루어지는 일이 없어질 테니까요. 평가를 할 때 기준과 절차를 사전에 공지하는 것과 같아요. 다만, 당의 자율성을 침해하자는 건 아니에요. 어떤 당이든 상관없이 공통적으로 적용되고 일반적으로 통용되는 부분과 원칙에 한해서만 이루어져야 한다고 생각해요.

지유성 그렇죠. 공천 결과가 곧 선거 결과가 되는 경우도 부지기수이기 때문에 본 선거보다 경선이 치열하고 지저분해지기도 하니까요. 이제는 집안싸움 그만할 때도 되었죠.

최정현 맞는 말씀이에요. 다음은 청문회예요. 사실 청문회는 개인적으로 생각이 복잡해요. 보수가 집권하던 때에 봤던 청문회에 대한 기사를 읽고 그 내용에 굉장히 공감했어요. 미국의 청문회 체계를 참고할 필요가 있다는 거였는데 미국은 청문회를 공개와 비공개, 두 개로 나눈다고 해요. 공개 청문회에서는 정책과 철학에 대해 따지고, 비공개 청문회에서는 윤리, 도덕성을 따진대요. 이 내용을 보고 상당히 공감했던 게 지금까지 후보자의 도덕성 검증이 지나치게 정치 쟁점화되는 경우가 많았잖아요. 그걸 해소할 수 있을 거라고 생각했어요.

그런데 정권이 바뀌니까, 더군다나 국회 내에서 힘이 많이 없으니까 청문회만큼 좋은 카드가 없어요. 그런데 뭐 어쩌겠어요. 이미 찬성을 해버렸으니까 찬성해야죠. 다만, 이게 담보가 돼야 해요. 이 정부 들어서 지난 4년 동안 국회에서 청문 보고서 채택 없이, 야당의 반대 속에 임명이 강행된 인사가 이명박, 박근혜 정부 9년 동안 임명된 사람보다 많아요.

지유성 부끄러운 일이죠.

최정현 이런 식으로 안 한다는 확실한 보장이 있으면, 후보자 개인의 문제를 비공개로 검증하지 못할 이유가 뭐 있겠어요? 결론적으로 말씀드리면, 찬성 의견의 청문 보고서 없는 임명 강행은 없다는 원칙과 실천이 담보되는 청문회의 분리가 필요하다는 거예요.

그리고 지금 청문 대상에 장관 정도만 포함되어 있잖아요. 제가 이 주제를 준비하면서 찾아보니까 차관과 검사장도 청문 대상에 포함시키겠다는 공약이 있었더라고요. 검사장은 잘 모르겠는데 차관은 왜 제외되어 있었는지 옛날부터 의문이었거든요. 청문 대상에 차관을 포함하는 게 업무 능력과 인성적 자질을 검증한다는 인사청문회의 취지에 부합하기도 하고 장관이 청문 보고서 채택 없이 임명되는 상황에서 견제 장치를 하나 더 둘 필요도 있다고 생각해요. 그래서 차관에 대해서도 인사청문회를 실시할 필요가 있다고 봐요.

지유성 이게 좀 애매한 문제긴 해요. 어쨌든 청문회가 정치와 떨어지기는 사실 현실적으로 불가능하고 그렇다면 어떻게 해야 이 제도를 잘 살릴 수 있을 것이냐를 고민할 때 참 어려움이 많이 따라요. 사실 장관 임명할 때 대통령이 국회의 동의 없이도 임명할 수 있는 권한은 꼭 필요하기도 해요. 그래서 이 부분이 쉽게 해결되긴 어렵다고 봐요. 대신에 보완책을 마련해야 하는 거겠죠.

그런데 기본적으로 우리나라 인사청문회는 어떻게 보면 망신 주기, 개인의 사생활과 가족 신상 들추기가 만연하는 게 사실이에요. 물론 국민들이 그런 것을 보면서 후보자의 인성이나 적합성을 판단할 수도 있겠지만 사실 공개하는 의원들은 공익의 입장에서 공개하는 것 같진 않거든요. 그래서 그런 것들이 악용되고 사회 혼란을 부추긴다는 점에서 말씀하신 것처럼 미국식 청문회를 따라 하든지 해서 좀 바뀔 필요가 있다고 봐요. 근데 아직까지 명쾌한 답은 나오기 어렵지 않을까하는 생각이 드네요.

최정현 저만해도 정권 바뀌니까 마음이 바뀌잖아요. 마지막으로 낙태법, 국민투표법처럼 헌법재판소에서 헌법불합치 결정을 받은 법들이 있어요. 이미 개정 시한을 넘겨서 효력도 상실됐거든요. 그런데 아무도 신경을 안 쓰고 있어요. 물론 상당히 논란이 많은 문제지만, 묵혀놓는 게 능사는 아니라고 생각해요. 곤란해서 못 하겠다고 한들 직무 유기인 건 변하지 않잖아요. 빨리 해결해야 한다는 걸 강조하고 싶어요.

고위공직자비리수사처, 꼭 필요한 조직인가?

19

공수처법을 둘러싼 패스트 트랙 정국은 2020년 1월 공수처법 통과와 국회선진화법 위반 혐의 기소로 매듭지어졌고, 공수처법이 7월에 시행되며 종결되었지만 공수처는 출범하지 못했다. 결국 더불어민주당은 야당에 주어진 비토권을 삭제하는 개정 작업에 돌입했고, 간신히 공수처장 후보가 선출되었다.
공수처는 이처럼 많은 갈등을 감수할 만큼 필요한 조직인가? 검찰 개혁의 본질은 무엇일까?

최정현 어떻게 시작해야 할지 모르겠는데 일단 하나를 짚고 넘어갈게요. 저는 공수처 자체는 반대하지 않아요. 지금 문재인 정부에서 하고 있는 공수처를 반대하는 거죠. 그 이유, 공수처의 문제점을 다섯 가지 정도

지유성 너무 많은 거 아녜요? (웃음)

최정현 아니요. 그렇게 세지도 않아요. 첫 번째로 공수처에 대한 견제 장치가 없어요. 검찰 수사 결과에 대해서는 재정 신청부터 시작해서 이의를 제기할 수 있는 여러 절차를 마련해놓고 있어요. 그런데 공수처에는 재정 신청 정도만 있다는 거예요. 수사에 대한 견제 수단이 사실상 없는 거죠.

그리고 이 정부가 검찰 개혁을 얘기하면서 제일 열심히 했던 말이 수사권과 기소권의 분리였잖아요. 실제로 검찰의 수사권이 경찰로 넘어갔어요. 그런데 공수처와 경찰은 수사권과 기소권, 경찰은 수사 종결권입니다만, 그 두 개를 다 가지고 있어요. 이 정부가 말했던 검찰 개혁의 본질이 검찰 개혁이라는 미명 아래 진행되는 작업들에는 적용이 안 되고 검찰에만 적용된 거예요.

더군다나 공수처법을 패스트 트랙에 올릴 때 야당에서 반대하니까 백혜련 안, 권은희 안을 같이 올렸잖아요. 권은희 안은 기소심

의위원회인가요? 독립적인 기구에서 기소 여부를 검토하도록 해서 수사와 기소를 분리시키는 견제 장치를 뒀다는 점에서 차이가 있거든요. 결국 통과돼서 지금 시행되고 있는 백혜련 안과는 다르게요. 이런 식의 견제 장치도 없는 거예요. 결론적으로 검찰 개혁의 중요한 원리가 적용이 안 된 거잖아요. 저는 이 부분이 공수처의 가장 큰 문제, 어떻게 보면 이 정부가 추진한 검찰 개혁의 가장 큰 문제라고 봐요.

지유성 공수처가 견제 기구가 없어서 우려스럽다는 부분은 저도 적극 동감해요. 이게 공수처에 반대하는 근본적인 근거가 될 순 없지만 분명히 공수처가 현재 가지고 있는 법적, 제도적 한계점이긴 하죠. 처음에 공수처법을 통과시킬 당시에 여당 의원들의 추천 인사들과 야당 의원들의 추천 인사들이 모여서 거의 만장일치에 가까운 수준으로, 정말 어려운 조건 속에서 공수처장을 임명할 수 있도록 한 것 자체가 견제 기구가 따로 없더라도 공정한 결정을 내릴 수 있도록 해놓은 것이에요. 그런데 야당이 계속해서 비토권을 행사한다고 이를 무력화시키기 위해 여당 추천 인사들로도 충분히 공수처장 임명이 가능하도록 무리하게 법을 고쳤잖아요? 그런 상황에서 보면 이제 더 이상 자정 작용을 할 수 있는 것도 없고, 견제 기구도 없고 말하자면 무소불위의 기구가 돼 있단 말이에요.

사실 이 공수처는 국회의원도 그렇고 검찰과 경찰관도 그렇고 막강한 권력을 부여받은 사회 각계각층 인사들이 스스로 부정부패를 저지르지 말고 정직하고 청렴결백해야 되는데 그게 잘 되지 않아서 출범한 것이잖아요. 그런데 이렇게 브레이크 없는 자동차를 만들어놓으면 견제 기구가 언젠가는 필요해질 것이고 그렇기에 빠른 시일 내에 만들면 더 좋을 것은 분명한 사실이죠.

최정현 저는 그래서 공수처의 원래 역할, 본질이 뭔지를 돌아봐야 한다고 봐요. 지금은 고위 공직자의 비리를 수사·기소하게 되어 있는데, 원래 취지는 우리가 검찰에게 하는 비판, 검사들이 자기 편 봐주기 한다는 거에 대한 견제 역할이었잖아요. 저는 그 원래의 취지를 살렸어야 한다고 생각해요. 공수처는 검사를 수사·기소해서 검찰을 견제하고, 검찰은 공수처를 견제하는 거예요. 검찰이 다시 수사권과 기소권을 이 정부 출범 이전처럼 행사하면서 공수처 검사에 대한 수사와 기소를 하도록 하는 거죠.

지유성 그런데 지금 이런 수사권이나 기소권에 관련돼서 얘기가 계속 나오는 건 결국에는 이 사회의 고위 공직자들 혹은 부를 가진 사람들에 대한 검찰의 수사와 기소에 있어 문제가 계속해서 발견되기 때문이잖아요. 얼마나 그 병폐가 심하면 '진정한 검사의 힘은 기소가 아닌 불기소에 있다'는 말이 나오겠어요. 지금 출범도 하지 않은 공수처의 막대한 권한을 두려워하며 견제해야 한다고, 검찰이 그 적임자라고 하시는데 애초에 검찰의 폐단을 저지하기 위해 나온 공수처가 그 권한 때문에 도리어 검찰에게 견제 받아야 한다는 것은 어불성설이죠. 문제가 곪을 대로 곪아서 터지기 직전인 검찰과 아직 부족한 점은 많지만 검찰의 문제를 해결하기 위해 갓 출범한 공수처 중 우리가 어디를 중립적인 기관으로서 신뢰할지가 현재로서는 분명하다는 말이에요.

최정현 제가 우려하는 건 이런 거예요. 국정 역사 교과서를 만들 때 대통령이 했던 이야기가 "역사 왜곡, 미화가 있는 교과서가 나오는 것은 저부터 절대로 좌시하지 않겠다. 집필되지도 않은 교과서, 일어나지도 않을 일을 두고 더 이상 왜곡과 혼란은 없어야 한다"라는 거였어요. 그런데 국정 역사 교과서를 보고 중립적으로 쓰였다고 한 사람이 한 명도 없었잖아요.

지유성 그렇죠.

최정현 그런 우려가 있다는 거예요. 민주당이라고 해서 무결한 게 아니잖아요. 이미 여러 문제점들이 지적됐고, 본인들도 인지했던 게 분명한데도 애써 문제가 없다고 자위하면서 진행해버리면 저는 공수처가 역사 교과서처럼 될 수 있다고 봐요. 정권 바뀌자마자 제일 먼저 없어진 게 국정 역사 교과서잖아요. 공수처도 똑같이 될 수 있다는 거죠.

지유성 물론 저도 동일하게 생각해요. 공수처라고 해서 검찰처럼 변질되지 말란 법이 없죠. 그래서 민주당에서 공수처를 추진할 때 처음에 제기했던 순수한 의도, 고위 공직자의 비리를 정확하게 잡아낼 수 있는 수사 기구를 만들자는 그 발상, 그걸 유지하고 싶었다면 정말 절차적으로도 완전무결하게 갔었어야 한다고 봤거든요. 그래야만 어느 당에서 추진했든 간에 믿고 지지하죠.

그런데 민주당에서 밀어붙인 과정들과 오늘날 공수처장이 임명되고 공수처가 출범하게 된 그 모든 과정들에는 많은 모순과 문제가 있었다는 말이에요. 그래서 말씀하신 부분도 어느 정도 인정하는 게 정권이 바뀌면 여·야가 서로 입장이 바뀌어 법적, 제도적 타당성을 놓고 또다시 언쟁을 벌일 게 분명해요. 다만, 앞으로 견제 기구와 지금 얘기되고 있는 여러 가지 문제점들을 보완한다면 저는 일단은 믿고 맡겨보자는 거죠.

최정현 예. 저하고 차이가 거의 없어요. 그런데 수사권, 기소권이 다 있어서 검찰이 문제라고 하더니 공수처에는 수사권, 기소권을 다 줬잖아요. 제가 공수처법이 한창 쟁점이 될 때도 말씀드렸지만 개혁 대상하고 똑같은 기관을 만드는 건 개혁이 아니에요. 두 번째는 원래 삼권분립에 맞지 않는다는 거였는데 어제 헌법재판소에서 깨졌죠.

지유성 공수처가 위헌이라고 이야기하는 분들의 논거는 결국 헌법에 근거가 있느냐 없느냐 그거잖아요. 그것만 본다면 당연히 위헌으로 생각할 수도 있죠. 헌법에 명시되지 않은 존재고, 그런 존재가 강력한 권한을 쥐고 있기 때문에 진짜 엄밀한 잣대로 따졌을 때 위헌이라고 주장할 수도 있죠.

하지만 지금 위헌이라고 주장하는 분들은 '헌법'이 뭔지를 전혀 이해하지 못한다고 봐요. 헌법은 국민의 의무와 권리, 국가의 권한 그리고 '국가의 구성'에 대해 명시한 것이에요. 여기서 국가의 구성이란 당연히 입법·사법·행정으로 나뉜 삼권이고, 이 말은 공수처는 결코 헌법에 명시될 기관이 아니란 것이죠. 애초에 검찰조차 헌법 그 어디를 찾아봐도 설립에 관련된 내용이 없어요. 단지 검찰청

법으로 구성될 뿐이죠. 우리가 검사를 대통령과 국회의원이나 법관처럼 헌법 기관으로 보나요? 이 질문에 대한 답이 공수처가 위헌이냐는 물음에 대한 답이나 마찬가지죠.

최정현 헌법에 검찰에 속한 검사가 뭘 할 수 있다고 하는 게 아니라 그냥 검사가 뭘 할 수 있다고 나오잖아요. 검사를 어떻게 임용하는지, 어디에 소속되는지는 헌법에 안 나오고요. 형식적으로는 공수처 검사를 임명하잖아요. 그래서 저는 개인적으로 문제가 없다고 보고, 이 부분을 문제 삼지는 않았어요. 물론 문제가 제기되기는 했지만요.

제가 정말 문제를 제기하고 싶은 건 공수처가 입법부, 사법부, 행정부 중에 어디에 속하는 조직이냐는 거예요. 헌법재판소는 행정부에 속한다고 봤지만, 원래 법을 각 부처에서 담당하잖아요. 그래서 국가법령정보센터에 가서 보면 모든 법에 담당 부서가 있는데 공수처법은 아무것도 없어요. 법무부에서 하는 것도 아니고 그냥 공수처만 있는 거예요. 법무부 장관에 속해있는 '행정 각부가 아니라는 점'을 문제 삼는 거죠. 헌법 어디에도 근거가 없는, 그냥 갑자기 툭 튀어나온 기구인 거예요.

그리고 공수처가 사건을 달라고 요구하면, 요구받은 기관은 무조건 응해야 해요. 그런데 헌법상 원리라는 게 견제와 균형이잖아요. 견제와 균형은 어느 한 기관에 우위를 주지 않아야 이루어져요. 한 쪽이 우월성을 가지면 안 된다는 건데, 이첩 문제만 보더라도 사실상 우위가 부여된 것과 다를 바 없어요. 그런 점에서 문제를 제기했던 건데 안 받아들여졌죠.

지유성 삼권이 뭔지를 생각해 보면 대통령이 행정부 수반으로 있는 행정부와 국회의장이 수장으로 있는 국회, 그러니까 입법부와 대법원장이 수장으로 있는 사법부 이렇게 세 기관이잖아요? 그래서 그걸 분리시키는 게 삼권분립인데, 여기서 수사를 맡고 있는 경찰과 검찰은 당연히 행정부 소속이죠? 그런 맥락에서 보자면 공수처도 당연히 행정부에 소속된 행정 기구죠. 사법 기구로 절대 볼 수 없고, 당연히 입법 기구도 아니고요. 이건 행정 기구죠, 명백히 대통령 산하의 조직이자 기구라는 말이에요. 대통령도 수사해야 하는 기관이 어떻게 행정부에 속할 수 있느냐는 물음에는 '여태 검찰은 아니었느냐'고 반문할 수 있죠. 때문에 이게 삼권 분립을 저해한다? 위반한다? 이렇게 보기는 굉장히 어렵다는 거예요.

최정현 공수처는 대통령 산하의, 행정 각부에 속해있을 것으로 추정되는 거지 법적으로 명확하게 확신을 가질 수 있는 건 아니에요. 정부가 그렇게 추측에 근거해서 운영하면 안 돼요. 세 번째는 공수처 검사의 자격 요건 문제에요.

지유성 내용상으로는 경력이 얼마 없는 변호사도 그렇고 거의 다 되더라고요? 특검보다도 조건이 느슨하던데 맞나요?

최정현 맞아요. 두 가지 측면에서 말씀드릴게요. 먼저, 공수처 검사는 사실상 검찰, 경찰보다 우위에 있는 기관에 속해있는 분들이에요. 그럼 이분들이 검찰과 경찰보다 도덕적으로 우월하다는 근거는 뭐냐는 거예요. 뭔가 더 나은 게 있으니까 규정상 우위를 줬을 거잖아요. 외국에도 공수처와 비슷한 기관들이 있습니다만 우월성을 부여하지는 않거든요.

이게 일단 첫 번째 문제고, 두 번째로 이번에 법을 개정하면서 공수처 검사의 요건을 굉장히 완화시켰어요. 원래 10년 이상 변호사 자격을 보유하고 재판, 수사, 조사 업무 실무 경력이 있어야 했는데 이번에 바뀌면서 7년 이상으로 내려가고 실무 경력을 안 본다고 해요. 그래서 나오는 비판이 장롱면허도 상관없는 것 아니냐는 거예요. 다를 게 없잖아요.

지유성 그렇죠.

최정현 더군다나 이번에 임명된 처장, 차장, 두 분 모두 실무 경험이 많지 않다고 하세요. 검사도 실무 경력을 요하지 않으니까, 최악의 경우에 실무 경험이 없는 사람들 수십 명이 모여서 수사를 하겠다고 할 수도 있는 거죠. 그러면 우리는 잘 모른다면서 어영부영 묵혀놔도 할 말이 없는 거예요. 어찌어찌해서 수사하고 기소하더라도 공소 유지는 제대로 할 수 있겠어요? 이 규정을 민주당이 처음에 이렇게 만들어놓고 본인들이 바꾼 거잖아요. 표면적으로는 법적 문제지만 깊이 들어가면 의지에 대한 의문을 안 가질 수가 없는 거예요.

지유성 일단은 전체적으로 말씀하신 것 모두 적극적으로 동의해요. 동의하는데, 저는 조금 다른 측면에서 문제 제기를 하고자 해요. 일단 첫 번째로 공수처가 경찰과 검찰보다 더 도덕적으로 우월하다는 근거를 찾을 수 없고 그렇게 잣대를 들이밀 수도 없다고 말씀하셨는데, 그것도 중요한 문제지만 더 근본적으로는 공수처에 있는 그 검사들이 비리를 저지를 경우에는 어떻게 해야 하는가가 아주 큰 문제이죠. 그러니까 결국에 검사라는 직업이 있는데도 불구하고 공수처를 따로 만든 이유는 검사들을 믿기 어렵다는 거잖아요.

그러면 공수처가 불신의 대상이 되었을 때에는 또 뭘 만들 거냐는 것이죠. '공공수처(공수처공직자비리수사처)'를 만들 수 없잖아요. 부패한 기관을 두고 새로운 기관을 또 만들 수 없다고 아까 말씀하셨는데 그것처럼 사회 문제가 발생하면 사회 문제들이 발생하지 않도록 해야지 그거를 단속할 수 있는 또 다른 기구를 만들어서 해결하려고 하면 그 기구가 문제가 생길 경우에는 뭘 더 어떻게 할 거냐는 거예요. 지금 이런 딜레마적인 문제들을 조금이나마 해소시킬 수 있는 방안은 입법을 통해 공수처에 속해 있는 검사들이 어떠한 사회적 물의를 일으키거나 본연의 임무에 충실하지 못했을 때 정말 과하다 싶을 정도의 형벌적 제재를 가하는 것이라 생각해요.

최정현 살벌하네요. (웃음)

지유성 사실 일반 검사들을 그런 식으로 해버리면 검사들이 위축돼서 수사를 마음대로 할 수가 없어요. 그리고 검사를 누가 하겠어요. 근데 공수처는 아예 탄생부터가 그런 비리와 관련된 것들을 정확하게 잡아내고 검사가 여태까지 놓쳐왔던 부분들, 잘못했던 부분들을 메워주는 역할을 하기 위해 나온 것이기 때문에 어느 정도 일종의 소명감을, 말씀하신 경찰관과 검사보다 조금이나마 더 갖고 있어야 한다고 봐야 하는 거거든요. 어떻게 생각하세요?

최정현 문제의 근본적인 해법은 사람들의 생각이 어떻게 달라지느냐에 달린 경우가 많아요. 그런데 저는 사람을 믿지 않아요. 그래서 제도적인 노력이 수반되어야 한다고 생각하는데 그럼 어떤 노력이냐. **본질로 돌아가서 검찰을 견제하면 돼요. 그리고 검찰에서도 공수처를 견제하면 돼요. 그러니까 공수처는 검찰만 보는 거죠.** 그런 식으로 하면 문제가 될 게 없어요.

이 정권이 검찰에 대해 어떤 감정을 느끼고, 어떤 생각을 하는지 알아요. 그런데 개인의 감정을 내려놓고 합리적으로 보셔야 되지 않겠냐는 거예요. 복수, 앙갚음이 정치의 전부가 아니잖아요.

그리고 아까 공수처에 문제가 생기면 또 다른 기구를 만들 거냐고 하셨는데 저는 그 말씀에 적극적으로 동의해요. 우리가 세월호 때 해경을 해체했지만, 그 이후로 해양 사고가 안 났나요? 아니거든요. 그러면 지금도 교통사고로 하루에도 많은 분들이 돌아가시는데, 국토교통부도 해체할 거예요? 사실은 원래 있는 조직을 가지고, 그 안에서 최대한 바꿔보려는 노력을 하는 게 좋아요.

지유성 근본적으로 문제를 해결해야 하는 거죠.

최정현 예. 그런 측면에서는 공수처 설치를 이해할 수는 있어요. 검찰을 견제할 조직이 마땅하지 않았으니까요. 그런데 이제 공수처가 설치됐으니까 앞으로 우리가 해야 할 일은 공수처까지 포함된 틀 안에서 수사 기관들이 서로 견제하고 균형을 맞출 수 있도록 해서 문제를 해결하는 거예요. 있는 틀 안에서 근본적인 해결책을 찾아보고, 그게 안 되면 그때 다른 조직이나 체계가 필요하겠다는 생각을 하기 시작해야 해요.

지유성 그래서 공수처에 대해 사회적 논의가 활발하게 처음 이루어졌을 때

딱 붕당 정치가 떠오르면서 많이 우려스럽더라고요. 분명 앞으로 '공수처 vs 검찰' 이런 구도가 나올 텐데. 한 사건 두고 '수사권을 주네, 못 주네', '수사 기록을 덜 줬네, 많이 줬네' 뭐 이럴 거 아니에요? 뻔하잖아요 사실. 공직자의 비위 문제를 신속, 정확하게 잡아내야 할 때에 검사하고 공수처하고 막 싸우고 정치판은 사안에 따라 각기 옹호하는 편을 들어 싸우는 등 여기저기 난리가 나는 거죠.

또 장롱면허를 예로 드셨는데 공수처가 실무 경험이 훨씬 더 많은 검찰이나 경찰을 지휘하면서 나아갈 때 현장에서 인정을 받겠냐는 거죠. 그러면 제대로 수사가 이루어지겠어요? 불 보듯 뻔한 일이죠.

최정현 그렇죠.

지유성 마지막으로 말씀드리고 싶은 건 공수처 검사 임명 기준과 관련해서 검사 임명 기준 중 경력 면에서 완화됐을 때의 문제점은 실무 능력이 부족한 것도 당연히 문제지만 그것보다 더 큰 문제는 코드 인사를 할 수 있다는 우려예요. 적어도 법조계에서 10년 이상 일을 해서 자신의 의견을 낼 수 있는 위치에 있는 사람들이 들어오는 것과 그렇지 못한 사람들이 공수처에 임명되는 것은 저는 천지 차이라고 보거든요.

그렇기 때문에 만약에 이렇게 기준이 완화됐을 때 특정 당파라든지 특정 집단에서 자신들의 입맛에 맞는 인사를 할 수 있다는 것은 저는 공수처가 가진 엄청나게 큰 결점이라고 생각해요. 어떻게 보면 공수처의 존재 자체를 무너뜨릴 수도 있는 것이죠.

다만, 이런 것들은 앞으로 진행시켜 나가면서 해결해야 할 문제지 이것 때문에 '공수처를 폐지해야 된다, 설치는 안 된다' 이것까지는 아니지 않나, 여기까지가 제 의견이에요.

최정현 사실 코드 인사 문제는 저도 말씀드리려고 했는데 너무 정치적인 비판이 아니냐는 생각이 들어서

지유성 내가 먼저 이야기 꺼내줘서 고맙죠?

최정현 예. (웃음) 필리버스터를 했잖아요.

지유성 하도 많이 해가지고, 뭐 어떤?

최정현 여러 차례의 필리버스터 중에 공수처 관련한 부분을 뽑아서 봤는데 그때마다 항상 나왔던 얘기가 경력 문제고, 거기에 딸려오는 게 "특정 단체에서 활동했던 분들이 공수처로 갈 것이다. 그래서 결국에는 공수처가 정치적인 조직이 될 수 있다" 이런 거예요. 실제로 정치권에도 그런 특정 단체 출신들이 많잖아요.

지유성 그렇죠.

최정현 그런데 그분들 하시는 말씀, 행동을 보면 무서울 때가 있어요. 특정 사안에 있어서는 거의 맹목적이거든요. 그런 분들이 공수처에 들어간다면 공수처가 중립적으로 운영될 수 있겠냐는 거예요. 또 다른 정치 기구가 되지는 않을까, 우려가 있다는 거죠.

지유성 첨언하자면, 저는 그런 생각이 들었어요. '공수처가 정치 등용문이 되겠구나' 어쩌면 여기는 그냥 스타들을 띄워주기 위한 곳이 돼버릴지도 몰라요. 권력은 엄청나게 세고 그에 비해 들어갈 수 있는 조건은 굉장히 여유롭고 심지어 정당에서 이걸 좌지우지할 수 있는

권한을 강력하게 쥐고 있기 때문에 정치 등용문 역할을 하는 등 남용이 될 수도 있겠구나 하는 우려는 갖고 있었거든요 사실.

최정현 제가 그 생각에 동감하는 게 판사하고 검사는 실무 경력이 몇 년 있어야 지원할 수 있잖아요. 그런데 공수처 검사는 그냥 자격증 따놓고 가만히 앉아 있다가, 아니면 특정 단체에 들어가서 활동 좀 하다가 공수처에 들어가서 몇 년 일하고 몇 년 쉬다가 바로 정치 입문하면 되는 거거든요.

지유성 그렇죠, 그리고 그런 사람들이 과연 공수처 본연의 업무에 충실할 수 있겠느냐는 거죠.

최정현 그러니까요. 다음은 어떤 범죄를 수사할 거냐 하는 문제와 이첩 문제예요. 아까 말씀드렸지만 이첩해달라고 요청하는 권한이 공수처장한테 일방적으로 있어요. 상대는 예외 없이 따라야 하고요. 사건을 넘겨받으면 어떻게 해야 되고, 어떤 요건을 충족하지 못하면 다시 보내야 한다든지 이런 게 없어요. 받아서 그냥 묵혀놨다가 공소시효 다 되어갈 때쯤 불기소 처리해서 끝낼 수도 있는 거예요. 그러면 아예 건드릴 수도 없어요.

지유성 제가 대신해서 조금 더 강력하게 말씀드리자면 정권의 비위 관련된 문제들이 터졌을 때 논란을 빠르게 진화시키기 위해 그 문제를 이첩해 가져가고 계속 세간의 관심에서 잊힐 때까지 묵혀뒀다가 정권이 끝날 무렵쯤에 그냥 불기소 처분해서 끝내버릴 수 있다는 문제죠.

최정현 그렇죠. 또 이첩을 어떤 경우에 할 수 있느냐도 문제예요. 공수처법을 보니까 진행 정도와 공정성 논란 등을 고려하여 이첩을 요구할 수 있다고 하는데 진행 정도가 어떻고 공정성 논란이 있는지 없는지를 어떻게 알아요? 특히 고위 공직자의 비리라고 하면 사회적으로 논란이 많을 텐데 말이죠. 완전히 처장의 일방적인 판단에 의한 거거든요.

지유성 문제의 소지가 있죠.

최정현 제가 특히 더 문제라고 생각하는 건 피의자가 있을 거 아니에요. 이 사람들은 뉴스에서 보도하기 전에는 사건이 공수처로 넘어갔다는 걸 몰라요. 관련 내용이 법에 없으니까요. 당연히 공수처로의 이첩에 대해 자신의 의견을 얘기할 통로도 없어요.

　　　법에는 무죄 추정의 원칙이라는 게 있잖아요. 이 원칙에 따라 방어권을 최대한 보장받을 수 있도록 제도적 장치들을 마련해놓고 있는 거고요. 그런데 최소한의 장치도 없으니 옳으냐는 의문이 있어요. 마지막으로 수사 범위에 대한 기준이 없어요. 언제부터 언제까지의 범죄를 수사해야 할지 기준이 없다는 거에요. 그래서 경우에 따라서는 전 정부 인사, 야당 의원 중에 마음에 안 드는 사람이 있으면 그 사람과 관련한 과거의 정보도 털 수 있어요. 현직에 있지도 않고 어떠한 이권에도 개입되어 있지 않은 사람인데 말이죠.

지유성 또 하나의 정치적 분쟁의 도구로 사용될 수 있는 것이죠.

최정현 더 나아가서는 법 통과되기 전, 그러니까 공수처가 출범하기 전에 있었던 사건들도 대상이 될 수 있어요. 그러니까 명목상으로는 대한민국이 수립된 이후에 있었던 모든 사건을 다 털 수가 있는 거에요. 이런 식으로 고위 공직자의 비리를 처벌하는 데서 그치지 않고 정치 보복의 수단으로도 활용될 가능성이 농후해요. 이런 점은 차치하더라도, 한 기관에 모든 권한을 몰아주면 탈이 날 수밖에 없다는 말씀을 드리고 싶어요.

지유성 '눈 돌리기 형식으로 수사를 운영할 수 있지 않겠느냐' 하는 문제 제기 역시 너무 지나친 것일 수도 있겠지만 마음먹기에 따라 충분히 가능할 수도 있다는 점에서 어떻게든 예방책이 필요하다는 것에 공감해요.

최정현 이것도 법을 만들 때 다 나왔던 비판이에요. 그때도 신나게 지적했지만, 귀를 막고 뭔가에 쫓기는 것처럼 처리했잖아요. 그래놓고 이제 와서 고치겠다고 난리를 치고 있어요. 저는 제발 뭐 하실 때 다른 사람들 의견을 듣고 하셨으면 좋겠어요. 야당이 반대를 위한 반대만 한다고 대안을 내놓으라고 하는데, 민주당이 통과시키는 법마다 야당이 지적했던 문제가 그대로 현실이 되고, 민주당은 야당이 제시했던 방향으로 수정해요. 제발 좀 들으시라고 강조하고 싶어요. 마지막은 아까도 나왔던 이야기지만, 정치적 중립이에요. 이번에 야당에게 주어진 공수처장추천위원회의 비토권을 박탈했잖아요.

지유성 그 점은 저 역시도 뼈아프게 생각해요.

최정현 이건 제가 말씀 안 드려도 아시겠지만 박주민 의원, 홍영표 의원, 설훈 의원, 박범계 의원, 김종민 의원, 이해찬 대표가 다 하셨던 얘기예요. 야당에 비토권이 있다. 당신들이 반대하면 임명할 수가 없다.

그러니까 정치적 중립성은 지켜질 거다. 일단 가장 큰 문제는 말을 해놓고 바꿨다는 거고요. 두 번째는 이게 민주당의 비열한 프레임이 아니냐는 거예요. 야당이 반대했다고 하잖아요. 그런데 본인들이 권한을 보장해 주고서는 비토권을 쓴 걸 가지고 뭐라고 하고 있는 거예요.

그리고 민주당이 공수처를 빠르게 출범시켜야겠다는 생각이 그렇게 절박했다면 변호사 협회나 야당에서 추천한 인사를 찬성할 수도 있었어요. 국민의힘 추천위원들이 찬성한 후보자에 찬성했으면 통과되는 거잖아요? 더군다나 들어보니까 국민의힘에서 변호사협회 추천 인사에 대해서는 동의할 수 있다는 의사를 표시했고, 문재인 정권에서 중용되었던 차관급 법조인 두 명을 제안했다고 하잖아요. 제가 민주당 입장이 아니라서 모르겠지만, 이 정도면 받을 수 있지 않았을까 싶어요. 그런데 본인들이 그렇게 안 해놓고, 정쟁화시킨 거죠. 이 비열하다 싶은 행동이 180석 집권 여당의 행동이라는 게 참……

지유성 특히나 공수처가 국민들에게 신뢰와 안정을 주기 위해 출범한 것이었다면 정치적인 목적으로서라도 초대 공수처장은 야당 인사가 되는 게 더 좋았을 수도 있어요. 그랬어야지 반대론자까지도 포용할 수 있는 그런 공수처가 됐을 텐데 오늘날의 공수처는 말씀하신 부분들 때문에 결국에는 반쪽짜리 공수처가 되지 않았나 싶어요. 그래서 굉장히 저도 아쉬운 생각이 들어요.

최정현 더 하실 말씀 있으세요?

지유성 아니요. 아픔밖에 없어요.

최정현 저는 한 가지만 더 말씀드릴게요. 2012년 대선에서도 대통령 측근, 친인척의 비리는 어떻게 할 거냐는 이야기가 있었어요. 그래서 그 당시에 박근혜 후보가 특별감찰관제를 공약했고, 취임 후에 특별감찰관이 출범했어요. 여기에서 우병우 전 민정수석 관련 비위를 잡았잖아요. 그러다가 쫓겨나다시피 물러나기는 했지만요. 그런데 문재인 정부는 박근혜 정부보다 더 잘하겠다고 말하면서 출범했잖아요.

지유성 그렇죠.

최정현 저는 문재인 정부가 그 다짐을 지키려 했다면 취임하자마자 특별감찰관을 임명했어야 한다고 생각해요. 그런데 충분히 활동할 수 있도록 보장해 주는 건 둘째 치고, 거의 5년째 공석이에요. 저는 빨리 임명하시면 좋겠다는 말씀을 드리고 싶어요.

그리고 상설특검도 도입이 됐잖아요. <mark>고위 공직자, 대통령 측근의 비위를 막기 위해 활용할 수 있는 제도적 수단이 굉장히 많다는 거예요. 대상에 검사를 넣으면 굳이 지금의 논란을 초래하지 않을 수도 있었고요.</mark> 이런 다양한 방법들이 있었는데 다 내버려 두고, 본질과 벗어난 현재의 공수처라는 조직을 만들었잖아요. 공수처를 둘러싼 작금의 상황들을 보면 긁어 부스럼이라는 말이 떠올라요. 코로나로 온 국민이 힘을 모아야 할 시기에 왜 굳이 분란과 갈등을 만들어내는지, 이해하기 어려워요.

지유성 그분들의 말 한마디에 우리네 삶이 왔다 갔다 해서 마음 졸이면서 보는데 그들은 아무렇지 않게 말을 뱉고 던지고 행동하고 하니 얼마나 피곤한데요.

최정현 그래서 전에 국민의힘에서 논평을 낸 거예요. 민주당은 사과하라고요. 그랬더니 민주당에서도 '국민의힘은 그런 말 할 자격 없다. 국민의힘은 사과하라'고 논평을 냈대요. 그런데 이걸 보고 교수셨던 것 같은데, 그분이 하시는 말씀이

지유성 둘 다 사과해라 이래요?

최정현 아니요. 당신네들 그런 식으로 할 거면 편지 쓰든지 통화하든지 해라. 뭐 이런 논평을 내서 국민을 피곤하게 하느냐는 거예요.

지유성 공감이 가서 재밌네요.

최정현 그런데 지금은 재미가 있는 것도 아니고, 오히려 재미라기보다는 공해에 가깝죠.

정치인과 경제인 봐주기 판결, 과연 옳은가?

거물 정치인과 경제인의 사면에 대해서는 늘 논란이 많다. 최근에는 이낙연 당시 더불어민주당 대표가 이명박, 박근혜 두 전직 대통령의 사면을 거론해 갑론을박이 있었고, 뇌물 공여로 징역 2년 6개월을 선고받은 삼성전자 이재용 부회장을 둘러싼 사면 이야기도 심심치 않게 들려온다. 사면함으로써 사회적, 국가적으로 취할 수 있는 이득이 더 많다는 게 이유인데, 과연 그럴까?

지유성 대통령의 사면이 무엇이냐고 묻는다면 대부분의 사람들이 '대통령의 특권이다'라고 대답할 텐데 저는 '사법부에 대한 견제권'이라고 생각하거든요. 부연 설명을 하자면, 정치인이나 경제인이 위법을 저질렀다고 법에서 좀 유연하게 판단해 주는 건 말도 안 되는 일이 잖아요.

이번에 이재용 부회장의 경우 징역 2년 6개월을 선고받은 것으로 알고 있는데 적어도 이런 식으로 선고가 이루어지면 사법부의 시간은 다 끝난 것이죠. 그 이후로부터 이재용 부회장의 실형 선고로 벌어지는 국가의 경제적 문제와 같이 정치, 경제인들에 대한 정당한 판결로 파생되는 실질적인 측면의 문제를 해결하기 위해 고려돼야 하는 것이 바로 대통령의 사면이라고 생각해요. 그게 사법부의 역할과 대통령 사면권의 올바른 사용법이라고 봐요.

최정현 사면의 정의에 대한 말씀은 동의해요.

지유성 그런데 미국의 트럼프 대통령도 퇴임을 앞두고 자기 친척들과 친지들에게 사면권 남용하고, 우리나라도 사면 대상으로 거론되는 게 전 대통령들, 여당 소속이었던 총리, 이런 사람들이란 말이죠? 이건 굉장히 잘못된 일이죠. 그러나 앞서 말씀드린 바와 같이 사면이 지닌 의의가 있으므로 사면을 폐지시키자는 사람들한테는 적극적으로 반대해요. 사면 폐지를 주장하는 걸 볼 때마다 사면이 얼마나 중요한 건지 고려하지 않고 사면의 가치를 너무 평가 절하한다고 생각하고 오늘날 우리나라가 사면권을 이해하고 그것을 이행하는 수준이 경악스럽다는 생각이 들어요.

최정현 제 생각을 하나 덧붙이면, 사면권은 정말 최소한으로 절제해서 행사해야 한다고 생각해요. 사면은 행정부가 사법부를 견제할 수 있는 수단이잖아요. 그런데 우리가 국정감사, 위헌법률심판, 임명 동의 같은 견제 수단들을 살펴보면 제한적이에요. 국정감사를 예로 들면 특정한 시기에, 한정된 기관을 상대로 업무에 관한 사항을 대상으로 하잖아요. 위헌법률심판은 법원에서 한번 따져보고 제기할지를 결정하고요.

사면 같은 경우에는 그렇지 않아요. 사면심사위원회를 거친다고 하지만, 그 위원회를 거친다고 해도 대통령의 결단이 없으면 이루어지기 어려워요. 이렇게 말하면 어떨지 모르겠지만, 형식적인 절차에 불과한 거죠. 정치적 행위라고들 하잖아요. 이런 점에서 다른 수단들에 비해 그 범위가 무한해요. 그런데 법원의 판단은 얼렁뚱땅 나오는 게 아니잖아요. 설령 그렇다고 하더라도 3심을 거치며 판단이 옳았는지를 여러 차례 검증받게 돼요. 그렇기 때문에 판결에 대해 이야기하는 게 보편적인? 칭찬받는? 분위기는 아니에요.

지유성 그게 가벼운 주제는 아니죠. 사회적으로요.

최정현 정확하게 표현하신 것 같아요. 판결이 쉽게 나오는 게 아니기 때문에 그런 건데요. 이처럼 법원 결정이 엄중한 정도에 비해 사면권 행사는 그 정도가 매우 떨어져요. 이건 앞서 공수처 부분에서 말씀드렸던 것처럼 한 기관에 우월성을 부여하는 것과 다를 바 없어요. 그래서 견제 원리에 어긋나는 거죠. 그렇기 때문에 사면권은 제한적으로 행사돼야 해요. 이런 점에서 저는 박근혜 정부가 참 잘했다고 생각하는 게 사면권 행사를 굉장히 절제했다는 거예요. 그 당시에 사면된 사람이 없지 않나요? 있나요?

지유성 광복절 특사를 제외하고 거물급 인사가 사면된 경우는 제 기억 상으로도 거의 없었던 것 같기는 해요.

최정현 네. 그런 점을 굉장히 잘했다고 생각하거든요. 민생 사범이라고 하더라도 제한적으로 이루어졌고요. 그런데 이재용 부회장과 같은 경제인, 이명박, 박근혜 대통령과 같은 정치인의 경우에는 여러 가지가 얽혀 있기는 해요. 예컨대 이재용 부회장 구속 후에 주가가 안정됐어요. 이런 점에서는 구속되는 게 좋은 거였을 수도 있지만, 보도를 보니까 백신과 관련해서 해외 출장을 계획하고 있었는데 구속으로 수포로 돌아갔다고 해요. 손해인 부분도 있는 거죠. 이런 식으로 여러 가지가 얽혀있어요.

지유성 전직 대통령 사면은 어떻게 보세요?

최정현 이재용 부회장의 사면과 똑같죠. 그런데 이재용 부회장, 이명박, 박근혜 전 대통령에 대한 사면은 제한적 행사에 속한다고 보기 어려워요. 같은 혐의로, 같은 형량을 받은 일반인도 사면이 될까요? 전 안 될 거라고 봐요. 그런 점에서 공정하지 않아요.

아까도 말씀드렸지만 최근 사면권의 행사가 본질인 사법부 견제보다는 정치적 목적을 달성하기 위한 행동 비슷하게 이루어지고 있기도 해요. 실제로 사면의 목적을 보면 국민 통합, 경제 살리기 같은 거지 판결의 법적 오류 같은 게 아니잖아요. 그런 점에서 사면은 안 하는 게 맞다고 생각해요. 이재용 부회장이든, 이명박 전 대통령이든, 박근혜 전 대통령이든. 그런데 만약에 대통령께서 사면을 하겠다고 결정하시면 나서서 반대하지는 못할 것 같아요. 혹시 얼마 전 비디오머그 영상 보셨어요?

지유성 무슨 영상이요?

최정현 아들이 자기 아빠를 신고한 이야기를 다룬 영상이에요. 아빠가 어디 가는지는 말 안 하고 집을 나갔는데, TV를 돌리다 보니까 의사당에 있는 모습을 본 거예요. 미국에서 대선 후에 폭력 사태가 있었잖아요. 거기에 참여했던 거죠. 그렇게 알았는데, 의사당에서 사람이 죽고 체포가 되니까 급하게 다시 돌아온 거예요. 아들이 그 사실을 안다고 하니까 아빠가 집회에 갔었다는 이야기를 하지 말라고 협박을 했대요. 그런데 아들이 아빠를 FBI에 신고한 거예요. 그 아들 인터뷰를 보니까 아빠에게 미안하기는 하지만 후회하지 않는다. 다시 그런 일이 있으면, 그때도 신고할 거라고 하더라고요. 앞에서 언급한 세 분을 보면서 제가 느끼는 감정이에요. 하여튼 참 복잡해요.

지유성 그렇기 때문에 저는 더욱 지금 상황이 더욱 이해가 안 되는 게, 사면이라고 하는 것이 결국에는 엄청난 정치적 행위잖아요. 근데 사실 지금 문 대통령은 한 번도 언급한 적이 없어요. 아직 시기가 아니라고 한 번 언급했을 뿐이지 이 모든 문제의 시발점은 이낙연 대표의 발언이었잖아요. 일각에서는 대권 지지율이 휘청휘청하니까 포용론을 주장한 것이 아니냐고도 얘기하더라고요.

참여정부 당시에 노무현 대통령의 이라크 파병 결정에 대한 헌법소원(2003헌마814)에서 헌재가 '대통령이 내린 고도의 정치적 결단, 이른바 통치 행위는 사법 심사의 대상이 되지 않는다'라고 하며 각하 결정을 내리잖아요? 이것처럼 사면 역시 대통령의 엄청난 정치적 결단인데 그걸 왜 대통령 본인도 아니고 이상한 사람들이 나와서 왈가왈부하는지 현재 시점에서는 사실 저는 잘 이해가 가지 않아요.

최정현 이낙연 대표께서 사면을 처음 말씀하실 때 모두가 했던 이야기가 청와대와의 교감 하에 나온 게 아니냐는 거였어요. 총리를 하셨던 분이고, 당시에 집권 여당의 대표셨고, 그게 아니더라도 말을 함부로 하는 분이 아니라는 인식이 있었잖아요. 그런데 어그러져 버렸죠. 실제로 논의가 있었는지는 모르겠지만.

그리고 김영삼 대통령 때도 전직 대통령을 사면했었잖아요. 그 논리가 국민 통합이었어요. 그런데 이번에 여론의 추이를 보면 아시겠지만 국민 통합을 위한 사면이라는 논리는 이제 더 이상 먹히지 않아요. 이전의 사면은 두 분 대통령에 의해 고초를 겪으신 김대중 당시 대통령 당선인이 건의해서 그 명분이 산 것도 있기는 하지만요.

지유성 사면이 그런 식으로 쓰이는 용도도 아니죠. 근본적으로요.

최정현 그렇기도 하고, 이제 국민도 거기에 넘어가지 않아요.

지유성 이번에 여론 조사 결과도 그걸 보여주잖아요?

최정현 마침 여론 조사 말씀하셨으니까, 하나를 더 말씀드리고 싶어요. 여론 조사 결과를 보면 아시겠지만, 찬반 여론이 비등비등해요. 그래서 저는 사면 문제를 계속 끌고 가는 게 오히려 갈등을 부추긴다고 봐요. 사면 반대가 압도적으로 나오면 안 하는 게 맞죠. 그런데 찬성과 반대가 40%대에서 왔다 갔다 하잖아요. 그래서 대통령께서 빨리 결단을 하셔야 한다고 봐요. 사면을 하겠다, 안 하겠다를 빨리 확정하면 한 쪽은 기분이 나쁘겠지만

지유성 진정이 되죠.

최정현 예. 그래서 저는 이번 신년 기자회견에서 대통령께서 어려우시겠지만 '사면을 하겠다, 안 하겠다'를 분명히 하셨어야 한다고 생각해요. 그게 국민 통합을 해야 할 책임을 가지고 계신 분으로서의 역할이라고 생각했거든요. 물론 원론적인 답변이 나와 버렸죠. 그런데 어찌어찌해서 어느 정도 이슈가 묻히기는 했어요. 진정이 되기는 했지만, 그래도 대통령께서 한다, 안 한다를 조금 더 일찍, 분명하게 밝히셨으면 더 빨리 진정될 수도 있지 않았을까 하는 아쉬움이 있어요.

지유성 그 부분에서는 동의하는데요. 어쨌든 간에 저는 대통령도 많이 난처하셨을 것 같다고 봐요.

최정현 물론 그렇죠.

Issue

6.

대한민국의 미래

21 청년정치와 청년 정책, 어디까지 왔나?
22 20대가 생각하는 한반도 평화와 통일은 무엇인가?

청년정치와 청년 정책, 어디까지 왔나?

21대 국회의원의 평균 연령은 54.9세다. 국민 평균 연령인 42.6세보다 12.3세나 많은 것이다. 이런 상황을 타개하기 위해 정치권은 청년을 영입하고, 청년위원회를 활성화시키며, 청년당을 만드는 노력까지 기울이고 있다. 이 노력은 성공했나? 우리 정치는 젊어지고 있을까? 이런 정치적 노력은 정책적 성과로 나타나고 있을까?

최정현 이번 총선에서 당시 미래통합당이 청년 벨트를 만들겠다고 했어요.

지유성 청년 뭘 만들어요?

최정현 청년 벨트요. 몇몇 지역구를 묶어서 제시해놓고 거기에 청년을 공천하겠다고 했는데 그 지역구들이 다 험지였어요. 구리, 도봉, 파주, 김포 이런 곳들도 있었고, 순천에서 출마한 분도 계셨거든요.

지유성 순천이요?

최정현 네. 지금 우리 정치 현실을 보면 진입 장벽, 문턱이 높아요. 돈이 충분히 없으면 도전해보기도 어렵고, 어렵게 도전해도 공천받기는 더 어렵고, 진입하더라도 청년이라는 이름에 갇혀서 활동의 폭이 상당히 좁아요. 이런 점에서 청년들에게 경쟁할 수 있는 기회를 보장하기 위한 노력이 필요하다고 생각해요. 이런 측면에 완전히 부합하지는 않지만 청년 벨트를 만드는 건 좋아요. 그런데 신인을 키우려는 의도를 가지고 있었다면 험지에 공천하면 안 됐죠. 중진이 가도 질 판에 신인을 보내는 게 맞느냐는 거예요.

지유성 순천 듣고 깜짝 놀랐어요.

최정현 순천은 그분이 자원해서 출마한 걸로 알아요.

지유성 아 그래요? 저는 또 청년이라고 경험이나 하고 오라며 험지를 준 줄 알았죠. (웃음)

최정현 키울 거면 확실하게 키워주고, '우리는 그런 거 안 한다. 알아서 살아 돌아와라' 이런 입장이면 아예 말도 하지 말았어야죠. 그런데 정반대로 행동했잖아요. 완전히 잘못된 자세라고 생각해요. 그리고 다른 나라 같은 경우에는 정말 밑바닥에서부터 시작하잖아요.

지유성 그렇죠. 정말 구의원과 같이 자신이 책임지고 맡을 수 있는 일부터 시작하곤 하죠.

최정현 예. 구의원부터 시작해서 차근차근 올라가는데 우리나라는 그런 경우가 많지 않아요. 인재 영입으로 갑자기 들어오는 경우가 다수죠. 이런 걸 바꾸려는 노력을 기울여야 해요. <mark>보좌관이나 당의 연구원을 열어서 청년들이 실무를 배우고, 동시에 철학을 익힐 수 있는 판을 만들어 줘야 한다고 봐요. 여기서 철학을 가지고, 실무를 익힌 사람들이 정치계로 나오면 활동 영역을 청년 문제에만 한정하는 것과 같은 문제가 해소될 거라는 기대를 가지고 있어요.</mark>

  선거 비용도 상당히 부담이 되는 게 사실이에요. 그래서 당마다 청년의 경우에는 공천 심사비를 안 받거나 낮춰주는 경우가 있기는 하지만 여전히 부족하거든요. 공천 심사비 때문에 도전을 꺼리는 사람들이 무슨 돈이 있어서 선거 운동을 하겠어요. 이런 부분들은 당뿐만 아니라 국가 차원에서도 관심을 가지고 지원해줘야 한다고 봐요.

지유성 가장 동의하는 부분은 뜻이 있는 사람에게 길을 열어줘야 한다는 거예요. 지금 청년정치의 가장 큰 문제점은 뜻이 있는 청년들이 성장하지 못하는 게 아니잖아요. 더불어민주당 청년 대변인 말실수사건과 국민의힘 청년위원회 사건이 보여주듯이 무언가 명확한 뜻도 없이 그저 정치인이 되고 싶은 청년들이 나서는 것이 문제인 것이죠. 민주당도, 국민의힘도 한 번씩 겪었잖아요.

반면에 정말 뜻있는 청년들은 무대가 없기에 우리가 알맹이 없는 청년들만 기억하는 것일 수도 있죠. 그래서 저는 개인적으로 이런 청년들의 토론이라든가 아니면 정치적, 사회적 경험을 키울 수 있는 아카데미가 꼭 필요하다고 봐요. 정치를 하고 싶은 청년들도 그렇고, 젊은 정치를 외치는 정치계도 그렇고, 청년정치 정말 하고 싶으면 정말 이 사회의 청년들과 밀접하게 접촉하면서 정치계도 청년에 대해 이해하고 청년들도 그들이 처한 상황을 설명하고 바뀔 수 있도록 노력해야죠. 그런 과정 속에서 자연스럽게 정치에 대한 사회화가 이루어져야 한다고 봐요.

최정현 동의해요.

지유성 궁극적으로 가장 이상적인 건 '정치할 청년은 어서 어서 모여라' 이게 아니라 '청년이면 모두가 정치인이다' 이런 상황이에요. 그래서 언젠가는 우리나라가 '20대 청년은 누구나 가슴에 배지만 달지 않은 정치인이다' 이런 말이 나올 수 있을 정도로 정말 깊은 정치적 사회화가 이루어져야 된다고 봐요. 하지만 안타까운 건 현실적으로 그 누구도 진정한 '젊은 정치, 청년정치'를 갈망해서 거론하는 것은 아니라는 점이죠.

최정현 맞는 말씀이에요.

지유성 청년정치가 문제가 많듯이 이 사회 청년 정책도 마찬가지예요. 앞서 청년정치를 할 사람들을 모아놓고 그 안에서 청년정치를 찾을 게 아니라 청년에 대한 문제를 파악하고, 청년들이 정치에 대해 사회화가 이루어지고, 그다음에야 진정한 청년정치가 나온다고 한 것처럼 청년 정책도 그런 식으로 가야 된다고 봐요.

더 정확하게 말씀을 드리자면 청년 정책은 복지가 절대 아니에요. 이 사회 청년들이 약자고, 취약 계층이라고 국가가 시혜적으로 베풀고 지원하는 것이 절대 아니란 말이죠. 현시점에 청년들의 문제를 해결해 주는 게 아니라 이 사회를 유지하기 위해서 사회의 한 계층으로서의 청년들이 사회를 부양해 나갈 수 있는 능력을 길러주는 게 바로 청년 정책이란 말이에요.

최정현 그럼 청년 정책이 어떤 방향으로 가야 한다고 보세요?

지유성 청년기본법을 설정해서 청년들을 도울 수 있는 근거를 마련하고 그 기본 골자를 토대로 청년 문제들을 파악해서 세부 정책을 수립해야 한다고 봐요. 그걸 각 지자체별로 분할시켜서 청년 주택을 만들어서 주거를 해결한다든지, 청년 기본소득을 도입해서 급여를 해결한다든지 청년 고용 할당제를 해가지고 고용 문제를 해결한다든지 그런 식으로 가야 되는데 청년기본법도 2020년에야 겨우 통과가 되었어요.

여태 각 지자체별로 선심 쓰듯이 이런저런 청년 정책을 남발해 놓고 청년에 대한 기준도 어느 지자체는 만 19세부터 24세까지, 어느 지자체는 34세까지 이런 식으로 무분별하게 해놓는 등 엉망이었단 말이에요. 또 어느 지자체는 혜택을 많이 주고 어느 지자체는 혜택을 조금 주고 어느 지자체는 아예 없는 등 너무 중구난방으로 이어져 왔단 말이죠. 기본 골자도 세부 정책도 문제 인식도 전혀 없었던 거죠.

최정현 동의해요. 거기에 더해서 정치인들이 어떻게 해왔는지를 한번 짚어 보고 싶어요. 제가 지금도 기억하는 게 2012년 대선 때 박근혜 당시 후보가 대선 며칠 전에 유세 현장에서 군 복무 기간 단축을 선언했어요. 근데 그전까지 새누리당에서는 군 복무 기간 단축을 말하는 민주당을 비판했거든요. 지난 총선 때는 더불어민주당도, 미래통합당도 모든 국민에게 재난지원금을 주겠다고 했어요. 이번에 재보궐 선거에서는 박영선 후보가 청년에게 데이터를 5GB씩 주겠다고 했고요. 급하니까 막 내뱉고, 말 바꾸고 내로남불하는 거예요.

지유성 부끄러운 일이죠.

최정현 네, 그런데 이제는 국민들이 똑똑해져서 다 알잖아요. 군 복무 기간 단축을 선거 며칠 전에 말하면, 선거 몇 주 전에 5GB씩 주겠다고 하면 거짓말이라는 걸 알아요. 득표를 위한 얕은 수인 것도 알고요. 그러니 청년들이 지지할 수 있겠어요? 실제로 2030은 2012년 대선 당시에 박근혜 후보를 거의 찍지 않았어요. 이번 재보궐 선거에서 박영선 후보도 마찬가지고요.

청년들은 더 이상 선거용 정책에 공감하지 않아요. 그런데도 이런 행태를 계속하는 걸 보면 정치인들이 청년을 돈 주면 좋아하는 아메바 같은 득표 수단으로만 보고 있는 게 아닌지 의심해 봐야 해요. 그래서 말씀하신 것처럼 정치인들이 정말 근본적인 문제를 파악하고, 지금의 정책 체제, 관점, 관념을 완전히, 창조적으로 파괴해야 해요. 그래야 실질적인 변화를 만들 수 있다고 생각하고, 이런 측면에서 말씀에 동의해요.

지유성 전적으로 동의해요. 제가 앞에서 어떤 행위에 대한 의도가 선한지 악한지를 봐서 저의가 있었다면 그 정책도 당연히 나쁜 정책이라고 판단해야 한다고 말씀드렸잖아요. 이런 관점에서 313회 국회 임시회 회의록을 보면 그 당시에 청년 고용 할당제에 대한 얘기가 나와요. 이 법이 자체적으로 가진 문제들이 많아서 여러 의원들이 고용노동부 장관을 앉혀놓고 질의를 하는데 장관님이 하시는 말씀이 여러 문제를 알고도 여태까지 의원님들께서 청년 문제고 선거에 직결되는 문제이니 유야무야한 채 논의를 이어왔다는 거예요. 그런데 또다시 이에 의원들이 수긍하면서 다음에 상정하자는 식으로 해서 후에 얼토당토않게 통과가 돼버려요.

최정현 그래요?

지유성 이런 식으로 청년에 대한 이해와 공감이 없이 그저 선거용 정책을 찍어내면 무슨 도움이 되겠냐는 거예요. 가난 때문에 수치심과 모멸감을 느껴본 사람이 만든 사회 보장 정책이 훨씬 실효성과 진정성이 있을 테죠. 하지만 정책을 만드시는 분들 중에 가난한 적이 없었던 사람은 있을 수 있잖아요. 그런데 청년이 아니었던 분들은 없을 거 아니에요. 그런데도 청년을 이해하지도 공감하지도 못한 채 말로만 청년정치, 청년을 위한 정책을 외치니 우리들의 마음이 가지 않는 게 당연한 것 아니겠어요?

최정현 동의해요.

지유성 기성세대가 청년을 이해하지 못하는 것이 당연한 일일 수는 있어요. 70년대 미국에서 가장 유명한 재판으로 일컬어지는 '트라이얼 7'을 보면 당시 청년들은 기성세대들이 자신들을 이해하지 못한다며 답답해하는데 그 청년들이 바로 지금의 정치권에 있는 기성세대들이잖아요. 이젠 같은 세대 내에서도 서로를 이해하기 어려운데 청년을 이해하기란 더욱 어려울 수 있죠.

최정현 그러면 정치가 어떻게 해야 청년을 이해할 수 있다고 보세요?

지유성 답은 청년들의 이야기를 직접 듣는 것이에요. 청년들에게 직접 발언할 기회를 마련해주어야 하는 것이죠. 그런데 지금 통과된 청년 기본법을 보면 총리의 주재로 각 부처 장관들을 위원으로 둔 위원회를 꾸리고 정원의 일정 비율을 청년으로 채우게 되어있더라고요. 이게 과연 진짜 청년들의 의견을 담는 것일까 의구심이 들어요. 늘 그렇듯 형식적인 자리에 형식적인 청년 위원들, 형식적인 이야기들이 오고 갈 것 같다는 회의감도 들고요. 이제는 좀 바뀌어야 하지 않나요?

최정현 그렇죠. 그런데 그런 움직임들이 실제 정책으로 나타나고 있잖아요. 청년의 더불어민주당 지지율이 하락하니까 모병제, 남녀평등복무제, 군 가산점과 같은 말들을 쏟아내고 있는데 일단 모병제의 경우에는 사람이 준다고 정원을 줄이는 건 너무 눈 가리고 아웅이 아닌가 싶어요. 첨단화도 해야 하는데 지금 계획만 있는 상황이에요.

지유성 비용 문제도 심각하죠.

최정현 맞아요. 사병 월급 인상만 고려해도 3조가 더 든다고 하는데 남경필 전 경기도지사가 제안한 안을 가지고 얼마가 드는지 따져보자고요. 모병제를 하면 병장에게 월 200만 원을 줘야 해요. 현재 병장 월급이 60만 원이니까 최소 3배 이상 올라야 하는 거죠. 그런데 2021년 기준 하사의 월급은 170만 원이에요. 군처럼 계급이 철저한 곳에서 사병이 장교보다 월급을 많이 받을 수 있겠어요? 장교, 부사관 월급도 사병 월급 인상 폭 정도는 올려야겠죠. 그런데 이게 2017년에 내놓은 안을 2021년 기준으로 따져봤다는 점에서, 얼마든지 더 늘어날 수 있다는 걸 감안해야 해요. 거기에다가 모집병이니까 연금 혜택도 추가해야 하잖아요. 여기에 첨단화도 해야 하는데, 이걸 어떻게 충당할 거예요?

지유성 그냥 막 던지고 보는 거죠.

최정현 그리고 모병제는 경제적 징병제에요. 미군 지원자의 70%가 저소득 계층이라고 하더라고요. 모병 군인 중 대학 교육을 받은 비율은 일반 시민의 10분의 1 정도에 불과하고요. 그러니까 가난한 집 아이들은 돈 벌러 군대에 가고, 부잣집 아이들은 노블레스 오블리주 명목으로 수혜 베풀듯이 군대에 가는 거예요. 공정하지도 않을뿐더러 국민의 의무를 돈 주고 사고파는 거죠. 그래서 모병제는 말이 안 될 뿐만 아니라 일반 청년들과는 전혀 관련이 없어요. 그리고 군 가산점제 같은 정책은 과거에 왜 있었고, 왜 주장하고 있어요?

지유성 특정 성별이 아닌 국가를 위해 희생한 '군인'에게 합당한 보상을 해 주자는 거죠.

최정현 예. 그런데 지금 논의는 그런 방향과는 거리가 멀잖아요. 어떻게 할지 말을 안 해서 구체적으로 따질 수 없기는 하지만요. 그리고 군 가산점은 여성, 장애인에게 차별이 될 수 있다는 이유로 헌법재판소에서 위헌 결정을 했기 때문에 도입한다면 치밀하게 준비해야 해요. 급하다고 막 가져다 쓸 카드가 아니라는 거죠.

그런데 시기상 군 가산점을 위해 필요한 '여성희망복무제'와 같은 정책을 논의한다는 건 불가능해요. 이게 1~2주 만에 가능한 이야기예요? 20대 남성의 지지가 떨어지니까 급해서 내놓은 공허한 말잔치에 불과한 건데, 이런 말도 안 되는 이야기들을 하신 게 젊은 의원으로 분류되는 분들이에요. 말씀처럼 현실과 상당한 괴리를 보이고 있는 거죠.

지유성 말씀하신 대로 이대남(20대 남자)의 마음을 잡기 위해 던지고 보는 말들 중 가장 고전적인 게 군대 문제잖아요. 우리 이대남들이 그걸 원하는 건지 아닌지가 우선되어야 하지 않나요? 그리고 청년층 대다수가 수긍할 만한 정책을 내놓으면 지지하기 마련이에요. 남성들의 지지가 낮아졌다고 해서 그들만을 대상으로 한 정책을 마구 뿌리는 것은 후에 또다시 다른 문제를 유발할 테죠.

최정현 청년정치에 정작 청년의 목소리는 없는 거죠.

지유성 그러고 보면 정말 이상한 게 과거 우리나라에는 청년정치가 살아있었잖아요. 아직까지도 기록이 깨지지 않고 있는, 25살에 국회의원이 된 김영삼 전 대통령을 시작으로 학생 운동 최전선에서 달리던 수많은 현역 국회의원들까지 오히려 오늘날에 비해 과거의 우리 사회에 훨씬 자연스럽게 정치 사회화가 이루어져 있었고 청년들의 의견이 사회에 즉각적으로 반영되곤 했는데 정말 어디서부터 잘못된 것인지 모르겠어요.

최정현 청년들에게도 문제가 있다고 생각해요.

지유성 그렇죠. 하지만 이건 제도권 정치에 계신 분들이 꽉 쥐고 있는 문제이기 때문에 청년들이 돌을 던진다고 해결될 문제는 아니에요. 가령 여당에서 선거용 공약으로 청년 특임 장관을 만들어주겠다 했는데 환심 사기용 공약으로 툭툭 던져버리는 청년 장관이 과연 뭘 이뤄낼 수 있으며 무슨 일을 할 수가 있겠어요. 그냥 어릿광대에 불과할 뿐이에요. 광고용일뿐이죠.

심지어 일 년이 훌쩍 지난 지금 그 이야기는 온데간데없이 사라졌잖아요. 그러니까 우리 청년들도 이러한 가짜 청년 정책을 막기 위해 우리 주변의 문제에 대해 인식하고 해결하기 위해 능동적으로 움직이고 공부하는 등 청년이면 청년답게 움직여야 하지 않을까 생각은 하는데 저조차 내일이 막막한 상황에 이런 말을 하는 게 참 어렵고 속상하네요.

최정현 동의해요. 그런데 제가 전에 말씀드렸잖아요. 어떤 행사를 갔더니 정말 어른들 안 좋은 것만 보고 배웠다는 생각이 들더라고요. 악수하고 명함 돌리는 형식에만 치중해서 본질을 못 건드는 분들이 정치를 하겠다고 기웃기웃거리는데 이래서는 변화가 있을 수 없어요. 이분들은 생물학적 나이가 청년인 거지 정신 상태, 행동은 장년과 다를 바 없거든요. 그래서 청년이 아니라도 청년의 문제에 공감할 수 있는 사람이 청년을 말한다면 변화를 만들 수 있다고 생각해요. 그냥 나이만 어린 사람이 100명, 200명 정치권에 들어가도 달라지는 건 없을 거예요.

지유성 맞아요. 진짜 청년들의 목소리를 들어야 하는데 지금 이 상태로 가서는 허울뿐인 청년정치, 허울뿐인 청년 정책, 항상 말로만 떠드는 '청년 어쩌고저쩌고'가 되는 거예요. 원점에서 다시 시작해야 된다고 저는 그렇게 생각해요.

최정현 그런 차원에서 아까 제도권 정치가 나아가야 할 방향을 말씀드렸는데 거기에 더해서 청년정치를 하겠다는 사람들이 고쳐야 할 태도를 말씀드리고 싶어요.

지금 청년 정치인이라고 나오는 분들은 현실 정치를 인정하지 않아요. 그런데 이렇게 하면 현실 정치에 들어갈 가능성이 없잖아요. 자기를 인정 안 해주는데 누가 들어오게 해주겠어요. 그러다 보니 말씀처럼 아무것도 못 바꾸고 말만 하는 청년정치가 되는 거예요. 그래서 이제는 현실 정치가 있다는 걸 인정하고, 그 안에 들어가서 바꾸겠다는 생각을 갖는 게 중요하다고 봐요.

그리고 청년정치를 하겠다는 분들은 추상적인 담론만 얘기해요. 우리가 공수처처럼 이슈가 되는 것부터 시작해서 부동산, 교육의 구체적인 정책을 얘기했는데 이런 식으로 '우리도 구체적으로 말할 수 있다. 우리도 안다' 이걸 보여줘야 정치권이 청년 정치인들한테 "당신들은 청년 문제만 얘기하라"고 하는 현실도 깰 수 있다고 생각해요. 그래서 청년정치를 하겠다는 분들이 현실 정치, 제도권 정치를 인정하고 구체적인 정책 능력을 키워야 정말 진정한 청년정치가 가능해진다고 봐요.

> 2021년 6월 11일 국민의힘 당 대표를 선출하기 위한 전당대회에서 '0선 중진'이라는 타이틀을 단 만 36세 이준석 후보가 당선되었다. 대한민국 헌정 사상 첫 30대 제1야당 당수의 탄생은 우리 사회가 그동안 얼마나 경직되고 나이 든 정치에 의존했는지를 보여주는 계기가 되었다.
> 그러나 여전히 이를 두고 '국민의힘이 대권을 가져올 수 있게 되었다'는 평과 '정치권에서 10년이나 닳고 닳은 사람이 무슨 청년이냐'는 평이 존재한다. 이렇듯 진정한 청년정치에 대한 논의는 불필요한 논의에 가려 여전히 이루어지지 않고 있다.

22

20대가 생각하는 한반도 평화와 통일은 무엇인가?

한반도 문제는 우리 사회에서 이념 대립이 가장 첨예한 현안이다. 이성적인 대화보다 친미, 친북과 같은 이념적이고 감정적인 논쟁이 오고 간다. 그러나 한반도 평화는 이념이나 감정으로 성취되지 않는다. 합의할 수 없다고 포기할 수는 없다. 언제까지고 불안을 겪으며 살아갈 수도 없다. 기성세대에 비해 이념 대립에서 자유롭고, 북한을 직접적으로 경험하지 못한 20대가 생각하는 한반도에의 평화 정착 전략은 무엇인가?

지유성 통일을 이야기하려면 우선 북한의 전략을 파악할 필요가 있다고 생각해요. 오늘날 북한의 전략은 '무기 개발' 그 자체나 다름이 없고 특히나 북한이 핵무기와 대륙간탄도미사일(ICBM) 등에 집착하잖아요. 여기에는 여러 가지 이유가 있겠지만 우선적으로는 북한이 전쟁도 염두에 두고 있는 것이라고 봐야겠죠. 애초에 우리는 종전이 아닌 휴전 중이잖아요. 그렇기 때문에 가능성이 매우 낮을지라도 북한의 무기는 당연히 남한과 미국을 직접적으로 타격하기 위한 것으로 보고 대비는 철저히 하는 것이 바람직해요.

최정현 동의해요.

지유성 하지만 북한의 핵무기와 대륙간탄도미사일은 현시점에서 오히려 무기로서의 가치는 거의 없다고 봐도 무방하다고 생각해요. 북한이 지닌 무기들의 핵심은 협상을 위한 것이라고 보는 것이 정확하다는 것이죠. 특히나 미국 본토를 타격할 수 있다고 선전하는 걸 보면 남과 북의 협상이 아닌 미국과의 협상 테이블을 염두에 둔 것으로 봐야겠죠. 북한은 강력한 패권 국가와 국제 사회로부터 정식적인 국가로서 독자적 권리를 인정받기를 원하고 그러기 위해서는 그들이 북한의 주장을 진지하게 받아들일 수밖에 없도록 만들어야 할 테니까요. 마치 테러범과 같은 맥락으로 말이에요. 이 때문에 미국과 국제기구는 북한에게 비핵화를 요구하면서도 역설적으로 섣불리 북한을 핵 보유국으로 인정하지 못하는 거죠. 그렇지 않나요?

최정현 제가 볼 때 북한의 전략은 '화전양면술(和戰兩面戰)'이 근본이에요. 대외적으로는 대화로 평화 분위기를 만들고, 내부적으로는 무기를 개발하는 거죠. 대화는 근원적 욕망인 무기를 다른 나라들의 견제 없이 자신들의 일정에 맞춰 개발하기 위한 가림막에 불가해요. 이런 틀 아래 무기 개발이 지속되는 거예요.

지유성 북한이 무기 개발에 열을 올리는 이유가 뭐라고 생각하세요?

최정현 말씀하셨던 것처럼 국제 사회에서 자신들의 목소리를 키울 수 있기 때문이죠. 북한이 핵 실험을 하면 국제 사회의 이목이 집중돼요. 내로라하는 전문가들은 의도를 분석하고, 국제 사회는 상황을 주시하며 대응을 논의하기 위해 한자리에 모여요. 북한이 국제 사회의 중심에 서게 되는 거죠. 그리고 항상 관심이 꺼져갈 때 즈음해서 다시 도발을 감행해요. 그러니까 무기 개발은 자신들에 대한 국제 사회의 관심을 끌어모으기 위한 쇼에 불과한 거예요.

북한이 이렇게 관심에 목을 매는 건 핵 보유국 타이틀 때문이에요. 그런데 북한의 핵 보유국 지위를 인정해 주면 그 길을 따라가려는 나라들이 지속적으로 나올 수 있기 때문에 국제 사회는 절대 받아들일 수 없을 거예요. 북한도 이런 사정을 잘 알거고요. 그런데 의제로 올라가지 않으면 가능성 자체가 없잖아요. 그래서 무기 개발로 관심을 끌어모으고, 발언권을 키워서 계속 의제로 올리려고 시도하는 거라고 봐요.

지유성 말씀하신 것도 일리가 있지만 그게 다라고 보긴 어려워요. 북한이 강력한 무기 개발을 전략으로 삼는 이유는 또 있어요. 헌법상 국가로 인정할 수는 없지만 사실상 1인 독재 국가인 북한은 체제의 안정과 존속을 위해서는 내부의 안정이 필수적이잖아요. 핵무기가 바로 이러한 북한의 국내 정치용으로 요긴하게 쓰일 거예요. 미국과 상대할 수 있다는 믿음을 통해 일반 인민들은 국가를 전적으로 신뢰하고 체제에 대한 의심을 지우며 핵무기 개발을 위한 희생에 기꺼이 동참할 테고, 노동당 고위 간부들은 핵무기라는 하나의 목적을 필두로 결집해 당에 대한 충성을 잃지 않을 테니까요. 만일 핵무기가 없었다면 사실상 미국이 북한을 상대할 이유도, 인민들이 고난의 행군을 영광으로 여기며 따를 이유도, 간부들이 쿠데타를 일으키지 않을 이유도 없는 거죠.

최정현 맞는 말씀이에요. 그래서 자기들한테 중요한 날을 골라서 실험을 하잖아요. 체제 안정은 북한이 도발하면 가장 먼저 나오고, 가장 보편적으로 나오는 분석 중 하나이기도 하고요. 북한의 의도에 대해서는 대부분 동의해요.

지유성 북한의 전략이 무엇이든 사실 우리의 대처가 더욱 중요한 문제인데 이에 대해 크게 두 가지 견해가 있잖아요. 외교·협력 등의 대화 전략을 중시하는 '유화론'과 강력한 제제와 압박으로 대표되는 '강경론'인데요. 유화론이든 강경론이든 어느 하나가 완전히 잘못된 것이라면 논의가 더욱 수월하겠지만 애석하게도 그렇지 않다고 생각해요. 남북 관계의 특성상 변동성이 굉장히 심하기 때문에 어느 쪽이든 시시각각 변화하는 상황에 따라 적용해야 할 때가 있는 것이지 하나를 절대적으로 고집하려는 생각이 잘못된 것이라고 보거든요.

그런데 한동안 남북 관계가 굉장히 진전되다가 다시 냉랭해지면서 유화론에 대한 맹목적인 비난과 이른바 '퍼주기 프레임'이 다시 등장하고 강력한 제재와 압박만을 주장하는 강경론이 대세가 되는 것 같아요. 하지만 이건 두 주장에 대한 이해가 전혀 없이 그저 유화론은 고개를 숙이는 길이고 강경론은 당당하게 맞서 싸우는 것이라고 착각하는 거라고 생각해요. 개인적으로 대화의 방식에 힘을 싣는 사람으로서 강경론만을 고집하는 데에는 공감이 가지 않거든요. 어떻게 생각하세요?

최정현 우선 제재와 압박이 강경한 전략이라는 점에 대해 의문을 제기하고 싶어요. 압박은 단순히 압박으로만 끝나는 게 아니에요. 북한의 태도를 변화시켜 진정성 있는 태도로 대화의 장에 나오도록 유도하는 거죠. 그래서 진정한 평화를 만들 확실한 방법이라고 말씀드리고 싶어요.

이명박, 박근혜 정부 9년 동안 '북한이 위협을 느끼면 태도를 바꿀 것' 이런 판단을 가지고 강력한 압박 기조로 북한을 대했잖아요. 실제로 6년 후부터 그러한 징후가 포착되기 시작했고, 8년이 되었을 때는 도발 행위에 대한 사과 등 가시적인 변화들이 있었어요. 그래서 기간의 측면에서는 10년 이상, 강도의 측면에서는 현재 가해지고 있는 조치들을 성실한 태도로 이행해야 해요. 이미 제재는 할 수 있는 수단을 모두 활용했다고 해도 과언이 아니기 때문에 더 강화하는 건 어려워요.

지유성 말씀하신 내용 중에 분명히 타당한 부분이 있기는 해요. 하지만 제가 볼 때 강경론은 남북 관계의 특수성을 간과한다는 점, 북한에 대한 인식이 냉전 시대에 머물러 있다는 점, 유화론을 양보론으로 바라본다는 점에서 한계가 있다고 봐요.

최정현 좀 더 자세하게 설명해 주세요.

지유성 첫째로, 북한과 우리는 휴전 중이므로 적국임에는 틀림이 없어요. 다만 적국이라 할지라도 대한민국이 북한을 침략하려고 하거나 무너뜨리려고 할 이유는 그 어디에도 없고 오히려 우리가 정한 법에 따라 그래서도 안 돼요. 우리는 헌법에 따라 평화적 통일을 하려는 것이지 북한을 어떻게든 전복시키거나 병합시키려는 것이 아니잖아요. 그런데 강경론으로 대표되는 강력한 제재와 압박은 통일이 아닌 항복을 받아내는 수단이죠. 이러한 방법을 통한 통일은 헌법이 정한 민주적 기본 질서에 입각한 평화 통일을 넘어서 홍콩을 병합시키려는 중국의 행태와 다를 것이 없어요.

최정현 역사적으로 압박이 항복을 받아내는 수단으로 쓰였다는 건 인정해요. 그렇지만 누가 홍콩의 민주화를 지지한다고 공개적으로 말할 수 있고 말했는지, 누가 북한 주민의 인권 문제를 계속 공론화하는지를 보면 누가 진짜 중국처럼 행동하는지 알 수 있겠죠. 그리고 의도가 달라요. 앞서 설명드렸던 것처럼 압박은 북한의 태도 변화를 유도하고, 항구적 평화를 정착시킬 조치들이 실현될 상황을 만드는 수단이에요. '평화적 통일 추구'라는 헌법을 부정하지 않아요. 그렇기 때문에 북한을 전복시킬 수도 없고, 그럴 마음도 없어요. 다만, 북한이 체제 경쟁에서 패배한 체제를 채택하고 있기 때문에 소련처럼 붕괴될 수 있어요. 그래서 대비를 하기는 해야 한다고 봐요.

지유성 게다가 제재와 압박은 딜레마적 상황에 직면하게 될 수밖에 없어요. 우리가 북한을 상대로 고강도의 제재와 압박을 시행할수록 북한의 수뇌부보다 힘들어지는 건 인민들이잖아요. 그런데 헌법상 북한은 대한민국 소속으로 북한 인민 역시 불가피하게 정부의 손이 닿지 않는 곳에 있는 우리 국민이자 북한 지역 주민이죠. 즉, 북한을 붕괴시키겠다고 고강도로 제제와 압박을 시행할수록 우리 정부는 사실상 우리 국민들을 죽음의 길로 내모는 것이라는 거죠. 제재와 압박이 실효성 있고 정당한 방법이었다면 원유 공급량을 400만 배럴로 제한한 유엔 안보리 제재도 원유 공급을 아예 중단시켜버리는 수준으로 해야죠. 그러나 실제로 미국과 국제기구에서 그러한 수준으로 할 수 없었던 이유가 바로 북한 주민들로 인한 딜레마적 상황이 존재하기 때문이었잖아요. 제재와 압박이 말처럼 간단한 문제가 절대 아니라는 거죠.

최정현 말씀하신 '주민의 피해'라는 딜레마는 존재하지 않아요. 유엔 안보리는 사람, 기관, 단체 등을 구체적으로 명시해서 제재를 가하기 때문에 일반 주민이 제재의 직접적인 대상이 될 수 없어요. 설령 피해가 간다고 하더라도 그 강도는 세지 않아요. 북한의 물자 보급 상황은 꽤 오래전부터 어려운 것으로 알려졌잖아요. 시장 경제의 요소라고 할 수 있는 장마당의 존재가 입증해 주죠. 이미 힘든 주민들의 상황은 당국이 제재를 받든, 받지 않든 달라지지 않을 거예요. 그렇기 때문에 압박 기조를 선택하는 데 주저할 필요는 없다고 생각해요.

지유성 말씀하신 것을 들어보니 판단에 차이가 있네요. 하지만 강경론은 북한이라는 집단을 지나치게 단순하게 인식하며 대화와 타협은 일단 불가능하다고 결론을 지어버린 상태에서 접근한다는 근본적인 오류가 있어요. 북한이 1인 독재 국가라고 할지라도 국가 규모의 집단은 권력에 대한 견제와 균형이 존재할 수밖에 없어요. 한 명의 독재자가 절대적인 권한을 지녔다고 해서 그것이 절대적 권한을 마음대로 사용할 수 있다는 것을 의미하지는 않는다는 거죠. 그렇기 때문에 정상 국가 수준은 아니겠지만 북한도 자체적으로 정해진 틀 안에서 집단이 운영될 수밖에 없고 이는 대화와 협상의 여지가 충분함을 의미해요. <mark>그럼에도 한국전쟁 당시 북한만을 생각해 일단 대화와 타협이 불가능할 것이라는 결론부터 세우고 보는 것은 타당하지 않죠.</mark>

최정현 지금 남북 문제에서 가장 중요한 과제가 북한의 비핵화인데 이게 대화를 통해 성취될 수 있다고 보세요?

지유성 어느 날 갑자기 북한이 핵무기를 발사해 이를 요격해 없애거나 우리가 선제타격을 통해 핵을 무력화시키지 않는 이상 물리적 방법을 통한 비핵화는 불가능해요. 때문에 제재와 압박을 통해 체제의 붕괴를 걱정하게 되면 북한이 핵을 포기하는 것이 아니라 그때야말로 핵이라는 협상카드가 빛을 발하게 되는 것이죠. 따라서 북한의 비핵화는 외교·경제적 방안 외에 묘수가 없어요.

최정현 북한이 대화가 통하지 않는 건 사실이에요. 우리를 비롯한 대부분의 국가들은 관료, 입법부의 견제를 통해 국가의 기조를 안정적이고 예측 가능하게 지키지만 북한은 김정은이 메커니즘의 시작이고 끝이에요. 대화는 가능할지 몰라도 그 합의의 이행은 담보하기 어려워요. 그렇기 때문에 그 불확실성을 줄여가야 해요. 그 수단이 메커니즘 자체인 김정은과 지도층에 대한 압박인 거고요. 합의 이행 외에 다른 퇴로를 모두 차단해서 합의를 이행할 수밖에 없도록 하자는 거죠.

지유성 여전히 강경하시네요. (웃음)

최정현 그리고 북한이 언제든 핵을 발사할 수 있다는 걸 염두에 둬야 해요. 그렇기 때문에 필요에 따라 전술핵 재배치, 선제타격도 검토해야 한다고 봐요. 핵 공격 가능성이 북한에게는 협상 카드일 수 있겠지만 우리에게는 위협 그 이상도 이하도 아니기 때문이에요. 말씀처럼 북한이 벼랑 끝에 가면 핵 공격 가능성이 높아지기는 할 거예요. 그렇지만 그렇지 않은 상황에서도 100% 확신할 수는 없잖아요. 그래서 더더욱 검토해야 한다는 거예요. 이렇게 국민의 생명과 안전을 지키기 위한 노력을 전개하는 동시에 외교적 노력을 통해 전방위적으로 북한에게 경제적 압박을 가해서 태도 변화를 유도해야 해요. 그래야 되돌릴 수 없는 실질적인 비핵화가 가능해져요.

지유성 글쎄요, 강경론이 확실한 결과를 가져다줄 것이라는 생각도 착각에 지나지 않아요. 유화론은 양보론이 결코 아니거든요. 유화론은 단순히 어르고 달래 결과를 도출하는 것이 아니에요. 강경론에서 제재와 압박을 통해 눈에 보이게끔 결과를 담보한다면 유화론은 외교적으로 치밀하게 짜인 틀 안에 상대인 북한을 몰아넣어 대화만으로도 북한이 우리가 원하는 결과로 가게끔 하여 정부의 통제권 안에 들어오도록 하는 것이죠.

애초에 강경론이나 유화론은 그 자체로 통일까지 이어지지 않아요. 때문에 통일은 전적으로 주변국과의 외교가 뒷받침되어야 하는 것이고 이 와중에 북한을 어떻게 상대할 것인지를 결정하는 기조가 유화와 강경으로 나뉠 뿐인 것이죠. 따라서 강경론과 유화론은 접근 방식이 다를 뿐 사실상 동일한 메커니즘이에요. 다만 강경론은 냉전 시대에 통하던 방식이고 외교를 통한 유화론은 오늘날 국제 정세에 매우 알맞은 방식이라는 거죠.

최정현 말씀처럼 강경론이든 유화론이든 외교적 노력을 통해 성취된다는 건 다르지 않아요. 다만, 전략으로서의 적합성이 아니라 노력의 대상이 다른 거예요. 저는 이제 더 이상 북한을 신뢰할 수 없다고 생각해요. 지금까지 많은 약속을 했지만 지켜진 건 거의 없잖아요. 합의 이행을 담보할 수 없는 상황에서의 대화는 대화를 위한 대화에 불과해요. 그렇기 때문에 북한의 태도 변화를 유도하는 게 우선이에요. 이를 위해 우리의 동맹인 미국, 주변국인 일본, 러시아, 북한과 긴밀한 중국, 동남아 국가들, 유럽 국가들과 공조해야 해요. 이런 노력을 통해 북한의 태도가 바뀐다면 다시 북한과 대화할 수 있고, 성과도 기대해볼 수 있어요. 그런 여건을 만들자는 거죠. 그러니까 지금 당장 누구와 대화할 것인지가 다를 뿐인 거예요.

지유성 말씀하신 것을 들어보니 강경론의 기조가 어느 정도 이해되기는 해요. 그러나 강경론은 여전히 힘의 논리에 기반을 둔 것으로 보여요. 그런데 냉전 시대에 힘의 논리에 따라 경쟁을 벌인 결과물이 바로 핵무기였잖아요. 다시 말해 핵무기의 존재 자체가 더 이상 힘의 논리는 통하지 않는다는 것을 의미한다는 것이죠. 실제로 오늘날 강력한 힘의 우위는 영향력의 문제일 뿐 국제 사회가 절대적으로 힘의 논리에 따라 움직이지도 않으니 말이죠.

또한 북한을 압박할수록 중국과 북한의 정치·경제적 유대는 강해질 수밖에 없어요. 북한을 통해 막대한 이익을 얻는 중국 입장에서는 제제와 압박을 통해 북한의 중국에 대한 의존도가 높아지면 높아질수록 얻을 수 있는 이익이 커지기 때문에 압박과 제재는 북한 문제를 더욱 고착화시키는 지름길인 것이죠.

최정현 그러면 대안은 뭐라고 보세요?

지유성 현재 그 어느 국가보다 자본주의의 우위를 점하고 있는 중국과의 외교에서 경제적 논리를 통해 북한을 과감히 버릴만한 카드를 만들어 제시한다면 북한이 변화하는 것은 시간 문제에 불과해요. 소련만 보더라도 미국의 제재를 통해 무너진 것이 아니라 체제 자체가 지닌 모순으로 인해 내부로부터의 붕괴가 일어났잖아요. 제가 말하는 유화책이란 바로 이런 것이죠.

최정현 유화책의 대표 격인 햇볕정책의 개념을 처음 들었을 때 그럴듯하다고 생각했어요. 옷이 바람에 의해 벗겨지는 경우는 거의 없잖아요. 그렇지만 되돌아보면 유용하지 않은 전략이었어요. 마주 앉는 건 성공했지만 북한의 의도에 말린 것처럼 되어버렸잖아요. 물론 언제까지 제재만 가할 수는 없어요. 북한의 태도가 변한다면 유화적으로 나서야 해요. 그런데 지금 당장은 유화책을 펴지 말아야 한다고 생각하는 건 북한을 신뢰할 수 없기 때문이에요.

지유성 잘 해주면 또 뒤통수 칠 거라는 거죠?

최정현 맞아요. (웃음) 북한은 우리와 많은 약속을 했고, 또 그만큼 어겼어요. 화전양면술이라는 전략에 충실했던 거죠. 이런 북한의 태도가 변하지 않는다면 유화책은 평화의 수단이 아니라 또 다른 대화의 수단으로 전락해버릴 뿐이에요. 경협으로 대화를 유도해도 북한은 합의를 깰 것이고, 그럼 우리는 대화 재개를 위해 다른 경협을 제시해야 하잖아요. 종국에는 우리가 내어줘서는 안 되는 것까지 내어주게 될 수도 있어요. 더군다나 지금까지의 경협은 오히려 체제 공고화에 기여했고, 무기 개발에 이용됐잖아요. 그럼에도 불구하고 북한이 변할 것이라는 막연한 믿음으로 경협을 지속한다는 건 너무 순진한 생각인 것 같아요.

지유성 지금까지 대화로서 남북 문제를 해결하려던 노력들은 남북정상회담과 최초의 북미정상회담 등의 성과를 보이기도 했지만 결국 북한과의 합의가 유지되지 않아 수포로 돌아갔다는 한계가 있다는 데 공감해요. 그러나 제가 말씀드리는 유화론은 제재와 압박 없이 외교를 통해 협의를 유지하도록 해야 한다는 것이지 북한을 신뢰하자는 것이 아니에요. 오히려 누구보다도 북한이라는 집단을 신뢰하지 않기 때문에 그들이 어떤 돌발 행동이라도 할 가능성이 있다는 가정 하에 북한이 우리 정부의 통제권 안으로 들어오도록 유인하려는 것이죠.

최정현 구체적으로는요?

지유성 경협이 대표적인 예시죠. 여태까지는 우는 아이 달래기 위해 사탕 쥐어주듯 북한이 대화의 장으로 나오도록 이익을 제공했지만 성공하지 못했잖아요. 그런데 경협은 말썽 피우는 아이를 통제하기 위해 일종의 과제를 내주는 것이죠. 선물부터 줘서 말을 듣게 하는 것도 아니고 제재와 압박처럼 벌부터 줘서 말을 듣게 하는 것도 아니에요. 과제를 주고 태도에 따라 상과 벌을 알맞게 주면서 다국적 외교의 틀이 완성될 때까지 잘 관리하는 것이죠.

최정현 좋은 말씀을 해주셨지만 그래도 제가 유화책을 지지할 수 없는 건 북한이 우리의 노력에도 불구하고 변화하지 않았기 때문이에요. 우리가 과거에는 북한에 현금을 지원했는데 이게 지도층과 군부로 흘러들어간다고 해서 현물 지원으로 바꿨잖아요. 그래도 여전히 지도층과 군부가 수혜를 본다고 해서 대상과 목적을 지정하고 현장에서 감독까지 했는데도 불구하고 그런 정황들이 파악되기도 했고요. 유화책이 계속되면 북한은 변화의 필요성을 느끼지 못할 수밖에 없어요. 지도층은 안정적 생활을 방해 없이 영위할 수 있거든요. 합의 파기, 도발은 반복될 거예요. 그래왔고요. 그렇기 때문에 잘못된 행동에는 대가가 따른다는 사실을 인식시켜야 해요. 이게 말로 설득되면 좋겠지만, 우리의 메시지는 일관됐는데도 그대로면 안 통한 거예요. 이제는 다른 방법을 찾아야 해요.

지유성 유화론에 대한 가장 대표적인 오해 중 하나가 바로 '대북 퍼주기'이기도 한데요. 말씀하신 것은 유화론의 일부인 초기 햇볕정책일 뿐 햇볕정책이 유화론 그 자체는 아니에요. 오히려 남북 관계 정상화를 위한 노력에 가깝다고 봐야죠. 때문에 제대로 된 유화책을 설정한다면 지금의 결과와는 사뭇 다른 양상이 펼쳐질 것이 자명해요. 그리고 남북 관계는 각 측의 이해관계에 따라 시시각각 변화하는 것이 정상이기 때문에 유화론과 강경론 모두 꾸준히 좋은 결과를 낼 수 없다는 사실을 간과해서는 안 돼요.

또한 앞서 말씀드린 바와 같이 유화론이든 강경론이든 정답은 없다고 봐야 해요. 그런데 유화론이 실패한 것 같으니 이제는 강경론으로 가야 한다고 주장하는 것은 1차원적인 발상일 수 있다는 우려가 있어요. 오히려 더 나은 제3의 길을 찾아서 제시한다면 모를까 말이죠.

최정현 타당한 말씀이지만, 제가 여전히 동의할 수 없는 건 우리의 유화 메시지를 대하는 북한의 태도가 미덥지 않기 때문이에요. 정부는 한미 연합훈련을 시뮬레이션 훈련으로 축소하고, 전략 자산의 전개를 최소화하면서 압박을 로우키(low key, 낮거나 중간 정도의 강도)로 전개하고 있어요. 북한에 쌀을 지원하기 위한 예산을 편성했고, 코로나19 백신 지원을 이야기하기도 했죠. 그런데도 북한은 묵묵부답이잖아요. 이제는 만나주지도 않아요. 그런데 손뼉도 마주쳐야 소리가 난다고 하잖아요. 상대는 말도 없는데 마냥 기다리면서 줄 생각만 할 필요는 없어요. 전제조차 성립되지 않는 전략을 고수하기보다는 우리가 할 수 있는 다른 방법을 찾아 나서야 하고, 우리의 길을 가야 해요.

지유성 강경론은 제재와 압박을 통해 북한의 우리의 주장을 듣게끔 하는 것이라고 말씀해 주셨잖아요? 사실 유화론도 이와 별반 다르지 않아요. '타협'이 아닌 '협상'을 하자는 말이죠. 외교적인 틀을 세밀하게 짜서 우리 정부의 통제권 안으로 북한이 들어온다면 물리력을 전혀 행사하지 않고도 북한은 우리의 계획에 따라올 수밖에 없어요. 이것이 협상의 기술일뿐더러 싸우지 않고 이기는 것이 최선(不戰而屈人之兵, 善之善者也)이라는 손자병법의 내용처럼 오늘날 외교는 전쟁에서 이기는 최고의 전략이잖아요. 우리는 민주 국가의 주권자로서 이성적이고 평화적인 방안을 우선적으로 고려하고 검토해야 해요. 더구나 강력한 제재와 압박으로 남북 관계가 경색되면 우리도 경제를 포함한 많은 희생을 감수해야 하니 말이죠.

최정현 여전히 동의하기 어려운 부분이 있는데요. 계속하다가는 끝이 없을 것 같아요. (웃음) 이렇게 강경론과 유화론 사이에 좁혀질 수 없는 차이가 너무나 명확하게 존재하잖아요. 저는 우리가 남북 문제를 지나치게 이념적으로 바라보기 때문에 그렇다고 생각해요. 그래서 이념, 이데올로기에 대해 의견을 나누고 싶어요.

지유성 먼저 말씀해주세요.

최정현 북한은 공산주의와 사회주의를 채택하고 있잖아요. 이 둘은 이론상으로 그럴듯한데 구현하면 모순이 나타나요. 인간의 기본적 특성과 욕구에 대한 이해가 부족했고, 그래서 체제 경쟁에서 패했다고 봐요. 사회 자체가 굴러가지 않잖아요. 저는 이 정도는 말할 수 있다고 봐요. 그런데 우리는 이야기를 꺼내는 것 자체를 금기시하잖아요. 하지만 저는 우리의 우위를 더 확실히 하기 위해 배우고 토론하는 걸 인정할 수 있다고 생각해요. 우리 체제의 허점을 보완하기 위한 방법을 연구하는 차원에서도 마찬가지고요. 장기적으로는 이런 이념을 가진 사람들이 활동하는 것도 민주주의 발전 차원에서 바람직하다고 생각해요. 체제 우월성에 대한 확신이 있기 때문에 앞의 사항들뿐만 아니라 남북 문제에 있어서도 이념 이야기 자체를 조심해야 하는 상황을 유연하게 바꿔나가야 한다고 봐요. 그렇다고 해서 지나치게 이념 편향적으로 바라볼 필요도 없고요.

지유성 개인의 자유를 최대한 보장하는 진정한 민주주의 국가는 개인의 사유 재산을 존중하듯 이념과 사상의 자유도 보장되는 것이 당연해요. 때문에 미국 정당 중에는 공산당은 물론 나치당까지 존재하잖아요. 유럽에서 공산당은 집권하기도 하고요. 이처럼 우리 사회가 진부한 이념 싸움의 틀에서 벗어나 논의를 이어나갈 때 더 나은 사회를 만들 수 있다고 생각해요.

그런데 우리 사회는 아직까지 사회주의나 공산주의라는 단어만 봐도 극도로 경계하잖아요. 우리 체제에 대한 확신이 충분하다면 이렇게까지 반응할 일인가 싶어요. 앞으로는 사회주의나 공산주의가 왜 실패한 체제이고 어떤 부분에서 우리가 경계해야 하는지에 대한 이해는 있어야 할 것 같다고 생각해요. 적을 알아야 이길 수 있는 법이니까요. 어디까지나 헌법에 명시된 자유민주적 기본 질서를 벗어나지 않는 선에서 말하는 것이지만요. (웃음)

최정현 그렇죠. 휴전 중인 상황에서 이념의 무비판적, 무조건적 수용이 대한민국의 전복을 꾀하는 행위로 연결될 수 있기 때문에 진정한 평화를 구현하기 위한 불가역적이고 실질적인 조치가 취해지고 변화가 이루어지지 않는 이상, 굉장히 제한적으로 허용될 수밖에 없기는 해요.

지유성 당연하죠. 망각하기 쉬울지 몰라도 우리는 분명한 휴전국이잖아요. 따라서 현재에는 앞선 주장이 무리일 수 있어요. 사회주의나 공산주의는 자칫 적국에 해당하는 북한의 남침을 비호하는 사상과 이념이 될 수 있죠. 즉, 이적 행위가 될 수 있다는 거예요. 때문에 현재에는 위의 주장이 무리일 수 있어요. 그렇다고 해도 머지않은 미래에 완전해질 대한민국에서는 인류 보편적 가치에 반하는 것이 아니라면 그 어떤 생각도 존중되어야 함이 분명해요.

또한 이는 남북 문제가 이념 싸움에 사로잡혀서는 안 된다는 맥락에서 이야기한 것이기도 해요. 이데올로기적 측면에서 남북 문제를 거론할 때 진보 진영이 고질적인 한계를 갖는 것이 사실이잖아요. 진보 진영은 항상 종북 프레임이라는 틀에 갇히게 되는 것이 답답해서요.

최정현 부끄러운 과거죠. 지금까지 보수 진영은 지나치게 이데올로기에 집착했어요. '빨갱이'라는 용어로 사람을 재단하고 편을 갈랐던 게 사실이죠. 총풍 사건과 같이 안보 위협을 조장해 평화와 통일이라는 우리의 당면 과제를 득표 전략으로 전락시키기도 했고요. 그런데 이건 현상이고, 그 이유가 있을 거잖아요. 이 분란의 시발점은 뭘까요? 뭐 때문에 이렇게 극렬하게 대립해왔다고 생각하세요?

지유성 남북 문제가 이념 싸움으로 번지는 것은 서로 해석이 달라서라고 생각해요. 그중 대표적인 것이 '아직도 북한이 적화 통일의 야욕을 가지고 있느냐'잖아요? 그러나 저는 오늘날 북한이 적화 통일이라는 목표를 염두에 두고 있다고 보기 어렵다고 생각해요. 물론 북한이 실제로 적화 통일을 염두에 두고 6·25전쟁을 일으켰고 긴 시간 동안 적화 통일의 야욕을 숨기지 않긴 했죠. 그러나 핵무기로 인한 비대칭 전력을 제외한다면 이미 군사적 우위는 명백하고 경제·문화 등 체제 경쟁에서도 남한이 절대적 우위를 확보한 지 오래잖아요.

최정현 그렇죠.

지유성 이런 상황 속에서 북한이 적화 통일이라는 목표를 고수한다는 것 자체가 말이 되지 않을뿐더러 무엇보다 가능하지가 않죠. 실제로 북한이 더 이상 남한 사람들을 전향시키려고 노력하지 않기도 하고요. 다만 그렇다고 해서 북한이 적화 통일을 원하지 않는 것은 아니겠죠. 우리가 통일은 무조건적으로 '자유민주주의 체제'로 이루어져야 한다고 여기듯 북한도 통일은 '사회주의 체제'로 이루어져야 한다고 여기는 것이 당연해요. 하지만 더 이상 구태여 남한을 침략할 필요성은 못 느낄 것이라는 거죠.

최정현 북한의 무기 개발 상황을 통해 살펴보면 우리를 겨냥한 것이라고 판단되지는 않아요. 그렇지만 그 가능성은 배제할 수 없어요. 진의를 파악할 수도 없죠. 국민의 생명과 안전이 위협받을 수 있는 가능성이 없지는 않기 때문에 최악의 상황을 가정해서 준비해야 한다고 생각해요. 북한의 비대칭 전력에 대응하기 위해 공포의 균형을 맞춰야 하고, 연합 전력을 언제든 활용할 수 있는 환경을 조성해 대비해야 해요. 경제적 우위, 문화적 우위, 외교적 우위를 넘볼 수 없도록 초격차를 만들고 넓히려는 노력도 수반되어야겠죠. 이런 기반이 조성되어야 적화 통일 야욕에 대비할 수 있게 되고, 평화적 방법으로 통일이 진행되어도 우리 헌법이 명시한 자유민주적 기본 질서에 입각한 우리 주도의 통일이 가능해진다고 생각해요.

지유성 '만약'에 불과한 상황일지라도 철저하게 대비해야 한다는 점에 적극 동의해요. 이렇게 합의점을 찾아가는 것을 보면 남북 문제를 주도적으로 논의하는 세대가 점차 바뀌어 가고 있다는 것이 체감이 되네요. 사실 아직까지 기성세대 분들은 이 문제를 두고 진보와 보수가 서로를 전혀 이해하지 못하시잖아요. 그에 비해 오늘날 청년들은 진부한 이념에 공감하지 않으니까요. 그런데 이렇게 변화한 것이 꼭 좋은 점만 있는 것은 아닌 것 같더라고요.

최정현 어떤 점에서요?

지유성 오늘날 우리와 같은 청년층은 진부한 이념에 동의하지도 않지만 동시에 통일 자체에 대해 공감하지도 않더라고요. 물론 아직까지는 하긴 해야 한다고 여기긴 하는 것 같은데 통일을 '실용주의적 관점'

에서 바라보며 통일이 야기할 손해에 대해 우려하면서 통일의 필요성에는 공감하지 않더라고요. 실제로 주위에 꽤 많은 2030들이 통일에 반대하기도 하고요.

최정현 통일은 해야 해요. 이견이 있을 수 없죠. 그렇지만 청년들이 통일을 꺼리는 건 납득돼요. 청년은 북한과 아무 관련이 없잖아요. 오히려 20대 남자에게는 군대를 가야 할 이유에 불과해요. 당사자보다는 제3자에 가까운 거예요. 이미 청년이 하고 싶은 일을 마음껏 하기 어려운 세상이기도 하죠. 그런데 통일을 하면 통일세를 내야 한다고 하고, 우리가 상황을 주도해야 한다고 하잖아요. 자기 일도 아닌데 희생은 희생대로 해야 하는 거예요. 그렇기 때문에 당위성을 느끼지 못하는 청년들이 꺼리는 것은 어떻게 보면 당연하죠.

지유성 저도 공감은 가요.

최정현 보도를 보니까 청년은 통일을 경제 관점에서 바라본다고 해요. 통일 자체보다는 통일에 드는 비용이 가장 크게 다가오는 거죠. 통일에 드는 비용을 최소화하려면 철저한 준비가 수반되어야 하잖아요. 그렇기 때문에 통일 전략, 통일 이후 정치, 경제, 교육, 문화 등 다양한 분야의 통합 및 재건을 위한 구체적 계획, 통일 비용과 재원 문제에 대해 청년에게 길을 묻고, 선택받아야 해요. 통일의 편익에 대해 합리적으로 알리려는 노력도 기울여야 하고요. 그렇게 청년들의 우려를 불식시켜야지 매도만 할 일은 아니라고 생각해요.

지유성 전적으로 동의해요. 다만 제가 조금 다르게 보는 것은, 우리는 민주공화국으로서 헌법에 따라 자유민주주의 이념만이 아니라 우리의 삶이 보장되잖아요. 때문에 헌법으로 통일이 의무화된 이상 통일을 해야만 하는 것이 당연하다는 것이에요. 그럼에도 오늘날 청년들이 실용주의적 관점에서 통일의 필요성과 정당성에 공감하지 않는 것은 과격하게 말해서 명백한 위헌적 발상에 지나지 않는다고 봐요. 손해를 이유로 헌법이 정한 명백한 우리 영토와 국민을 되찾아오지 않는다는 것은 우리 스스로 대한민국의 정당성을 흔드는 것이니까요. 게다가 이산가족 등 여러 이유를 차치하더라도 언제까지고 안보의 위협을 끌어안고 불안하게 살아갈 수도 없으니 말이죠.

만약 통일의 필요성에 대한 논의가 이어지지 않고 이대로 무의미한 논쟁만 벌이며 계속해서 시간이 흘러간다면 언젠가는 정말 통일의 의무가 사라질 수도 있어요. 헌법은 어디까지나 국민들의 뜻과 합의에 의한 것이니 말이죠. 그런 상황에 직면하게 되지는 않기를 바랄 뿐이에요.

에필로그

스무 살 두 청년이 쏘아올린 작은 공

겨우내 움츠렸던 나무들이 기지개를 펴고, 있는 힘껏 예쁜 초록 잎사귀를 밀어내는 어느 봄날, 메일로 한 편의 투고 원고가 들어왔다. 사실 이런 일은 흔하다. 그리 크지도, 유명하지도 않은 작은 출판사임에도 꽤 자주 책을 내고 싶어 하는 예비 저자들이 투고한다.

하지만 지금껏 투고 원고를 출간한 적은 없다. 원고 완성도가 떨어져서가 아니다. 열심히 애쓴 흔적도 역력하고, 전하는 메시지도 좋지만 지와수 출판사가 추구하는 방향과 결이 달랐기 때문이다. '[원고투고] 보수와 말이 통하는 진보, 진보와 말이 통하는 보수(지유성, 최정현)'라는 원고도 마찬가지였다. 지와수가 한 번도 출간한 적이 없고, 관심을 둔 적도 없는 분야였는데 묘하게 관심이 갔다.

안녕하세요?
저희는 지유성, 최정현이라고 합니다.
저희는 이제 막 고등학교를 졸업했지만, 사회가 극과 극의 갈등으로만 치닫는 모습을 보며 경각심을 느끼게 되었습니다. 이를 완화하는 데 작더라도 기여를 해보고 싶어 다양한 분야에 대해 대화를 나누기 시작했고, 저희의 생각과 시간을 한 권의 원고로 담게 되었습니다.

이제 막 고등학교를 졸업한 학생들이 정치 이야기를 한다고? 호기심이 일었고, 홀린 듯이 출간기획서를 열었다. 기획의도와 나름의 시장분석도 좋았지만 내 눈길을 사로잡은 것은 마지막 저자 소개였다.

두 저자는 고등학교 친구였다. 무조건 바뀌어야 한다고 봤던 진보와 모든 걸 지켜야 한다고 봤던 보수가 학교에서 우연히 만나 학창 시절 내내, 학교의 모든 사람들이 알 정도로 사사건건 싸웠다고 한다. '모든 일에서 부딪혔지만 그 결과는 서로의 가치관에 대한 이해와 인정이었고, 이제는 서로가 정반대가 아니라 한 점에서 만날 수 있다고 믿는다'는 대목이 나로 하여금 원고를 읽게 만들었다.

돌아보면 우리나라의 현실 정치는 지긋지긋할 정도로 제자리걸음만 하는 것 같다. 나와 다른 생각은 아예 들으려고도 하지 않는다. 정권이 바뀌어도 달라지는 건 없다. 같은 사람이 야당이었을 때와 여당이었을 때 전혀 다른 이야기를 한다. 애초에 추구하는 정치적 신념이라는 것이 있기는 한지 의심스러울 정도다. 이런 오늘날의 정치를 이제 막 고등학교를 졸업한 스무 살 친구들은 어떻게 볼까?

원고를 읽으면서 깜짝 놀랐다. 스무 살 친구들이 그렇게까지 객관적인 근거를 바탕으로 그렇게 깊게 생각할 수 있다고 생각지 못했기 때문이다. 스무 살을 마냥 어린 나이로만 생각했던 나로서는 뒤통수를 한방 얻어맞은 느낌이었다.

원고를 다 읽고 고민에 빠졌다. 그동안 지와수가 냈던 책과는 성격이 달라도 너무 다르다. 게다가 이런 책을 내 본 적이 없어 제대로 마케팅할 자신도 없고, 무엇보다 과연 이 책에 관심을 갖는 독자가 얼마나 될지 확신이 서지 않았다. 그렇게 일주일쯤 시간날 때마다 원고를 들여다보면서 고민하고 또 고민했다.

 그리고 결심했다. 책을 내자. 내가 원고를 보면서 느낀 것들을 다른 기성세대 어른들도 알아야 한다고 생각했다. 미래의 주인이 될 젊은 청년들이 어떤 생각을 하고 있는지 제대로 알아야 지금보다는 나은 현실적인 정치를 할 수 있지 않겠는가. 또한 저자들처럼 성향은 달라도 서로의 이야기에 귀 기울이고, 인정할 것은 인정하는 자세도 어른들이 눈여겨보았으면 좋겠다.

 아주 예전에는 나이가 들수록 넓어질 줄 알았다. 하지만 나이 든 사람들은 다 공감할 것이다. 나이가 들수록 생각이 점점 더 좁아지고, 다른 사람들 말 듣지 않는 고집불통이 된다는 것을. 앞으로만 달리느라 자기도 모르는 사이에 '꼰대'가 된 줄도 모르는 어른들이 이 책을 보고 잠시나마 질주를 멈추고, 혹 놓친 것은 없는지, 내 생각이 틀리지는 않았는지 살펴볼 수 있기를 기대해본다.

지와수 유 혜 규